Rosemary Sutcliff
Grenzwolf

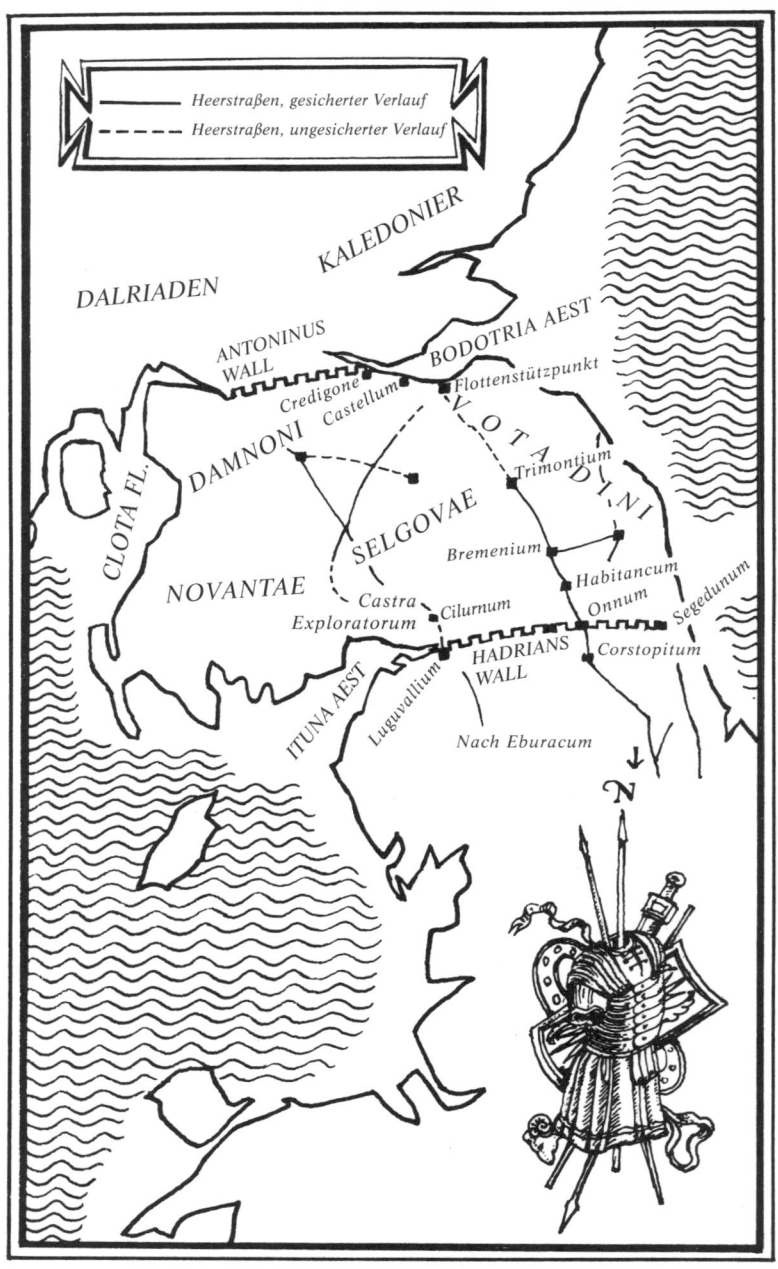

Heerstraßen, gesicherter Verlauf
Heerstraßen, ungesicherter Verlauf

KALEDONIER

DALRIADEN

ANTONINUS WALL

BODOTRIA AEST

Credigone Castellum Flottenstützpunkt

CLOTA FL.

DAMNONI

V O T A D I N I

Trimontium

SELGOVAE

Bremenium

Habitancum

NOVANTAE

Castra Exploratorum Cilurnum Onnum Segedunum

HADRIANS WALL Corstopitum

ITUNA AEST Luguvallium

Nach Eburacum

N

Rosemary Sutcliff

GRENZWOLF

Aus dem Englischen von
Astrid von dem Borne

Verlag Freies Geistesleben

Die englische Originalausgabe mit dem Titel *Frontier Wolf*
erschien 1980 bei Oxford University Press.

1. Auflage 2013

Verlag Freies Geistesleben
Landhausstraße 82, 70190 Stuttgart
Internet: www.geistesleben.com

ISBN 978-3-7725-2384-7

VORBEMERKUNG DER AUTORIN

Nahe der Randzone von Edinburgh, wo der Fluss Almond auf den Firth of Forth trifft, liegt das Dorf Cramond; und an der Stelle, wo es sich heute befindet, gab es einst eine römische Festung. Den römischen Namen kennt man heute nicht mehr, deshalb habe ich sie Castellum genannt, welches einfach die lateinische Bezeichnung für Festung ist.

Ich wollte zuerst eine Geschichte über eine Einheit von Grenzkundschaftern schreiben, doch dann erfuhr ich von den Archäologen, die dort Ausgrabungen gemacht hatten, dass es keine Spuren irgendeiner römischen Militärbesatzung zu dem Zeitpunkt, den ich brauchte – nämlich 343 n. Chr. –, gab und auch nicht etwa hundert Jahre davor.

Enttäuscht gab ich meinen Plan auf.

Doch als *Der Adler der Neunten Legion* vor fünfundzwanzig Jahren gerade veröffentlicht worden und es zu spät war, noch etwas zu ändern, fand ich zu meinem Entsetzen heraus, dass es in Exeter keinen Beweis für eine römische Militärbesatzung gab. Und gerade jetzt, fünfundzwanzig Jahre später, stößt man überall in der Stadt bei Ausgrabungen auf Spuren der Zweiten Legion! Vielleicht also wird man in weiteren fünfundzwanzig Jahren Reste der Dritten Centurie der Grenzwölfe überall in Cramond entdecken!

So beschloss ich, nachdem ich es eine Zeit lang überdacht hatte, doch mit der Geschichte, die ich schreiben wollte, anzufangen und Euch, meinen Lesern, ehrlicherweise zu sagen, dass bis heute nichts darüber gefunden worden ist.

Gemäß der Notitia Dignitatum, die den Aufenthalt jeder Einheit der Römischen Armee um 420 n. Chr. auflistet, war zu dieser Zeit eine leichte Infanterieeinheit der Attacotti Teil der Feldarmee in Gallien. Es fällt schwer, sich vorzustellen, dass ausgerechnet eine irische Truppe in der Römischen Armee diente. Und ich denke, wenn man die Grenzverschiebungen und den militärischen Bedarf in Betracht zieht, kann es wohl sein, dass sie von den ersten Attacotti-Grenzkundschaftern dieser Geschichte stammten.

Rosemary Sutcliff

INHALT

1. Beschluss in Abusina

Der Offiziersbursche stellte den Teller mit kaltem Fleisch und Brot und den Weinbecher auf dem einen Ende der Kleidertruhe ab und warf einen halb verächtlichen, halb mitfühlenden Blick auf den schlanken, dunklen jungen Mann, der auf der Kante seiner schmalen Liege hockte, die Ellenbogen auf den Knien und den Kopf in die Hände gestützt, ging hinaus und schloss die Tür hinter sich.

Er war froh, dass er nicht Centurio Alexios Flavius Aquila war.

Und Centurio Alexios Flavius Aquila blieb, den Kopf in die Hände gestützt, sitzen und starrte auf den Boden, ohne ihn zu sehen. Er fühlte sich wie betäubt, als hätte er einen Schlag zwischen die Augen bekommen, als gehörten die letzten paar Tage alle zu einem schrecklichen Albtraum, aus dem er vielleicht doch aufwachen könnte, wenn er nur wüsste wie. Aber der Albtraum hörte nicht auf, und es gab kein Erwachen.

Alles war in seinem Leben so gut gelaufen, bis zu diesen letzten paar Tagen; nicht immer war es leicht gewesen, aber gut. Mit achtzehn war er den Adlern beigetreten und hatte die Ränge durchlaufen, wie es die meisten Offiziere des Römischen Heeres heute in dieser Region unter Kaiser Constans müssen. Aber er hatte kaum ein Jahr «unter dem Rebstock» gedient, als er schon zum Centurio befördert wurde. Und von da war es stets so weitergegangen, von der Zehnten Centurie zur Neunten, zur Achten Centurie, bis er kurz vor seinem dreiundzwanzigsten Geburtstag Befehlshaber der Zweiten Centurie der Britannischen Kohorte in Abusina wurde, wo die alten Verteidigungsgrenzen auf die Donau treffen. So war es eben, wenn man einen Onkel hatte, der Dux Britanniarum, Befehlshaber der Truppen in Nordbritannien, war. Man konnte ja wohl nichts

9

dafür, wenn man einen einflussreichen Onkel hatte, es konnte doch niemand von einem erwarten, dass man ihn vor den Kopf stieß, indem man seinen Einsatz ablehnte. Aber das war jetzt alles vorbei. Sein Onkel konnte nichts mehr für ihn tun. Alexios wollte auch gar nichts mehr von ihm. Er wünschte nur noch, dass er selbst und nicht Centurio Crito vom Speer eines Stammesangehörigen unterm Brustbein getroffen worden wäre. Zum hundertsten Mal wanderten seine Gedanken zum Beginn des Albtraums zurück. Nur hatte es damals überhaupt nicht nach dem Beginn von irgendetwas ausgesehen. Tribun Tetricus, der Kommandant der Festung, war nur zum Hauptquartier in Regina gerufen worden, um den dortigen neuen Befehlshaber zu treffen; und wie üblich hatte der dienstälteste Centurio während seiner Abwesenheit das Kommando übernommen, sodass Alexios damit an zweiter Stelle als Befehlshaber stand.

Und zwei Tage später hatten die Markomannen vor dem Morgengrauen die Festung angegriffen.

Sie waren ein paar Stunden vorher von den schwer verletzten Überlebenden einer Grenzpatrouille gewarnt worden, die berichteten, dass der Stamm auf dem Kriegspfad sei. Warum, wusste keiner. Nur selten kannte man sich bei den germanischen Stämmen aus; meistens sprach ein Gott zu ihnen, oder sie erinnerten sich beim Biertrinken an irgendwelche Ungerechtigkeiten.

Centurio Crito hatte drei Eilboten mit der Nachricht davon und dem dringenden Ersuchen um Verstärkung nach Regina geschickt. Es war schwüles, gewittriges Wetter mit tief hängenden Wolkenhaufen über den Hügeln, und vom Hochland zwischen dem Hauptquartier und der Grenzfestung hätte man kein Rauchsignal sehen können. So hatten sie die Einheimischensiedlung unterhalb des Walls, die dem Feind Deckung geben konnte, evakuiert und niedergebrannt und sich, so gut es ging, auf das Kommende vorbereitet.

Den ersten Angriff hatten sie zurückgeschlagen. Und als das vorbei war, kam einer der Ersten Optios zu Alexios in den südwestlichen Schützenstand. «Kommandant, Centurio Crito ...»

«Was ist mit Centurio Crito?»

«Er ist tot, Sir.»

Alexios stand da und starrte den Mann an, während sein Magen sich wie eine kalte Faust zusammenballte. Nicht zum ersten Mal hatte er Kämpfe gesehen und erlebt, dass Männer getötet wurden. Man diente nicht fünf Jahre bei den Adlern an den bedrohten Grenzen des Reiches, ohne immer mal Gefechte mitzubekommen. Aber damals war es immer ein anderer gewesen, der die Befehle gab. Ein anderer, der Entscheidungen traf und die Verantwortung dafür übernahm. Jetzt war er dran, und kein anderer. Er musste die Befehle erteilen und die Entscheidungen treffen für eine Festung, von deren Besatzung mehr als ein Viertel tot oder verwundet war oder mit Fieber daniederlag, das nach dem langen, feuchten Sommer unter ihnen ausgebrochen war. Und ringsum wimmelte das Land von feindlichen Stammesleuten.

Er hörte eine Stimme, die nicht ganz seine eigene schien, die notwendigen Anweisungen geben, die Verwundeten in Sicherheit zu bringen und die Morgenration von Gerstenkuchen und Rosinen auszuteilen und ihm unverzüglich zu berichten, wenn sich irgendeine Bewegung zwischen den Bäumen zeigen sollte. Dann ging er hinunter zur Principia, dem Stabsgebäude.

Wer konnte denn wissen, wie viel Zeit ihnen blieb, bis der nächste Angriff kam, und es gab etliches, das er erledigen musste, solange die Atempause anhielt. Im Inneren der Principia, dem Sacellum, das halb Heiligtum, halb Büro war, wurden sowohl die Standarte als auch die Soldkiste der Kohorte aufbewahrt. Ebenso die Mannschaftsverzeichnisse sowie die offizielle Korrespondenz; all diese Papiere durften nicht in die Hände der Rebellen fallen. Und der Befehlshaber der Festung musste sicherstellen, dass das nicht passierte. Auch wenn die Markomannen Barbaren waren, offiziell waren sie wie alle im Imperium römische Bürger, und unter ihnen gab es einige, die Latein lesen konnten.

Natürlich würde es nicht dazu kommen. Wenn sie Glück hatten, konnten sie noch mehreren Attacken standhalten. Die Entsatztruppe konnte bei Anbruch der Nacht bei ihnen sein, spätestens am nächsten Morgen. Trotzdem mussten einige Dinge erledigt werden, für alle Fälle. Alexios war gerade dabei, mithilfe eines Militärschreibers die Papiere ordentlich auf dem Boden zu schichten, sodass bei Bedarf das Ganze mit einer Fackel rasch vernichtet werden konnte, als einer der Optios angerannt kam. «Bewegung am Waldrand, Nordwestbereich, Kommandant.»

Alexios nickte und wandte sich zum Eingang, dabei machte er die Wangenschutzriemen seines bebuschten Helms, die er gelockert hatte, wieder fest und eilte, dicht gefolgt von dem Optio, über den Vorhof der Principia hinunter zur Hauptstraße der Festung zwischen den Barackenreihen. Hoch oben blies der Trompeter Alarm und auf dem offenen Platz hinter den Mauern zogen sich die Reservetruppen zusammen. Er nahm zwei Stufen auf einmal zum Wall und oben trat Centurio Clovius wortlos für ihn zur Seite. Die ganze Wallmauer entlang wogte etwas, das man kaum als Bewegung wahrnahm: hastiges Atmen, festeres Umgreifen des Speerschafts, Zurechtrücken der Füße in Kampfstellung.

Für kurze Zeit war das alles. Dann nahm sein forschender Blick weit hinten im Nordwesten, wo die Straße nach Regina in die dichten Wälder tauchte, eine dunkle Bewegung unter den Bäumen und das Aufblitzen einer Waffe im schwankenden Licht der tief stehenden Sonne wahr. Noch ein paar Herzschläge dauerte es und die undefinierbare Bewegung quoll auf das freie Feld und nahm Form und Gestalt an. Ein Schwarm Männer rannte geduckt und schreiend heran. Im selben Augenblick gellte die Trompete ihre Warnung vom anderen Ende der Festung. Von allen Seiten schwappte der Angriff heran: Doch dies hier sah nach einem Hauptvorstoß durch die verrußten Ruinen der Siedlung herauf gegen das Praetorianische Tor aus. Sie schleppten Baumstämme als Rammböcke und Fackeln mit sich, die im Tageslicht beim Laufen rot hinter ihnen her züngelten. In ihrer vordersten Reihe trugen sie eine Art Standarten, die klein, aber merkwürdig und unheimlich waren. Selbst jetzt, als die Entfernung noch zu groß war, um zu erkennen, was es war, schienen sie Entsetzliches zu versprechen.

Alexios hörte, wie Centurio Clovis neben ihm den Atem anhielt, und in diesem Moment erkannte er, dass es sich bei diesen kleinen, unheimlichen Standarten um auf Speere aufgespießte, abgeschlagene Köpfe handelte. Drei Boten waren mit der Nachricht nach Regina geschickt worden, drei Köpfe kehrten zurück!

Jetzt war der Angriff über ihnen, er donnerte gegen die Tore, ergoss sich über die Toten des ersten Angriffs im Graben. Auf gekerbten Stangen erklommen sie die Wälle, wo sich die britannische Kohorte dicht an dicht ihnen entgegenstellte. In den Tortürmen standen die Bogenschützen und schossen unentwegt in das Getümmel hinab, und in der vordersten Reihe der kreischenden Woge von Stammesleuten tanzten die drei Köpfe in scheußlichem Hohn auf und ab. Einer von ihnen trug noch den Reiterhelm, aber er war im schiefen Winkel aufgesetzt. Kurz verschwanden die Köpfe im Gedränge unter den Mauern, und dann flog einer von seinem Speerschaft, kam über die Brustwehr und landete auf dem Wallgang fast vor Alexios' Füßen. Er rollte an den Rand, blieb kurz hängen, überschlug sich und hüpfte Stufe um Stufe die Walltreppe hinunter und hinterließ dicke, bräunlichrote Flecken wie abgestandener Maulbeersaft. Der zweite folgte. Der dritte, vielleicht war der schief sitzende Helm zu schwer, erreichte die Brustwehr nicht und fiel zurück in den Graben …

13

Endlich zogen sich die Angreifer zurück. Wieder gab es eine Atempause, während der die Verteidiger den ärgerlichen Ruf eines Bussards hörten, der vom Himmel tiefer und tiefer herabschwebte, und das ferne Rollen eines Gewitters, das schon seit Tagen über den Hügeln hing. Die Sanitätsgehilfen kümmerten sich um die Verwundeten unter den Wallmauern, die Toten wurden beiseite geschafft, während einige Männer sich um die Stelle kümmerten, wo ein Stück der hölzernen Brustwehr eingeschlagen worden und in Flammen aufgegangen war.

Alexios stand am Fuß der Walltreppe und starrte auf die abgehackten und zerschlagenen Köpfe der beiden Boten, die kaum noch zu erkennen waren. Er kämpfte gegen die aufsteigende Übelkeit. Als er aufsah, begegnete er Centurio Clovius' eisblauem Blick.

«Kommandant?», sagte Centurio Clovius, als hätte er ihn angesprochen.

«Lass sie mit den anderen Toten wegbringen.»

Der dritte musste bleiben, wo er war. Nun, er hatte gewiss freundliche Gesellschaft im Graben, manch einer ihrer eigenen Leute war während des Angriffs über die Brustwehr hinabgestürzt. Das passierte immer im Zweikampf, wenn Männer auf dem schmalen Podest miteinander rangen. «Komm zu mir ins Kommandoquartier, wenn du damit fertig bist.»

Dann lief er zu den Latrinen und übergab sich, bis nichts mehr zum Übergeben in ihm war, und es gelang ihm, sich zusammenzureißen und das Quartier des Festungskommandanten gerade noch vor Centurio Clovius zu erreichen.

Lange schauten sie sich schweigend an. Dann sagte Alexios: «So, damit können wir alle Hoffnung auf die Entsatztruppe fahren lassen.»

«Nein, Kommandant», erwiderte Centurio Clovius, «aber wir müssen länger ausharren. Der Versorgungszug ist in vier Tagen fällig. Wenn wir Glück haben, bekommen sie von der Situation, bevor sie hier sind, Wind und können eine Nachricht hinschicken; außerdem wird eine der Patrouillen von Regina bestimmt eher davon hören.»

«Mag sein. Wie vielen solcher Angriffe können wir standhalten, Centurio?»

«Um diese Frage zu beantworten, brauchen wir den dreifaltigen Gott unseres verstorbenen Kaisers Constantin. Eine Weile können wir es schon.»

«Aber vier Tage! Wir haben jetzt nicht einmal mehr zwei Drittel unserer Kampfstärke!»

Centurio Clovius sagte steif: «Was schlägst du vor zu tun, Kommandant?»

«Wir ziehen heute Nacht ab, solange wir noch genug sind, um eine Aussicht auf den erfolgreichen Durchbruch nach Regina zu haben.»

Er sah, wie sich das Gesicht des Centurio verhärtete. «Bei allem Respekt, Kommandant, ich denke, das wäre ein Fehler.» Seine Stimme war unpersönlich. «Wir haben genug Vorräte und Kriegsausrüstung.»

«Nur nicht genug Männer, um davon Gebrauch zu machen.»

«Wenige Männer haben eine größere Chance hinter einer Brustwehr als draußen im Freien. Auch ...», der Centurio zögerte.

«Was?»

«Kommandant, stehender Befehl in einem Notfall ist: Bleiben und auf die Entsatztruppe warten.»

«Das habe ich nicht vergessen. Es gibt Ereignisse, die das Aussetzen eines Befehls erfordern. Eine Festung voll toter Helden mag nach deinem Geschmack sein, ich hingegen möchte meine Männer lebend nach Regina bringen.»

«Das schaffen wir nie.» Centurio Clovius vergaß das «Kommandant».

Sie blickten sich über den Tisch hinweg an, und dann sagte Alexios ruhig: «Centurio, ich befehle hier.»

Und Schweigen fiel wie ein Schwerthieb zwischen sie.

15

Centurio Clovius, der graue Haare in seinem Bart hatte, starrte diesen jungen Kerl an, der durch nichts herausragte, abgesehen davon, dass er ein erstklassiger Schwertkämpfer war (und das konnte man von jedem Gladiator sagen, der drei Kämpfe in der Arena überstand). Nur weil er einen einflussreichen Onkel hatte, war er über die Köpfe von Männern wie er selbst hinweg befördert worden, bevor er Zeit hatte, seinen Beruf zu lernen. Und er sagte: «Ich möchte offiziell im Bericht festhalten, dass ich nicht damit einverstanden bin, Kommandant. Wenn es dabei bleibt, muss ich es von jetzt an selbstverständlich akzeptieren und ich werde deine Befehle so gut ich kann befolgen.»

«Natürlich», sagte Centurio Alexius Flavius Aquila und kontrollierte seine Stimme etwas zu sehr, sodass sie kalt und arrogant klang. «Wir ziehen im Schutz der einbrechenden Dunkelheit aus. Kümmere dich um Bahren und Lasttiere für die Kranken und Verwundeten, und sorge dafür, dass alle Kriegsausrüstungen hinter uns vernichtet werden.»

An diesem Tag schlugen sie noch zwei weitere Angriffe zurück und mussten zusehen, wie ihre Toten und Verwundeten zunahmen. Endlich aber kam die Dämmerung – eine feuchte, bleierne Dämmerung mit Wolken, die sich von Westen her immer höher auftürmten und für den Morgen Regen verhießen. Die Stammesleute hatten sich für eine Weile zurückgezogen, um ihre Wunden zu lecken. Die Dämmerung verdichtete sich zur Dunkelheit. Im Sacellum hatte Alexios den ordentlich aufgeschichteten Papierhaufen angezündet, den er und der Gehilfe am Tag zuvor hergerichtet hatten. Und dabei war ihm klar, dass dies die ersten Schritte auf einem Weg waren, von dem es kein Zurück gab. Als die letzte Flamme erlosch, zertrat er die roten Funken, die hier und da noch aufglimmten, unter seinen Fersen zu einem kleinen Häufchen verkohlten Papyrus. Dann ging er hinaus zu seinen Männern, die angetreten waren und die letzten Befehle erwarteten. Sie ließen die Lampe im Sacellum brennen, aus dem der Standartenträger die Standarte der

Kohorte geholt hatte, und Leuchtfeuer überall da, wo sonst immer Lichter brannten. Die Brunnen verstopften sie mit Toten und ließen verbogene und stumpf gemachte Waffen zurück.

Sie zogen durch das alte Nordwesttor hinaus, das vor vielen Jahren halb zugemauert worden war. Im weiten Bogen umgingen sie die Lagerfeuer, die dicht entlang der Straße nach Regina brannten. Ihre Späher eilten voraus, und so erreichten sie die Bäume, ohne die Stammesleute zu alarmieren. Wären die Verwundeten und die Fieberkranken nicht dabei gewesen, hätten sie sich die ganze Zeit an den Wald halten können. Das wäre eine bessere Chance für sie gewesen. Wie die Dinge aber standen, mussten sie letztendlich hinunter zur Straße. Fünfzehn Meilen auf der Straße; weniger als ein Vierstundenmarsch unter normalen Bedingungen. Wie lange würde es dauern, bis die Markomannen ihre Spur aufnahmen? Vielleicht wenn die Trompeten nicht mehr zur Wachaufstellung bliesen.

Der Wind wechselte die Richtung. Die Wolkenbank stieg hoch hinauf in den Himmel. Und als Alexios, der an der Spitze der Nachhut ritt, sein Pferd zur Seite lenkte und sich umdrehte, um kurz vom ersten Hügelkamm zurückzublicken, sprühten ihm ein paar Regentropfen ins Gesicht und ließen das schwache Licht von der verlassenen Festung verschwimmen. Man hatte eine römische Festung den Barbaren überlassen. Jetzt jedenfalls blieb nichts anderes übrig, als weiterzuziehen.

Und sie zogen weiter, durch niedriges, dichtes Eichengestrüpp. Der Boden unter ihren Füßen begann aufzuweichen, als der Regen stärker wurde. Jetzt lag der Hügelkamm zwischen ihnen und der Festung. Es hatte keinen Sinn mehr, noch einmal zurückzublicken.

Die Späher eilten voraus und suchten nach den besten Wegen für die Kranken und Verwundeten, aber es war ein langsames Vorankommen. Ein zu langsames. Es ging wieder bergauf und über den nächsten Bergsattel. Alexios überließ dem Optio seinen Platz und preschte an die Spitze der durchnässten und versprengten Kolonne, um mit dem verantwortlichen Centurio zu sprechen.

«Centurio, wir kommen verdammt langsam vorwärts, und die Wachablösung muss schon vorbei sein, die Jagd auf uns wird jetzt losgehen. Wir müssen runter auf die Straße.»

Centurio Clovis, der fünf Jahre in Abusina gedient hatte und die Wälder so gut kannte wie jeder Späher, duckte sich unter einem tief hängenden Zweig. «Nun, wir hinterlassen eine Spur wie ein verwundeter Elefant, der können sie genauso leicht folgen wie der Straße. Und mit den Verwundeten schaffen wir es nie über den Eberrücken, bevor sie uns einholen. Es gibt nicht weit vor uns einen Weg, der auf die Straße führt. Wenn es so weiterregnet, wird er sich bis zum Morgen in einen Wasserlauf verwandelt haben, aber jetzt müsste er noch brauchbar sein.»

«Gut. Dann nehmen wir ihn.»

Er ritt zurück zur Nachhut der Kolonne und gab dabei den Befehl an die übrigen Centurionen weiter.

Sie fanden den Weg; es war einer von denen, die sich durch den Wald winden und zwischen den Bäumen hindurch ein Dorf mit dem anderen verbinden. Sie eilten im Schlamm rutschend und gleitend hinunter zur Straße. Fast hatten sie sie erreicht, da hörten sie den ersten Wolfsschrei hinter sich in der regnerischen Nacht. Überall in der verstreuten, erschöpften Kolonne hoben die Männer gespannt die Köpfe, als sie ihn vernahmen, denn sie wussten, was es war: der Schlachtruf der Markomannen. Alexios spürte die Spannung, die seine eigene spiegelte: angehaltener Atem, Hände, die wie von selbst nach dem Schwertgriff tasteten. Und dann spürten sie das vertraute Pflaster der Straße unter sich.

Ihm war klar, er musste sie um jeden Preis schnell in die richtige Marschordnung bringen. Wenn sie genauso versprengt auf der Straße dahinzogen, wie sie aus dem Schutz der Bäume herausgestürmt waren, würden sie die Katastrophe herausfordern.

Er gab die Befehle: «Antreten!» und «Abteilung Marsch!» und hörte, wie sie vortraten und wie dann das abgehackte Geräusch müder, ungleichmäßiger Schritte in den raschen, regelmäßigen Tritt eines Eilmarsches überging. Das war schrecklich für die Verwundeten, aber die Gejagten können ihr Tempo nicht bestimmen, wenn die Meute ihre Fährte aufgenommen hat.

Als der Mond kurz aus den tief dahinjagenden Wolken hervortrat, blinkte vor ihnen Wasser, wo die Straße sich zum Sumpfland am Fluss senkte. Zu ihrer Linken ragte die dunkle, bucklige Masse auf, die sie den Eberrücken nannten. Vor ihnen lag der Engpass, wo die steilen Waldhänge zum Fluss hin abfielen. Das war die Stelle, wo die Stammesleute angreifen würden. Wenn es der verzweifelten Kolonne, die durch die Kranken und Verwundeten belastet war, gelang, durch den Engpass in das offene Land hinauszukommen, bestand vielleicht noch eine Chance, Regina zu erreichen. Aber das Geschrei der Wölfe hinter ihnen kam näher. Näher und näher. Ein Wolf rief dem anderen in dem nassen Dunkel zwischen den Bäumen zu.

Der Fluss zu ihrer Rechten kam näher, die bewaldeten Hänge des Bergkamms links von ihnen rückten dicht an sie heran; und plötzlich tönte der Wolfsschrei, der Jagdruf, sowohl von rechts und links als auch von hinten. Die tödliche Hetze brach über sie herein. Kurz vor ihnen wich der steile Abhang des Bergkamms ein wenig zurück und zwischen ihm und der Straße ragte ein kleiner Hügel auf, der durch eine flache Senke von der übrigen Bergmasse getrennt war. Wenn sie den erreichten, hätten sie wenigstens den Vorteil einer höher gelegenen Verteidigungsposition.

Der Zeitpunkt, wo Schweigen noch etwas nützte, war vorbei. Alexios schrie aus vollster Kehle: «Zum Hügel!»

Von der Spitze der Kolonne schallte es zurück.

Sie erreichten die Anhöhe und brachten eine gewisse Schlachtordnung zustande mit den Verwundeten und der Kohortenstandarte in der Mitte, als auch schon der erste Angriff kam. Ein Albtraum von hereinschwärmenden Schatten, vom bewaldeten Bergkamm über die Senke und vom Marschland herauf über die jetzt verlassene Straße. «Da sind sie!», rief jemand; und die Verteidiger des kleinen Hügels rückten zusammen und stellten sich ihnen entgegen. Um den Verteidigungsring tönten plötzlich das Geschmetter von Klinge gegen Klinge und der schrille Schlachtruf der Markomannen. Der Regen hörte auf und der Mond schien von ferne herab auf den wilden Kampf auf dem schmalen Hügel. Die Britannische Kohorte war auf weniger als die halbe Kampfstärke geschrumpft, sie waren hoffnungslos in der Minderheit und das Ende stand ohne Zweifel bevor. Der kleine ausweglose Schutzwall um die Verwundeten und die Standarte wurde kleiner, und trotzig rückten sie Schritt für Schritt zusammen, um die Lücken, die von den germanischen Speeren gerissen wurden, zu schließen. Für jeden gefallenen Markomannen aber schienen zwei neue an seinem Platz aufzutauchen.

Alexios hörte sich seinen Männern Mut zurufen. Er stürzte hinüber, um zu sehen, wie die Dinge auf der anderen Seite des wirbelnden Verteidigungsringes standen. «Centurio Clovius?»

Aber im Mondlicht sah er eine ausgestreckte Gestalt am Boden und Centurio Clovius' entgegnungslos nach oben gewandtes Gesicht über einem gezackten Loch, das schwarz aus seiner Kehle grinste. Und ein anderer, der in einem glitschigen Geschmier von Schlamm und Blut lag, drehte den Kopf, als er vorbeiging, und spuckte gezielt nach ihm.

Ein Stammesangehöriger griff ihn direkt an. Er sah im Mondlicht einen gehörnten Kriegshelm und den gegen ihn erhobenen Speer. Er sprang zum Gegenangriff in die Lücke, wo einer gefallen war, und wehrte den Schlag mit seinem Schwert ab und hieb zurück. Doch überall begannen sich die Reihen zu lichten. Auch hinter ihm, als er den Ruf des Trompeters hörte, der bei so vielen letzten Verteidigungskämpfen erklungen war: «Zur Standarte! Sammeln – sammeln – sammeln ...»

Und dann, unfassbar, antwortete von weit her auf der Straße nach Regina eine Trompete.

Die Tür öffnete sich wieder, aber Alexios, in seinem Albtraum versunken, merkte nicht, dass jemand eingetreten war, bis die Stimme des Tribun Tetricus über ihm sagte: «Steh auf!» Da blickte er hoch, sah, wer es war, und kam mühsam auf die Beine.

«Verzeih. Ich habe dich nicht gehört.»

Sie schauten sich an; dann wandte sich der ältere Mann ab und ging hinüber ans Fenster, er hinkte, eine Baumwollbinde war um sein Knie gewickelt. Tribun Tetricus hatte die Entsatztruppe angeführt, nur wenige waren unversehrt aus dem Kampf zwischen dem Eberrücken und dem Marschland zurückgekehrt.

«Ich bin hier, um dir zweierlei Dinge zu sagen», tönte es vom Fenster her. «Gerade ist die Nachricht gekommen, dass Abusina wieder in unserer Hand ist.»

«Ja», sagte Alexios, mehr gab es nicht zu sagen.

«Und die Untersuchung ist für morgen festgelegt.»

«Untersuchung?»

Der Tribun zuckte mit den Schultern. «Im Namen des Lichtes, Mann, hast du dir nicht gedacht, dass es eine Untersuchung geben wird? Du hast großes Glück, dass es nicht zu einem Militärgericht kommt!»

«Ich kann zu meiner Verteidigung nur sagen, als diese Köpfe über die Brüstung rollten ...»

«Zwei Köpfe. Den dritten hast du nie von Nahem gesehen, darauf haben die Stammesleute geachtet. Bist du nie auf die Idee gekommen, dass die Markomannen den Tod zum Beispiel eines Verwundeten oder Alten, der nicht mehr zur Verteidigung taugt, in Kauf nehmen, damit du glaubst, dass keiner der Boten durchgekommen ist?»

«Nein», sagte Alexios ziemlich verzweifelt, «bin ich nicht.»

«Und so hast du eine ganze Festung an eine Bande von Rebellen verloren, und mich hat es das Leben von doppelt so vielen Männern gekostet, als wenn du dem stehenden Befehl gehorcht hättest.»

«Ich weiß, dass ich die falsche Entscheidung getroffen habe.»

«Du hast die falsche Entscheidung getroffen. Das kannst du dem Untersuchungsausschuss sagen.»

«Ich nehme an, das ist der Augenblick, wo ich mich in mein Schwert fallen lassen sollte», sagte Alexios nach einer Weile. Er war überrascht und ziemlich erschrocken, als er merkte, dass er wirklich ernst meinte, was er da als makabren Scherz geäußert hatte. «Aber sie haben mir mein Schwert abgenommen. Auch diese Entscheidung habe ich zu spät getroffen. Vielleicht kannst du arrangieren ...»

Der Tribun Tetricus drehte sich abrupt vom Fenster um. «Mein lieber Alexios, sei nicht so altmodisch. Solche Heldentaten kamen schon aus der Mode, als das Imperium in Ost und West aufgeteilt wurde.» Er ging zur Tür, wandte sich dann noch einmal um und blickte ihn streng und böse an. Normalerweise war er eine freundliche Seele, aber er liebte seine Männer, und er hatte zu viele verloren, um in diesem Moment freundlich oder gar gerecht sein zu können. «Du kannst deinen Hinweis ja vor dem Untersuchungsausschuss noch einmal anbringen. Wirb um Sympathie und mache einen guten Eindruck.»

Er ging hinaus und schloss die Tür hinter sich.

Alexios hörte den leisen vertrauten Ton des zurückfallenden Riegels. Er sank zurück auf die Bettkante und saß wieder da, den Kopf in die Hände gestützt. Ein wenig Blut tröpfelte vom Knöchel seiner rechten Hand, wo er die geballte Faust gegen die rau verputzte Wand geschlagen hatte, als der Riegel ins Schloss fiel. Aber er wusste nicht einmal, dass er es getan hatte.

2. Eine zweite Chance

Im grauen Herbstlicht waren die Hügel dunkel, nass und abweisend. An manchen Stellen war die Heide bis auf die Straße vorgedrungen, und die Hufe der Pferde sanken plötzlich ins Weiche und ihre Beine fegten durch das Gestrüpp wie durch flaches Wasser. Hoch über ihnen hob sich ein rüttelnder Turmfalke gegen den Himmel ab und ließ sich dann auf seine unsichtbare Beute fallen. Nichts sonst rührte sich in der weiten Leere außer dem kleinen Reitertrupp.

Alexios trug bereits die Uniform der Grenzspäher, eine lederne Tunika über mit Kreuzbändern gehaltenen Hosen, wie alle Barbaren, und einen Mantel aus dicker grober Wolle, der von dunkelgrüner trüber Farbe war, wie der Bergwacholder. Er ritt dahin und starrte zwischen den Ohren seines Pferdes geradeaus vor sich.

Hinter ihm – das war jetzt mehr als zwei Monate her – lag die Untersuchung. Strenge Gesichter um den Tisch, der im Säulengang der Principia in Regina aufgestellt worden war. Jemand trommelte ungeduldig mit den Fingern auf der Tischplatte. Stimmen gingen hin und her: «Gravierender Fehler in der Einschätzung der Lage ...». «Eher Mangel an Erfahrung als Feigheit oder bewusster Gesetzesbruch ...». Der Gerichtspräsident verkündete den abschließenden Beschluss: «Du erhältst einen strengen Verweis in deinem Zeugnis und du bist unverzüglich deines Postens enthoben.» Und danach ertönte die Stimme eines jungen Offiziers, der mit einem anderen sprach: «Wenn du es wärst oder ich, dann würde es das absolute Ende unserer Laufbahn bedeuten; aber es hat ja auch keiner von uns den Truppenbefehlshaber von Britannien zum Onkel.»

Hinter ihm lag die Versetzung nach Britannien. Zwei freie Tage auf dem Familiengut in der südlichen Region, den Downs.

Seine Mutter, eine Halbgriechin, weinte vor Kummer und Mitgefühl. Sie weinte eigentlich leicht; es hing damit zusammen, dass sie ihre Familie in Ephesus verlassen hatte und an dieses kalte Ende der Welt gekommen war, um ihren Sohn zur Welt zu bringen und als Witwe hier zu leben. Sie äußerte, sie könne nicht einmal denken, was sein Vater dazu gesagt hätte. Wieder und wieder sagte sie, wie dankbar er seinem Onkel Marius dafür sein müsse, dass er sich für ihn eingesetzt hatte, dass er zurück nach Britannien beordert wurde, und für ihn einen anderen Posten gefunden hatte. Dann winkte sie ihm mit ihrem nassen Taschentuch nach, als er fortritt.

Auch die lange, unerfreuliche Unterredung mit dem Truppenbefehlshaber von Britannien in seinem Hauptquartier in Eburacum lag hinter ihm.

«Befehligung der Grenzspäher oben in Castellum», hatte sein Onkel gesagt, «Kommandant zweier Hundertschaften statt der einen, die du bisher hattest, und einer Festung. Beförderung zum Ducenarius. Das klingt nach Fortschritt, nicht wahr? Täusche dich nicht, es ist keiner. Du bist ein unfähiger Soldat, du bist nicht dafür geeignet, in einer ordentlichen Hilfskohorte zu dienen, deshalb bekommst du die Grenzwölfe. Und frage mich nicht, wie sie zu diesem schmeichelhaften Namen gekommen sind, das wirst du früh genug herausfinden. Vielleicht machen sie aus dir noch einen Mann, oder sie arrangieren stattdessen für dich einen tödlichen Unfall. Ich glaube, das ist schon mal vorgekommen.»

Alexios hatte verzweifelt versucht, an irgendwelchen Dingen Halt zu finden, auch an sich selbst. «Man braucht mir nicht zu sagen, was ich getan habe, und auch nicht, was ich verdient habe. Mir ist beides nur zu sehr bewusst und es tut mir entsetzlich leid. Ich kann dir nur für alles, was du in der Vergangenheit für mich getan hast, danken und auch für diese Chance, es wieder wettzumachen. Ich will alles tun, was ich kann, um es zu verdienen.»

«Ich nehme an, deine Mutter hat dir gesagt, du sollst dich entschuldigen und bedanken wie ein braver Junge», sagte Onkel Marius, er gab sich gar keine Mühe, den Zorn in seiner Stimme zu unterdrücken.

Alexios, der sich wie ein geprügelter Köter fühlte, gab immer noch nicht auf. «Ich hätte wohl beides ohne ihr Drängen getan.»

«Und sie glaubt wohl, ich hätte alles ihr zuliebe getan, was?» «Sie ist immerhin deine Schwester. Das weiß die ganze Armee.»

«Halbschwester», sagte Onkel Marius schroff. «Na ja, sogar einer heulenden Halbschwester kann man leichter nachgeben als widerstehen. Aber sie irrt. Alles, was ich für dich getan habe, war wegen deinem Vater, nicht wegen ihr. Er war der beste Freund, den ich jemals gehabt habe, ich hatte nie einen Sohn, und ich wollte, dass sein Sohn sich gut macht. Ich sehe jetzt, dass mein Einsatz für dich falsch war. Ich bete zu Gott, dass ich mich diesmal nicht täusche. Raus jetzt!»

Und Alexios war rausgegangen. Entsetzt stellte er fest, dass es ihn von Kopf bis Fuß schüttelte und dass er kurz vorm Lachen war, dabei gab es bestimmt nichts zu lachen. Er musste es unterdrücken, sonst würde er noch hier im offenen Vorhof zu seiner Schande heulend enden. Es war ihm gelungen, sich zusammenzureißen und gerade noch seine Schlafräume zu erreichen. Dann hatte er die Tür hinter sich zugetreten und sich auf seine schmale Liege geworfen, den Kopf in den Armen.

All das lag jetzt hinter ihm, und es fiel mit jedem Hufschlag seines Pferdes mehr und mehr von ihm ab. Das Land vor ihm veränderte sich, als die Straße die flache Moorheide erreichte, und die Wildnis wich zurück, als sie den Rand des Ackerlandes erreichten. Rechts vor ihnen pflügte ein Mann. Eine schwirrende, kreischende Wolke von Möwen folgte dem schweren, von Ochsen gezogenen Pflug. Und jetzt sah Alexios auch die Festung, die seinem Kommando unterstehen sollte. Sie kauerte wie ein alter, vernarbter Hund zwischen dem Wasser der weiten Flussmündung, das schwertgrau dahinter schimmerte, und den braunen Dächern der Einheimischensiedlung, die sich an der Landseite drängte.

Der neben ihm reitende Optio des kleinen Begleittrupps deutete darauf.

«Da ist Castellum, Herr.»

Als müsste man ihm das sagen.

Alexios nickte. Der erste Anblick seiner ersten Kommandostelle hätte ein stolzer Augenblick sein müssen. Aber es war ja das Ende von etwas, nicht der Beginn. Hier sollte das letzte bisschen seines Soldatendaseins gänzlich verkümmern. Er war erledigt. Fertig. Vernichtet.

Er merkte, wie sich sein Blick von der Festung in der Ferne löste und starr auf seine Zügelhand richtete. Auf den brüchigen Saphirring mit dem eingravierten Delfin an seinem Siegelringfinger. Ein alter, abgenutzter Ring war es, der von einer langen, stolzen Soldatenlinie auf ihn gekommen war. Das Einzige, was er jetzt für sie tun konnte, nachdem er sie so schrecklich entehrt hatte, war, seine Niederlage so anzunehmen, dass es ihnen nicht noch mehr Schande brachte. Der gravierte Stein war dunkel und geheimnisvoll, aber er spiegelte nur den kalten oberflächlichen Schimmer des Herbsthimmels wider. Er sagte ihm nichts. Nun, darauf konnte er verzichten. Er richtete sich im Sattel auf und straffte die Schultern mit einem leichten Ruck, was den Männern, die hinter ihm ritten, nicht entging.

Sie klapperten das letzte Stück zwischen der Siedlung und dem flüchtig gerodeten Übungsplatz hindurch und vorbei an den Grabsteinen der Männer, die, seit die Adler zum ersten Mal nach Norden flüchteten, gestorben waren, und weiter durch das Praetorianische Tor von Castellum.

Später am Abend saß Alexios nach dem Essen mit dem scheidenden Befehlshaber und den übrigen Offizieren der Festung bei einem Krug Wein im Kasino. Das nach oben gerichtete Licht der dreiflammigen Lampe warf ihre Schatten hoch auf die rau verputzten Wände hinter ihnen und zeichnete ihre Gesichter als scharfes Relief ab. Der kahl werdende Quartiermeister, der ein gerötetes Gesicht hatte, trank sich in eine schweigsame Erstarrung, und wie Alexios später herausfand, tat er das jeden Abend. Der blässliche Mann mit der langen Nase und dem Schlangenstab auf der Brust seiner Tunika war der Festungsarzt. Die beiden Hundertschaftenführer: Centenarius Lucius, untersetzt, dunkel und ein bisschen hölzern, und Centenarius Hilarion, lang, dünn und sommersprossig, mit hellen Augen, die unter einem Schopf sandfarbenen Haares hervor funkelten und flackerten. Und Druim, der Anführer der kleinen Gruppe Arcani in der Festung, die man «die Augen und Ohren im Dunkeln» nannte und die, sofern ihr Ruf der Wahrheit entsprach, hören konnten, wenn in einer Entfernung von drei Tagesmärschen hinter dem alten Nordwall ein Blatt fiel. Mausgraues Haar in dicken Flechten umrahmte ein Gesicht mit blauen Augen, das sichtlich so offen war wie der Tag.

Alexios betrachtete sie alle und hoffte, dass sie es nicht zu aufdringlich fanden. Das waren also die Gesichter der Männer, die in drei Tagen seine Offiziere sein würden. Reservierte Gesichter, die ihm bis jetzt nicht verrieten, was sich hinter ihnen verbarg. Am oberen Ende des Tisches war Ducenarius Julius Gavros, der scheidende Befehlshaber, nachdenklich geworden, was ja, wie er annahm, unter den gegebenen Umständen nicht verwunderlich war.

«Als ich zuerst bei den Grenzspähern diente, war die gesamte Truppe in Castra Exploratorum stationiert. Damals waren wir für alle Spähdienste im Flachland verantwortlich. Jetzt aber sind wir aufgeteilt. Das hast du auf dem Weg hierher sicher selbst gesehen. Eine Einheit ist mit der regulären Garnison in Habitancum zusammengelegt. Sie dienen als Späher und sind für die Sicherheit unmittelbar vor dem Wall verantwortlich.

Eine andere steht in Bremenium unter dem Praepositus persönlich. Sie ist auch zusammengelegt, und zwar mit der teilweise berittenen Hilfstruppe und der Hauptgruppe der Arcani, und das kommt jetzt unserem Hauptquartier am nächsten. Und eine dritte ist hier in Castellum, fast am alten Nordwall; wir sind etwas über zweihundert, Druims feine Kerle inbegriffen, die sich alle hier in einer Festung herumtreiben, die ursprünglich für eine ganze Kohorte gebaut war. Wir sind der vorderste Beobachtungsposten; unsere Aufgabe ist, allgemein für Ruhe zu sorgen und besonders ein Auge auf die Pikten zu haben. Es ist eine ziemlich dürftige Vereinbarung. Keiner von uns kann die anderen wirklich unterstützen, wenn es zu Problemen kommt. Die alte Methode war besser.»

«Warum die Veränderung?», fragte Alexios.

Julius Gavros zuckte die Achseln. «Wir haben jetzt schon seit langem Frieden im Norden. Angriffe von der See her gibt es schon, aber hier oben ist es bislang verhältnismäßig ruhig gewesen. Und der Kommandostab mag irreguläre Einheiten in Friedenszeiten nicht, beziehungsweise er vertraut ihnen nicht. Wenn man sie nicht loswerden kann, ist das Nächstliegende, sie aufzuteilen.»

«Geben wir doch zu», sagte Centenarius Lucius ruhig in sein Weinglas hinein, «keine Einheit war jemals so irregulär wie die Grenzwölfe.»

Hilarion war aufgestanden und zum Fenster hinübergegangen. Er stand da, den einen Arm auf das hohe Sims gelegt, und lauschte. Irgendwo draußen in der Nacht sangen Männer ohne Worte und steigerten sich zu einem gespenstischen Singsang über dem Rhythmus einer leicht pulsierenden Trommel. «Das Rudel gibt Laut. Nun, es ist Vollmond.» Mit einem Schwung war er wieder am Tisch, ließ sich auf den Sitz Alexios gegenüber fallen und grinste. «Dein neues Kommando. Die Stammesleute sind ziemlich überzeugt, dass wir eine Art Blutsbrüderschaft mit den Wölfen geschlossen haben; und die Mütter erzählen ihren Kindern, dass sie auch den Mond anheulen, wenn wir sie beißen.»

«Aber wir beißen sie selten», sagte Lucius sanft.

Er ist doch nicht so hölzern, dachte Alexios.

Julius Gavros lachte. «Das könnte ein nützlicher Ruf sein für uns.»

«Siehst du! Du fängst an, wie einer von uns zu denken! Deshalb hat man dich nach Habitancum versetzt! Oh, ich weiß, es ist ein Aufstieg, aber es ist auch näher an der Zivilisation.» Hilarion hob seinen Becher und trank. «Ach was, wenn wir einen Kommandanten endlich auf unsere Denkweise eingestimmt haben, schicken uns die Oberen einen neuen und alles beginnt wieder von vorn.»

«Respektlosigkeit gegenüber dem neuen Kommandanten ist nicht beabsichtigt.» Druim richtete seine Augen nachdenklich auf Alexios' Gesicht, er sprach nach langem Schweigen zum ersten Mal.

«Wer denkt denn an so was?», sagte Hilarion träge in die plötzliche Stille hinein. «Gewiss doch nicht der neue Kommandant? Ihm muss doch genauso wie uns bewusst sein, was für eine Ehre es ist, dass er hierher versetzt wurde.» Langsam gab er seine lässige Haltung auf und setzte sich gerade hin.

Alexios erstarrte und erwiderte seinen Blick durchdringend. «Ich bin nicht sicher, dass ich verstanden habe.»

Lucius erwiderte rasch: «Keiner kann Hilarion verstehen, wenn Vollmond ist.» Und an Hilarion gewandt fügte er hinzu: «Lass das.»

Hilarion schien seinen Kameraden nicht zu hören. «Wer hätte im Traum daran gedacht, dass es mit den Grenzwölfen jemals so weit kommt, dass sie vom Neffen des Befehlshabers von Nordbritannien kommandiert werden?»

Sonst nichts. Aber das Schweigen dehnte sich straff wie eine Bogensehne. Alexios war sich deutlich der Blicke der Männer bewusst – der Quartiermeister hatte sogar etwas Eulenhaftes.

Plötzlich hatte sich die Szene in tödlichen Ernst verwandelt. Sein Mund fühlte sich trocken an und er wusste, wenn der scheidende Kommandant auch nur den geringsten Versuch machte, ihm zu helfen, war er erledigt. Er hielt dem hellen, lauernden Blick des Centenarius Hilarion stand und wusste, dass er nicht wegschauen durfte.

«Wir müssen hoffen, dass die Grenzwölfe sich der ihnen verliehenen Ehre würdig erweisen», sagte er schließlich gelassen. «Reichst du mir bitte den Weinkrug, Centenarius?»

So ging dieser Moment vorüber.

In der Nacht sagte Ducenarius Gavros im Vorzimmer der Kommandantenräume, wo für den Neuankömmling ein Behelfsbett aufgestellt war: «Tut mir leid, was sich heute Abend im Kasino abgespielt hat.»

«Ich nehme an, die ganze Festung weiß davon», sagte Alexios bedrückt.

«Wenn man bedenkt, welch detaillierte Kenntnis alle ehrenwerten Truppen von den intimsten Angelegenheiten ihrer Offiziere halten, besteht kein Zweifel daran.» Gavros nickte. «Deshalb halten wir morgen früh eine Übernahmezeremonie in Paradeuniform ab, und du wirst mit mir die Reihen von oben bis unten abschreiten, und du wirst jedem gerade in die Augen schauen, als ob es dir nicht das Geringste ausmachte.»

Alexios betrachtete das Gesicht des Älteren. Es war ein Gesicht, das vom Leben und wüstem Wetter hart mitgenommen war. Und es strahlte Weisheit aus.

«Die Stammesleute auch?» Er wollte genau wissen, womit er es zu tun bekam.

«Jedenfalls nicht die von den Truppen. Die Grenzwölfe kümmern sich um ihre eigenen Angelegenheiten. Auch sie können es dir schwer machen, bis du es in ihren Augen verdienst, sie zu befehligen – das ist das Los jedes neuen Kommandanten. Aber Außenseiter lassen sie nicht an ihrem Spiel teilhaben.»

Damit verschwand er in dem hinteren Schlafraum, und der schwere Vorhang schwankte nach ihm hin und her.

Als er allein war, streifte Alexios seine Ledertunika über den Kopf und ließ sich auf der Behelfsliege nieder, um die überkreuzten Träger seiner Hosen zu lösen. Aber nach einer Weile ließ er seine Hände untätig auf seine Knie fallen und starrte an die gegenüberliegende Wand.

«Vielleicht machen sie so was wie einen Mann aus dir, wenn sie nicht stattdessen einen tödlichen Unfall für dich arrangieren», tönte Onkel Marius' Stimme in seiner Erinnerung. Es wäre demütigend, der endgültige Absturz, wenn er von seinen eigenen Leuten ermordet würde. Andererseits, dachte er, machte es ihm nichts aus. Jedenfalls nicht so viel wie das, was ihn am nächsten Morgen erwartete und was er fürchtete.

Am Morgen jedoch schritt er neben Ducenarius Gavros die Reihen der Dritten Truppe der Grenzwölfe ab, die mit ihren Pferden auf dem Übungsplatz außerhalb der Festung angetreten waren. Jedem Einzelnen blickte er gerade in die Augen, als ob es ihm nicht das Geringste ausmachte.

Er hatte die Torwache und ein paar der anderen in der Festung verstreut gesehen, als er am Vorabend eingeritten war. Aber niemals vergaß er den ersten vollständigen Anblick seiner neuen Kompanie. Die britannischen Hilfstruppen in Abusina waren eine ziemlich ungehobelte Gesellschaft gewesen, aber irgendwie hatten sie eine gewisse Ähnlichkeit mit römischen Soldaten gehabt. Diese hier, von denen jeder mit einem Arm durch die Zügel seines struppigen Pferdes dastand, schienen von einer anderen Welt zu sein. Als er die Reihen musterte, sah Alexios überwiegend große, schlanke Männer, die schmierige, vom Wetter gegerbte Ledertuniken und Hosen mit gekreuzten Trägern trugen. Sogar ihre in Eisen gefassten Kappen waren zu Dreiviertel unter dem fauchenden Kopf des Wolfsfellmantels verborgen, den die Männer darüber trugen.

Nichts an ihnen deutete auf die Adler hin, abgesehen von den schnurgeraden Reihen und hier und da einer Gürtelschließe oder einem Armband für lange Dienste.

Sie standen lässig mit etwas auseinandergespreizten Füßen und erwiderten seinen Blick aus verbissenen, vom Wind gegerbten Gesichtern – Gaunergesichter, vorsichtig oder verwegen, verschlagen oder ausdruckslos, alle auf der Hut, nichts von sich preiszugeben. Sie alle aber verband etwas, das sich von dem Gemeinsamen jeder anderen Militäreinheit unterschied. Vielleicht war es der Zusammenhalt des Wolfsrudels. Alexios wusste es nicht. Er wusste nur, dass er davon ausgeschlossen war und dass er sich eigentümlich nackt fühlte in dem schwachen, nach Salz schmeckenden Wind, der von der Mündung des Bodotria her wehte und die wollenen Fliegenwedel am Zaumzeug der Pferde flattern ließ und ihre Mähnen und Schweifhaare und den struppigen, grauen Pelz der Wolfsfellmäntel auseinanderblies und den schmalen, leuchtenden Windsack aus smaragdgrüner Seide entrollte, der den Körper der Drachenstandarte der Truppe bildete.

Er gab seinen Schultern diesen verräterischen Ruck und lief weiter, die eine Reihe hinauf, die nächste hinab, und er warf einen langen, ruhigen Blick auf seine neue Truppe, während die Grenzspäher ihrerseits aus ihren wachsamen, nichtssagenden Gesichtern einen ersten langen, festen Blick auf ihren neuen Kommandanten richteten.

Sie sahen einen schlanken, dunklen jungen Mann vor sich, mit dicken schwarzen Brauen, die sich fast über seiner arroganten Nase trafen, und genau darüber war das Brandzeichen des Rabengrades des Mithras eingeprägt; sie sahen einen grauen, hochmütigen Blick, den Mund eines Knaben, der sich noch nicht zu dem eines Mannes geformt hatte. Das Befehlshabers-Söhnchen. Sie wussten – da hatte ihr scheidender Kommandant recht gehabt –, wie und warum er hierher gekommen war. Und was sie sahen, schien ihnen nicht vielversprechend. Aber mehr als einer unter ihnen hatte selber dunkle Flecken auf seinem eigenen vergangenen Lebenslauf, und vorerst wollten sie ihr Urteil zurückhalten. Endlich war es vorbei. Die Pferdehalter brachten zwei wartende Tiere. Als Alexios sich nach Ducenarius Gavros in den Sattel schwang, hörte er die barschen Befehle der Centurionen und beobachtete die einheitliche, gut trainierte Bewegung, mit der zweihundert Männer ihre Hände an den Widerrist ihres Pferdes legten und auch aufsaßen. Noch ein Kommando und sie ritten in gemächlichem Galopp auf das Präetorianische Tor zu. An ihrer Spitze hob der Standartenträger den Truppendrachen auf seinem Speerschaft in die Höhe, und in dem Wind, der durch die fauchende fantastische Maske aus Bronze und Silberdrähten blies, füllte sich der leuchtende seidene Windsack, sodass er wie eine grüne Flamme nach hinten züngelte, als einziger leuchtender Farbpunkt in dem gesamten Bild dunkler Moorlandfärbung.

Der Übungsplatz war wie ein Becher geleert, war dem feinen Salzwind überlassen, und die Möwen kreischten über den Schlammtümpeln, die die Ebbe zurückgelassen hatte.

«Gut gemacht», sagte Julius Gavros neben ihm, als sie ihre Pferde antrieben und den gleichen Weg zurück nahmen.

3. Die Halle von Ferradach Dhu

Alexios hatte eigentlich angenommen, dass der Rest des Tages mit Büroarbeit wegen der Übergabe verbracht würde. Aber Julius Gavros sagte: «Das Wichtigste zuerst. Heute Morgen habe ich dich und die Truppe miteinander bekannt gemacht, jetzt kommst du mit mir, um Ferradach Dhu zu begrüßen.»

«Ferradach Dhu?»

«Das ist der Stammeshäuptling der Votadini hier in der Gegend.»

«Hier in der Siedlung?» Alexios hatte bei seiner Ankunft gerade Straßen und Steinmauern gesehen, die Ecke eines Säulenganges, einen Gedenkbogen, der über den dicht gedrängten Farndächern aufragte. Das reichte aus, um mehr zu vermuten als das Gemisch von Händlerbuden aus Torfwänden und Weinläden und Hütten, wo die Garnisonssoldaten ihre Frauen und ihre Jagdhunde unterbrachten. All das tauchte immer im Schutz einer römischen Festung auf.

«Aber doch nicht Ferradach Dhu. Der alte Adler bleibt in seinem eigenen Horst.»

«Ah, so ist das.» Alexios deutete mit dem Daumen ostwärts in Richtung eines riesigen Felsenbollwerks, etwa eine Stunde entfernt, das er gestern von der Straße aus gesehen hatte. Es sah wirklich wie ein Adlerhorst aus, der über dem Moor brütet.

Gavros schüttelte den Kopf und rieb den Knauf seines Gürtels. «Das ist der alte Stützpunkt des Stammesfürsten. Der Hauptsitz im Krieg. In Friedenszeiten ist niemand dort, und der Stammesfürst regiert die Stämme der Votadini von Traprain Law aus, das weit von hier gegen Südwesten liegt.»

So ritten sie kurz vor Mittag von einer kleinen Eskorte begleitet zum Westtor hinaus und nahmen den steilen Weg, der zu dem Fluss hinabführte, der vom Hochmoor herunterkam und direkt unterhalb der Festung in den Bodotria mündete.

Der Wind, der aus der Schlucht des Flusses heraufquoll, teilte den Wolfspelz mit dem fauchenden Kopf und den spitzen Ohren über seiner Kriegerkappe, den Julius Gavros wie seine Leute trug, in bläuliche Zickzackstreifen. Alexios sah, dass er über den regulären dunkelgrünen Militärmantel gezogen war, wie er selbst einen anhatte. Gehörte das zu den üblichen Dingen? War es eines dieser Dinge, die Offizier und Soldat gleichermaßen zum Grenzwolf machten? Gavros drehte sich um und bemerkte seinen Blick. «Das macht viel Sinn», sagte er, als habe Alexios laut geredet. «Ist gut gegen den Nordwind, und der Wolfskopf über der Kriegerkappe lässt die Silhouette gegen einen Berghang verschwinden.»

«Trotzdem scheint mir, dass es keine militärische Anordnung ist», sagte Alexios.

«Das Fell unserer Brüder? Nein. Jeder Mann der Truppe tötet seinen eigenen Wolf, natürlich mit Speer oder Dolch, nicht mit Pfeil und Bogen. Nur diesen einen Wolf und nie einen anderen, es sei denn zur Selbstverteidigung oder bei äußerstem Bedarf für einen neuen Mantel. Wildschwein, Hirsch oder Bär sind zum Jagen, ja, aber nicht unsere vierfüßigen Brüder. Das ist der Brauch beim Rudel.»

Gavros' ledernes Gesicht verzog sich zu einem Grinsen. «Es mag sein, dass es den Grenzspähern etwas an peinlicher Sauberkeit fehlt, aber sie haben genauso viele Bräuche wie die Praetorianer, und die werden alle streng gewahrt.»

Wo sich der Weg zu der gepflasterten Furt unterhalb der Pferdetränke senkte, ragte ein wenig schräg im Gras am Wegrand ein hoher Stein auf. Dunkel und glatt sah er aus, als sei er durchs Feuer gegangen; und auch sehr alt, älter als alles andere in dieser Gegend. Im Vorbeitraben beugte Gavros sich aus dem Sattel und berührte den glatten, abgegriffenen Kopf leicht. Und Alexios, der sich noch einmal danach umwandte, sah, dass der Anführer der Eskorte die Geste wiederholte und auch der nächste Mann hinter ihm …

Er blickte Gavros wieder an, aber der Ducenarius starrte zwischen die Ohren seines Pferdes. Noch ein Brauch des Rudels, vermutete Alexios, und bestimmt einer, nach dem man keine Fragen stellt. Nun, er würde später Zeit haben, solche Dinge herauszufinden, vielleicht mehr, als ihm lieb war. So viel Zeit, dass kindische Dinge bedeutsam wurden, und das half, die Zeit ein wenig auszufüllen. Ein kurzer, kalter Schauder lief ihm über den Rücken. Ein Schauder aus dem Nichts, über den die Männer lachen und sagen, dass eine Graugans über ihre Gräber fliegt.

Platschend durchquerten sie die Furt, ritten hinauf durch das Erlen- und Haselgestrüpp, das die andere Seite der Flussschlucht bedeckte, und dann weiter nach Westen. Zu ihrer Linken breiteten sich eine Zeit lang wieder Äcker, Brachland und Stoppelfelder aus, über denen Wolken von Kiebitzen schwärmten. Rechts von ihnen war das graue Wasser der Mündung, die immer enger wurde, je weiter sie ritten, und dahinter die unheimliche Düsternis der Hügel Kaledoniens. Wildes Land, barbarisches Land, jenseits aller Grenzen.

Gavros deutete auf den Weg. «Das ist die Straße nach Credigone – beziehungsweise was von ihr noch übrig ist – und noch weiter dahinter die Reste des Nordwalls.»

«Es sieht nicht danach aus, als ob sie viel Verkehr erlebt», sagte Alexios, als er den gefurchten Weg betrachtete und das Hügelgras, das ihn halb bedeckte.

«Die Grenzwölfe können nicht viel mit Straßen anfangen», sagte Gavros, «und die Garnison von Credigone zog weg, als die Welt noch jung war. Nur Füchse haben jetzt ihren Bau dort. Und der Wall ist nicht viel mehr als eine flüchtige Erinnerung im Gedächtnis der Leute. Es ist immer noch eine Art Grenze, aber Meilen lang könntest du nicht erkennen, dass er dort war, wenn nicht ab und zu ein Damm herausragte mit einem von

Weißdorn- und Brombeergestrüpp überwucherten Graben darunter.»

Kurz darauf verließen sie die Straße, wandten sich nach Südwesten und ließen den Bodotria und jegliche Spur von Ackerland hinter sich. Bald war der Weg, dem sie folgten, nur mehr eine schwache von Füßen und Hufen ausgetretene Spur, wie sie entsteht, wenn man immer dieselbe Strecke zwischen zwei Punkten zurücklegt. Stetig ging es bergauf, manchmal tauchte der Weg in kleine, tiefe Senken hinab, die voller Haselgestrüpp waren, aber immer wieder führte er nach oben in Richtung des Hochmoors. Die schwarze Masse des Heidekrauts vom vergangenen Sommer und das weiße, büschelige Moorgras wischten den Pferden um die Beine. Einmal flogen drei Raben auf, die schwer beladen waren mit Beute vom Kadaver eines verendeten Rehs. Einmal tauchten oben auf einer nahe gelegenen Kuppe zwei Reiter auf und verschwanden wieder unterhalb des Horizonts. Sonst bewegte sich nichts in der Leere, nur eine dahintreibende graue Wolke zog ihren Schatten mit sich, und hier und da lagen Sonnenstreifen über den Hügeln. Und immer, dachte Alexios, spüre ich Trostlosigkeit im Nacken. Noch mehr als damals beim ersten Anblick der germanischen Wälder empfand er, dass er hier wirklich ans äußerste Ende der Welt gelangt war. Vielleicht kam es auch daher, dass es in den germanischen Wäldern doch einen Hoffnungsschimmer zwischen den Bäumen gegeben hatte.

«Gewiss verstehst du», sagte Ducenarius Gavros nach einer Weile, «dass wir auf Patrouille sonst nicht direkt über Land reiten und dann auf jedem Hügel am Horizont sichtbar werden.»

Alexios kam wieder zu sich. «Ich denke, es ist eine Frage des Anstands. Dies ist ein Höflichkeitsbesuch.»

Gavros drehte sich nach ihm um. «Ich fange an, mir Hoffnung für dich zu machen.»

«Danke», sagte Alexios ernst. «Warum eigentlich Ferradach

Dhu? Die Votadini müssen doch viele Stammeshäuptlinge haben.»

«Haben sie. Und du wirst mit der Zeit die meisten aus der näheren Umgebung auf die eine oder andere Weise kennenlernen. Ferradach Dhu, weil Castellum sich auf seinem Stammesgebiet befindet, das fast bis an den Fuß des Festungsfelsens reicht. Es ist wichtig, mit dem Mann, in dessen Jagdgebiet man isst und schläft, auf gutem Fuß zu stehen.»

Eine Zeit lang ritten sie schweigend weiter und dann fragte Alexios: «Wie freundlich sind die Stämme – nun, ich weiß, dass alles hier einmal eine blühende römische Provinz war, aber heute», er betrachtete die trostlose Weite ringsum, «fragt man sich schon.»

«Die Votadini? Wie lange ist ein Stück Schnur?» Gavros hatte zwischen ihnen und der folgenden Eskorte ein wenig Abstand gelassen, und Alexios dachte, das sei wohl die typische Unterhaltung zwischen neuen und scheidenden Befehlshabern von irregulären Truppen im ganzen Imperium.

«Wir leben sehr nahe bei den einheimischen Stämmen», sagte Gavros, «so war es seit mehr als hundert Jahren hier oben. Wir sind durch die Bedrohung seitens der Kaledonier und der Pikten, des Tätowierten Volkes aus dem Norden, aufeinander angewiesen. Die Grenzspäher sind hauptsächlich hier, um sie daran zu hindern, dass sie über den Alten Wall stürmen, und auch, um auf die Attacotti, die Seeräuber aus Hibernia, ein wachsames Auge zu haben. Die meiste Zeit hat die Freundschaft ganz gut gehalten, abgesehen von gelegentlichem Viehraub und ein wenig Unruhe nach einer schlechten Ernte. Natürlich gibt es auch verwandtschaftliche Beziehungen zwischen ihnen und uns, die Hälfte unserer Männer sind von hier rekrutiert, meistens handelt es sich um jüngere Söhne, die Übrigen sind vor allem Dalriaden aus dem Nordwesten hinter dem Wall, die nahe verwandt sind mit den Attacotti. Das ist seltsam, wenn man es recht bedenkt.»

«Bestimmt auch gefährlich, wenn es zu Unruhen kommt», sage Alexios. «War das nicht der Grund, warum wir nie Hilfstruppen in ihrer eigenen Provinz Dienst tun ließen?» «Zweierlei Zugehörigkeit? Die Grenzwölfe bringen ihre Loyalität mit. Und wenn sie erst der Familie beigetreten sind, dann bleibt es dabei. Und wenn es sein muss, kämpfen sie bis auf den Tod gegen ihre eigenen Verwandten. Und trotzdem bleibt die Verwandtschaft bestehen. Bei der Freundschaft bin ich mir nicht so sicher. Freundschaft gibt es nicht immer zwischen Brüdern. Liebe oder Hass, ja, aber nicht immer Freundschaft. Kennst du das?»

«Ich habe keine Brüder», sagte Alexios.

«Mit der Zeit wirst du es erfahren. Aber denke nur nicht zu früh, du wüsstest alles. Die Grenzwölfe sind nicht die Dritte Britannica, die du in Abusina gekannt hast, und sie sind auch nicht die Leibwache des Kaisers. Es kostet ganz schön Mühe, sie zu verstehen. Aber sie sind es wert.»

«Es fällt dir wohl schwer, sie mir zu überlassen», sagte Alexios.

«Ich würde sie an keinen gern abgeben. Gott Mithras weiß, dass ich ewig auf eine Beförderung gewartet habe, und jetzt ist es so weit. Na ja, es ist nur eine Stufe höher, vom Dritten Befehlshaber zum Zweiten, von Castellum nach Habitancum. Früher habe ich auf eine höhere Stufe gehofft. Da war ich noch jung. Jetzt bin ich froh, dass ich immer noch bei der Truppe bin. Einmal ein Grenzwolf, immer ein Grenzwolf, denke ich.»

Er wechselte das Thema, es war ihm wohl zu nahe gegangen, schätzte Alexios. «Die Arcani nun stehen auf einem anderen Blatt. Sie sind mehr oder weniger vom gleichen Blut wie die anderen, aber sie haben ihre eigenen einheimischen Offiziere. Druim ist der Sohn eines Häuptlings der Damnonier, von weiter westlich. Sie sind die Augen und Ohren der Grenztruppen. Du hast sicher davon gehört. Kein Blatt – und vielleicht auch kein Mann – fällt in drei Tagesmärschen Entfernung vom Alten Wall, ohne dass sie es merken. Aber ich denke, dass sie manchmal zu oft allein rumreiten und sich zu viele seltsame Geschichten anhören und seltsame Träume träumen. Träume sind meistens gefährlich.»

Als sie die nächste Anhöhe erreichten, wandte er sich ein wenig im Sattel um und hob deutend die Hand: «Wir sind gleich da.»

Vor ihnen öffnete sich flaches Sumpfland, durch das sich ein kleiner sprudelnder Bach zwischen Birken und Ebereschen ins flimmernde Blau des weit entfernten Tieflands schlängelte. Und auf dem steil aufragenden Rücken des gegenüberliegenden Hügels erblickte Alexios einen Haufen mit Gras und Heidekraut gedeckter Hütten, die sich gemütlich innerhalb einer Dornenhecke aneinanderdrängten, so wie bei den vielen anderen Wehrdörfern, die er auf seinem Weg nach Norden gesehen hatte. Und mittendrin eine Silhouette wie ein Walrücken, die alles andere überragte und seiner Meinung nach die Halle des Häuptlings sein musste. Und über allem schwelte der blassblaue Schleier von Herdfeuern in Richtung Süden.

Sie ritten platschend durch die Furt und weiter hinauf zur Siedlung auf dem Hügel. Rinder und Zuchtstuten, dicht gefolgt von ihren Fohlen, grasten auf den gerodeten Hängen. Sie wandten ihre Köpfe, um ihnen nachzuschauen, dann fraßen sie weiter. Innerhalb der Dornenumzäunung spannen Frauen in den Hütteneingängen oder mahlten das Korn für den nächsten Tag und blickten auf, als sie vorbeikamen. Hier und da ging ein Mann eigenen Tätigkeiten nach, einen Zügel in der Hand oder eine Reitdecke über der Schulter. Aus der Schmiede drang das helle Klirren des Hammers auf dem Amboss. Enten und Ferkel flüchteten quakend und quiekend vor den Pferdehufen, eine Handvoll Kinder hinterher. Es schien ein recht freundlicher Ort zu sein, diese Hügelfestung von Ferradach Dhu. Auch schien man sie zu erwarten. Alexios erinnerte sich an die beiden Reiter auf dem Hügelkamm. Offensichtlich hatten die Einheimischen auch ihre «Augen und Ohren».

Sie stiegen im Vorhof des Häuptlings ab und überließen die Pferde Zweien von ihrer Eskorte. Dann gingen sie in die vom Feuerschein erhellte Dunkelheit hinter dem Eingang der Halle, die für alle Ankömmlinge offen stand, wie es in der Wildnis Brauch ist.

Ein junger Krieger, der mit gekreuzten Beinen, den Speer quer über den Knien, auf der Schwelle saß, stand auf und gab ihnen den Weg frei, und sie traten unter dem Heidekrautdach und dem safrangelb bemalten Türsturz ein. Ferradach Dhu saß neben dem Hauptfeuerplatz, ebenso mit einem Speer über den Knien. Ein wunderschöner Speer war es, mit einem Blatt, das lang und gewellt war wie eine Flamme. Er strich darüber, wie ein Mann den Kopf seines Lieblingshundes zärtlich streicheln mag. Er musste einmal sehr groß gewesen sein, dachte Alexios. Jetzt war er das Wrack eines großen Mannes, die Haut hing trocken und welk über den langen, dünnen Knochen. Das einst rabenschwarze Haar hatte wohl einmal zu seinem Namen geführt. Jetzt zeigten sich nur noch hier und da schwarze Streifen zwischen dem grauen Haar, obwohl er erst mittleren Alters war. Er saß zusammengesunken in seinem Stuhl, fest eingewickelt in ein wunderschönes Gewand aus Rehfell, als könnten die lodernden Holzscheite ihn nicht vor der herbstlichen Kühle bewahren. Aber die tief in das Gesicht eingesunkenen Augen waren lebhaft und glänzten dunkel wie die eines Falken, und um seine Mundwinkel zeigten sich noch Spuren herzhaften Lachens aus früherer Zeit.

Er saß da und betrachtete sie einen Moment im Eingang, dann hob er seine große, knochige Hand vom Speer. «Tretet her zum Feuer. Die Sonne wird schwächer, und der Wind wird mit jedem Blätterfall kälter, seit mir der Eber mit seinen Hauern die Seite durchstieß.»

«Ferradach, Herr über sechshundert Speere», Gavros neigte leicht den Kopf, «ich bringe dir Ducenarius Alexios Flavius Aquila, der nach mir den Befehl in Castellum übernehmen

41

wird.» Er sprach, wie der Häuptling auch, britannisch. Und obwohl es sich sehr von der gleichen Sprache im Süden unterschied, bemerkte Alexios, während er das Haupt zum Gruß neigte und Gavros zur Herdstelle folgte, mit Erleichterung, dass er das meiste verstand.

«Es liegt ein Schatten auf meinem Herzen, weil der Alte Wolf uns verlässt», sagte der Häuptling, als sie sich auf die mit Fell bedeckten Hocker setzten, die man für sie bereitgestellt hatte.

«Dem Alten Wolf geht es genauso», sagte Gavros, «aber der Junge Wolf wird meinen Platz auch nicht schlecht ausfüllen, wenn er sich erst auskennt. Unterstütze ihn und berate ihn, wenn er es braucht, so wie du es auch für mich getan hast, als ich zuerst herkam.»

Jetzt blickte Ferradach Dhu Alexios zum ersten Mal richtig an.

«Er sieht mir nicht so aus, als ob er das Zeug zu einem Wolf hätte», sagte er offen. «Zu weich, zu ähnlich den zarten Knaben vom Offiziersstab, die ich in meiner Jugend gesehen habe, wenn ich die Pferde für die Truppen nach Süden hinter den Wall brachte. Trotzdem werde ich das tun, worum mein Freund mich bittet.» Er drehte sich um und rief nach hinten: «Shula, Frau meines Sohnes, bring den Gästebecher.»

Eine junge Frau erhob sich von ihrem Platz unter einem der kleinen, hohen Fenster, wo sie an dem karierten Futter eines Mantels genäht hatte, und verschwand in einem hinteren Raum. Kurz darauf kam sie mit einem Bronzebecher zurück, den sie zuerst Alexios reichte, weil er der Fremde unter ihnen war.

Sie sagte bedächtig auf Lateinisch: «Trink und sei willkommen.»

Alexios erhob sich, um den Becher von ihr entgegenzunehmen, und antwortete in der Sprache der Einheimischen: «Glück für das Haus und für die Frau des Hauses» und trank und reichte ihn ihr zurück.

Der Häuptling blickte rasch auf. «So, so! Er kennt unsere Sprache und weiß sich zu benehmen, beides – oder hast du ihm das beigebracht?»

«Ich nicht.» Gavros nahm den Becher, sagte auch die Höflichkeitsworte und dann: «Er kann sie so gut wie du Latein, wenn du es willst.»

Ferradach Dhu hob seine struppigen Brauen gegen den Neuling. «Wie kommt das? Du siehst nicht nach einem Einheimischen aus.»

Alexios sagte mit leichtem Auflachen: «Vielleicht komme ich nach dem ersten meines Geschlechts, der den Adlern hierher gefolgt war und in Britannien Wurzeln schlug. Er stammte aus Etrurien, und die Männer aus dieser Gegend sind schmal und dunkel. Aber ich glaube nicht, dass er ein zartes Bürschchen aus irgendeinem Offiziersstab war. Ich hatte eine britannische Großmutter, und mein altes Kindermädchen kam zu uns vom Sklavenmarkt in Hibernia; und beide sangen für mich die alten Lieder ihres Volkes, bevor ich überhaupt die Sprache meines Vaters konnte. Die Sprache der Votadini klingt etwas fremd für mich, so wie meine für dich. Aber das wird sich mit der Zeit ändern, Herr über sechshundert Speere.»

Die junge Frau hatte auch kleine harte Äpfelchen und Gerstenkuchen, die von wildem Honig tropften, gebracht. So saßen sie und aßen und ließen den Gästebecher zwischen sich wandern. Die beiden älteren Männer redeten miteinander wie vertraute Freunde. Alexios hatte das Empfinden, sein gutes Benehmen genügend bewiesen zu haben, er saß schweigend dabei und schaute zu. Er fühlte sich seltsam entrückt, als sei er nicht Teil des Geschehens, sondern als wäre er außerhalb und schaute sich alles interessiert an, wie jemand ein Wandgemälde betrachtet.

Er sah die Halle des keltischen Häuptlings, die auf den ersten Blick von Rom unberührt schien. Feine Felle und gewebte Wandteppiche, deren leuchtende Farben vom Rauch geschwärzt waren, zierten die Wände hinter den Bänken, wo sich die Hausgenossen abends versammelten, wenn der Harfner seine Lieder zum Besten gab und die Trinkhörner die Runde machten. Die Dachbalken und die großen Sparren über ihnen waren mit eigenartig verwobenen farbigen Spandrillen bemalt, die den sich nach oben kräuselnden Rauch von der Feuerstelle zurückzuwerfen schienen. Es roch hier schwach nach Pferdestall und hinter den Vorhängen am anderen Ende der Halle hörte man das Stampfen und Schnauben von Pferden. Dahinten musste noch mehr Raum sein, der als Stall genutzt wurde. Ein Mann, der bei der Zehnten in Bersheeba diente, hatte Alexios erzählt, dass das Wüstenvolk oft seine Lieblingspferde im eigenen Zelt hielt. Offensichtlich nicht nur das Wüstenvolk. Der Hausherr beugte sich vor und dabei zeigten sich zwischen den Nackenfalten seines Gewandes aus Rehfell die Perlen einer prächtigen Einheimischenkette aus Bernstein und gedrehtem Gold. Die junge Frau aber, die wieder ihre Näharbeit unter dem Fenster aufgenommen hatte, trug feine Goldtropfen in ihren Ohren, wie sie Alexios' Mutter auch besaß, und das Fenster über ihrem Kopf hatte eine dicke, grünliche Scheibe wie die Fenster in den Räumen des Kommandanten in Castellum. Zwar stammte der bronzene Gästebecher mit dem kreisenden Sonnentanzmuster von den Einheimischen, die Schalen jedoch, in denen sie die Äpfel und die Honigkuchen gebracht hatte, waren aus feinem rotem samischem Ton. Die eine hatte ein Muster von kämpfenden Gladiatoren, auf der anderen war Dionysos abgebildet, wie er das Piratenschiff mit Weinranken fesselte, die den Mast hinauf wuchsen, während er die Mannschaft in Delphine verwandelte. Sogar der kreuzbeinige Stuhl des Häuptlings stand auf fein geschnitzten Antilopenfüßen. Die Halle von Ferradach Dhu, stellte Alexios fest, war die eines britannischen Stammesführers und nicht eine römische Villa, weil der Herr über sechshundert Speere eben beschlossen hatte, sich an die alten Sitten zu halten. Wahrscheinlich gab es noch viele andere, die genauso waren hier oben in der Wildnis, wo die Grenze hin und her wogte wie die Gezeiten und die römische Welt so weit entfernt schien.

Über die Stimmen der beiden Männer hinweg hörte Alexios Hufgetrappel von draußen. Es schienen zwei Pferde zu sein, die sich näherten und im Hof vor einem Stall hinter der Halle polternd zum Stehen kamen. Kurz danach ertönten draußen junge Stimmen, die eine hell und hart, die andere tiefer und rau und ärgerlich.

«Riskiere doch deinen eigenen Hals, wenn du magst», sagte die tiefere Stimme, «aber es gibt keinen Grund, den Hals deines Pferdes aufs Spiel zu setzen!»

«Warum denn nicht?», fragte die andere, «ich riskiere meinen, weshalb dann nicht seinen?»

«Weil es keine Wahl hat.»

«Wenn es das könnte, würde es das wählen, was ich wähle. Die Pferde geben mir immer das, was ich von ihnen will.»

«Dann achte auf das, was du verlangst, kleiner Bruder. Du hättest gerade beinahe ein gutes Pferd umgebracht.»

Der Vorhang am anderen Ende der Halle wurde zurückgeschlagen, und zwei junge Männer kamen in lautem Streit mit blitzenden Augen und vor Wut geröteten Gesichtern herein. Sie verstummten beim Anblick der beiden Offiziere am Feuer. Wie das meistens bei Brüdern ist, streitet man unter sich und nicht in der Öffentlichkeit.

Die junge Frau unter dem Fenster hob den Kopf und ein Blick, der wie eine Berührung war, wanderte zwischen ihr und dem älteren Bruder hin und her. Dann fuhr sie mit ihrer Näharbeit fort. Ferradach schaute auch auf, als sie zum Feuer kamen. «Ach, da seid ihr ja endlich, meine beiden feinen Söhne. Habe ich euch nicht vor Langem die Nachricht geschickt, dass der alte und der neue Kommandant von Castellum hierher gekommen sind?»

«Heute musste der rote Hengst zugeritten werden, mein

Vater», sagte der Ältere, «wir hatten alle Hände voll zu tun und die Zeit verging schneller, als wir dachten.» Er wandte sich an Gavros: «Wolfkommandant, wir wollten nicht unhöflich sein.» Der Jüngere redete kein Wort, hockte sich auf die neben der Feuerstelle aufgehäuften Felle und bediente sich mit einem Honigkuchen.

«Na ja», sagte Gavros, «ich bin nur gekommen, um mich von eurem Vater, dem Stammesführer, zu verabschieden und ihm den Mann vorzustellen, der mein Nachfolger wird.» Er machte eine leichte Handbewegung in Alexios' Richtung und stellte ihn nochmals vor: «Ducenarius Alexios Flavius Aquila.»

Der jüngere Bruder warf einen langen, lässigen Blick auf Alexios und biss noch einmal in den Honigkuchen. «Das ist ein feiner, großartiger Name, aber vielleicht wächst du mit der Zeit ja noch hinein», sagte er ermutigend und leckte sich den Honig vom Zeigefinger.

Der Häuptling lächelte. «Er spricht unsere Sprache.»

Nach einem Moment überraschten Schweigens sagte der Ältere: «Dann, Ducenarius Alexios Flavius Aquila, will ich dir in unserer Sprache sagen, dass ich Cunorix bin, der erste Sohn des Stammesführers, und dass dieser hier, mit den vergessenen Manieren und dem Maul voll Honigkuchen, Connla, mein Bruder, ist.»

In dem blauen Rauch, der mit einem Windstoß vom Eingang her seitwärts zu ihnen hin getrieben wurde, schauten sie einander an. Und Alexios sah, dass Cunorix ungefähr so alt war wie er und Connla etwa ein Jahr jünger. Der Erstgeborene war klein und von kräftigem Knochenbau, sein dickes Haar war rostbraun wie die Winterblätter der Buche, er hatte ehrlich blickende Augen und einen Mund wie ein Froschmaul; ein ziemlich hässlicher junger Mann, aber einer von der Sorte, auf deren Schild und Schulter man sich bei einer Schlägerei verlassen konnte. Der andere war größer und schlanker, mit leuchtendem Kupferhaar und einer Haut, die im Feuerschein milchig aussah wie die eines Mädchens. Ein sorgloses, lachendes, wildes Gesicht. In seiner Gesellschaft war das Leben gewiss nie langweilig, dachte Alexios, aber mit dem Verlassen auf seinen Schild und seine Schulter war es wohl etwas anderes.

Gavros und der Häuptling hatten sich wieder ihrem Gespräch zugewandt, und die drei jungen Männer hatten die Halle für sich. Connla bediente sich mit einem dritten Honigkuchen und sagte: «Möchte der neue Kommandant vielleicht ein gutes Jagdpferd?»

«Wollen schon», sagte Alexios, «aber der neue Kommandant hat im Moment einen leichten Geldbeutel. Frage das wieder, wenn er Zeit zum Sparen gehabt hat.»

«Oje, das kann lange dauern, denke ich.»

Alexios zuckte leicht zusammen. Er hatte schon mitbekommen, dass die Bezahlung der Grenzwölfe meist im Rückstand war, aber das ging nur die Grenzwölfe etwas an.

Cunnorix' dicke rostfarbene Brauen zogen sich zusammen, und er fuhr rasch dazwischen: «Bis dahin ist es ganz einfach, ein paar Hunde und ein Pferd zu bringen, sobald der Kommandant einen Tag jagen will, wenn er Zeit zum Atemholen hat und sich in Castellum auskennt.»

«Und einen Wolfsspeer», sagte Connla, überhaupt nicht verlegen, und seine Augen glitten über den dunkelgrünen Stoff von Alexios' Mantel.

«Ich glaube, ich kann mir selber einen Wolfspeer besorgen», erwiderte Alexios. «Was den Jagdtag betrifft, ist es etwas anderes, und wenn es so weit ist, werde ich gerne auf euer Angebot zurückkommen.»

Und im selben Augenblick beugten sich der junge Kommandant und der ältere Sohn des Häuptlings vor und schüttelten sich die Hände wie Männer, die einen Vertrag besiegeln. Vielleicht einen Vertrag, der mehr bedeutete als ein Tag Jagd.

Alexios merkte es gar nicht, dass die lange, verrauchte Halle ab diesem Moment aufhörte, nur ein interessantes Wandgemälde für ihn zu sein, dass sie vielmehr aus ihren Schatten herausgetreten und für ihn Wirklichkeit geworden war.

Aber die letzte Erinnerung, die Alexios an diesen Tag und den Höflichkeitsbesuch bei Ferradach, dem Herrn über sechshundert Speere, hatte, war etwas Eigenartiges, Schauerliches. Als Gavros und er mit der Eskorte im Rücken durch die Hügelfestung ritten, drehte sich ein großer Mann in einem Umhang mit Kapuze um und schaute ihnen nach. Alexios, der unter die Kapuze blickte, sah zwei leuchtende Augen, wie die des Häuptlings, aber sie glühten vor Hass. Der Mann machte eine leichte Bewegung, als wollte er ihm vor die Füße spucken, das geschah so schnell und giftig wie der Angriff einer Schlange, dann wandte er sich um und schritt davon, und die dunklen Falten seines Umhangs wehten hinter ihm her.

«Und wer war das?», fragte Alexios, als sie zwischen den grob behauenen steinernen Torpfosten hindurch und über den Damm ritten.

«Morvidd, ihr heiliger Mann», sagte Gavros, ohne sich umzudrehen.

«Er mag uns offenbar nicht.»

«Die einheimischen Eichenpriester haben ein gutes Gedächtnis und bis heute mögen nur wenige von ihnen die römischen Streitkräfte sehr. Außerdem hatte ich vor ein oder zwei Jahren nach einer schlechten Ernte persönlich mit Morvidd zu tun. Er wollte ein Menschenopfer und ich – versuchte ihn zur Vernunft zu bringen.»

«Zur Vernunft zu bringen?»

«Ich drohte ihm schließlich mit dem vollen Zorn der Legion und mit dem Niederreißen der geheiligten Steine. Er hat sicher nicht gewusst, wie wenig Macht ich hatte, auch nur irgendeine Drohung wahr zu machen. Er strengte sich ungeheuer an, den Zorn der Götter herabzurufen, und verhängte einen

Todesfluch über mich. Doch Mithras ist offensichtlich stärker als Morvidds Götter, denn ich bin nicht tot umgefallen, wie er es von mir wollte. Aber immerhin gab es ein Gewitter.» Gavros lachte kurz auf. «Deswegen wurde Morvidd in den Augen von Ferradach Dhu und seinem Volk unbedeutend. Ich glaube, sie geben ihm nicht mehr so viele von ihren besten Rindern wie sonst. Er hat an Geld und Macht verloren, und ich denke, wenn er jemals die Chance bekommt, uns zu schaden, wird er es tun.»

«Ich werde es mir merken», sagte Alexios.

Wie vergoldetes Silber brach die Abendsonne durch die dahintreibenden Wolken, als sie zur Flussfurt unterhalb von Castellum kamen und sie platschend durchquerten. Und der hohe schwarze Stein neben dem Weg nach oben hatte unerwartet Farbe bekommen, die Flechten auf seiner Wetterseite waren gold gefleckt und sein Kopf, der von der Berührung so vieler Hände im Lauf der Jahre glatt geworden war, glänzte seidig, fast wie die Nackenfedern eines Stars. Gavros beugte sich im Vorbeireiten aus dem Sattel und berührte ihn. Eine leichte, rasche Berührung, wie zum Gruß, wie er's bei ihrem Aufbruch am Mittag getan hatte. Und beinahe hätte Alexios, der ihm nachritt, das Gleiche getan. Aber nur beinahe. Gavros hatte nun schon zu lange in der Wildnis gelebt. Was ihn selbst anging, so würde er bis ans Ende seiner Tage hier in diesem verlorenen Winkel des Reiches versauern. Früh genug würde der Moment kommen, da er irgendwelche schwarzen Steinsplitter mit den Besten von ihnen berühren würde. Aber noch nicht! Gott Mithras, bitte jetzt noch nicht!

4. Der neue Kommandant

Zwei Morgen später ritt Ducenarius Julius nach Süden, nachdem er die Garnison und die Schlüssel für die Soldtruhe übergeben und in die Arbeit eingewiesen hatte, soweit es in der kurzen Zeit möglich war.

Alexios stand im Praetorianischen Tor und sah ihm nach. Es wurde ihm unangenehm bewusst, dass Panik in ihm aufstieg, als der scheidende Kommandant mit seiner Eskorte die erste Anhöhe des Hochmoors erreichte und dann allmählich seinem Blick entschwand auf der langen Straße, die an den erkalteten Feuerstellen der Ruinen von Trimontium, am Hauptquartier von Bremenium vorbei nach Habitancum und dem Wall führte. Von jetzt an war er für diese Festung und für die Dritte Truppe, die Grenzspäher, verantwortlich. Jede Entscheidung, die getroffen werden musste, kam nun von ihm; erst in Bremenium gab es den nächsten Verantwortlichen, vier Tagesmärsche entfernt.

Er wandte sich vom Tor ab und sah sich prüfenden Augen gegenüber, den Augen der Männer von der Torwache und dem starren, halb amüsierten Blick von Centenarius Hilarion. Bestimmt bemerkten sie, wie ihn eine Welle der Panik erfasste. Er straffte seine Schultern mit dem typischen, verräterischen Zucken, ging direkt an ihnen vorbei in das Kommandantenzimmer in der Principia und fing an, das Mannschaftsverzeichnis zu überprüfen, obwohl es nichts zu überprüfen gab. Es war die einzige Tätigkeit, die ihm in diesem Augenblick einfiel.

Während der nächsten paar Tage verlor die Festung allmählich ihr fremdes Gesicht für ihn. Der anstehende Ablauf war ihm natürlich vertraut, denn er war für alle Militärlager der Adler überall gleich, ob in einer Festung aus Lehmziegeln am Nil oder in einer aus Steinen errichteten in den germanischen

Wäldern oder auf einem Außenposten aus Gras und Holz mit steinernen Tortürmen hier an der alten Nordgrenze. Castellum war mindestens zwei Mal, seitdem es von den Männern der Zweiten Legion zu Agricolas Zeiten gebaut worden war, der Wildnis überlassen und dann wieder zusammengeflickt und neu besetzt worden. Die Männer, die dort unter Kaiser Severus gedient hatten, würden lästern, wenn sie jetzt Heidekraut anstelle der einstigen Dachziegel auf den Gebäuden sähen. Kein Fenster war mehr verglast bis auf ein paar in der Principia und dem ehemaligen Kommandantengebäude, in dem jetzt alle Offiziere zusammen um den kleinen runden Hof hausten. Ehemalige Kornspeicher waren abgerissen, denn die Festung war ursprünglich für eine doppelt so große Truppe gebaut worden und man brauchte sie nicht mehr; die Steine hatte man verwendet, um die Torbögen zur Hälfte zuzumauern. Aber an der Struktur konnte man noch erkennen, was sie einmal gewesen waren. Und neben der Festung wurde Alexios auch vertraut mit den Anlegestellen und den Werkstätten und den zerfallenen Lagerhütten, die sich zusammen mit dem Badehaus den Schutz von Ufer und Palisade hinter dem Nordtor teilten. Sie bildeten an der Stelle, wo der Fluss heraustrat, um sich unter dem Steilufer der Festung mit dem Salzwasser des Meeresarms zu vereinigen, eine Art Geistertor. Bald hätte er sich in Castellum mit verbundenen Augen zurechtgefunden. Auch die tägliche Routine war ihm vertraut. Sie begann mit dem Hahnenschrei-Blasen vom Signalturm und endete mit den letzten Runden im Fackelschein von einem Wachposten zum anderen, zu den Barackenreihen und den Pferdegattern bei Dunkelheit und Wind, oft genug bei Regen. Und dazwischen das Übliche: Arbeits- und Waffendrill und Stalldienst, Patrouillen raus und rein, das konzentrierte, endlose Anhören von Berichten und das Entscheiden, welche zurück nach Bremenium geschickt werden mussten und welche nicht …

Nur die Männer der Garnison, die Grenzwölfe, hatten immer noch ihr fremdes Gesicht. Von Hilarion, seinem Ersten Centenarius, erfuhr er noch viel mehr als das, was Julius Gavros ihm über sie erzählt hatte. Es begann mit der Tatsache, dass der halb irre Kaiser Caracalla vor mehr als hundert Jahren an ihnen Gefallen gefunden hatte und sie seine Wölfe nannte. Seitdem hatten sie ihren Namen und ihren Ruf immer wie einen Schatz gehegt.

«Wir sind der Abschaum und der Abfall des Imperiums», hatte Hilarion eines Tages erklärt, während er den Eingang des kleinen Arbeitsraums neben dem Sacellum mit Pfählen abstützte. «Sie haben die Abfalltonne der Adler ausgekippt, um uns zu dem zu machen, was wir sind. Ja, ich weiß, die meisten von uns wurden von den Votadini und den Stämmen im Nordwesten rekrutiert, was dir Gavros sicher erzählt hat, aber das ist nicht die ganze Geschichte. Ab und zu schicken sie uns Wehrdienstpflichtige, um die Mischung etwas bunter zu machen. Manche sind wirklich schwierige Fälle. Es sind Männer, die die Disziplin einer regulären Armee nicht ertragen können, und oft heizen sie ihrer eigenen Truppe zu sehr ein, sodass sie unhaltbar werden. Einige sind Diebe – Pferdediebe zähle ich nicht, das ist hier in der Gegend ein Herrensport –, sondern wirklich Unerwünschte, solche, die ihrem Kameraden den Geldbeutel stehlen, wenn er betrunken ist. Keine Sorge, mit denen bekommst du es nicht zu tun, die Truppe hat ihre eigene Methode, mit ihren Halunken umzugehen.» Er sah Alexios' Gesicht und grinste. «Bedenke, manchmal entsteht Gutes aus Bösem. Früher – oh, das war lange vor meiner Zeit und vor der meines Vaters, wenn ich überhaupt einen gehabt habe – wurde uns eine halbe Kompanie von meuternden syrischen Bogenschützen geschickt. Sie brachten ihre eigenen Bogen mit, diese kurzen, zusammengesetzten Dinger, die gut für Reiter sind, deshalb sind wir jetzt alle berittene Bogenschützen.»

Kurz herrschte zwischen ihnen gespanntes Schweigen wie

in der allerersten Nacht. Dann sagte Alexios: «Und jetzt habt ihr mich» und schob die Papiere, an denen er gearbeitet hatte, beiseite. «Ich bedaure, dass ich nicht eine halbe Kompanie meuternder syrischer Bogenschützen bin. Es fällt schwer zu erkennen, wie in diesem Fall Gutes aus Bösem werden kann.»

«Schwer, aber nicht unmöglich. Vielleicht hast du verborgene Talente – jedenfalls bist du der beste Schwertkämpfer, den wir, seit ich hier bin, auf dem Übungsplatz gesehen haben.»

Hilarion wandte sich vom Türpfosten, trat heran und stützte sich mit den Händen auf das Schreibpult – er stand nur selten aufrecht, wenn etwas zum Abstützen da war. Und kurz flammte in seinem Ton etwas auf, das fast freundlich klang: «Kein Grund, das Fell zu sträuben, Kommandant Ducenarius Aquila. Du solltest deinem noblen Onkel sehr dankbar sein. Hätte er noch ein paar Fäden mehr gezogen und dich in einer respektablen Einheit untergebracht, so hättest du bis ans Ende deiner Tage versucht, diese kleine Episode an der Donau zu überwinden. Wie es nun steht, bist du unter Brüdern.»

Und mit einem schwungvollen, halb spöttischen Gruß wandte er sich wieder seinen eigenen Geschäften zu.

Alexios lauschte seinen langen, lässigen Schritten nach, die auf dem Pflaster des Säulenganges und dem Vorhof dahinter verhallten, und fragte sich, ob sein Erster Centenarius ein Freund war oder ein Feind oder einfach ein Mann, der sich um nichts in der Welt in der einen oder der anderen Richtung Gedanken machte.

Er fühlte sich überhaupt nicht wie unter Brüdern.

Die Tage vergingen. Auf den Äckern, die die Festung und die Siedlung umgaben, war das Herbstpflügen beendet. Der Fluss unterhalb der Festung war nicht mehr gelb von Blättern nach dem Frost, denn die Birken flussaufwärts waren kahl. Die acht- oder zehntägigen Patrouillen während des Sommers waren im Winter nun verkürzt auf zwei oder drei Tage. Nur die Arcani, die wie Schatten kamen und gingen, verschwanden für längere Zeit tief im Piktenland hinter dem Nordwall. Die Wildgänse kamen aus dem Norden hergeflogen und erfüllten die windigen Herbstnächte mit ihrem kreischenden Getöne. Jeder, der bei den Patrouillen oder in der Garnison nicht gebraucht wurde, ging auf die Jagd. «Ist das Korn in den Scheunen, geht's zum Wildschwein in den Wald.» Das war auf dem Außenposten schon immer so gewesen. In diesem Jahr lagerte weniger Korn in den Scheunen als sonst, denn die Ernte war schlecht gewesen. Die Transportgaleeren mit den Wintervorräten und der Soldtruhe aus Segedunum – beim augenblicklichen Zustand der Straßen nördlich von Bremenium war es leichter, die Festung auf dem Seeweg zu beliefern – waren verspätet, und man hielt im Lauf der Tage besorgt nach ihnen Ausschau.

Endlich kamen sie an, bei Schneeregen und Sturm. Eine Stunde später war Alexios im Sacellum, während die Vorräte unter den scharfen, blutunterlaufenen blauen Augen des Quartiermeisters an Land gebracht wurden. Ihm gegenüber stand der Centurio der Marinebegleittruppe, zwischen ihnen die geöffnete Soldtruhe.

«Es ist alles da, Kommandant», sagte der Centurio und hielt ihm ein Paar Schreibtafeln hin. «Kannst du es bitte bestätigen?»

«Ich stimme zu, dass alles da ist, was diesen Halbjahressold betrifft», sagte Alexios und machte keine Anstalten, die Tafeln entgegenzunehmen, «aber es sind noch zwanzigtausend Denarien für das letzte Mal überfällig.»

«Davon weiß ich nichts, Kommandant. Dies hier ist der Halbjahressold für die Garnison von Castellum. Es war der korrekte Betrag, als er mir übergeben wurde, und es ist auch jetzt der korrekte Betrag.»

Der Wachposten an der Tür wurde beiseite gestoßen, und der Quartiermeister stürmte herein. «Kommandant, schau dir das an», damit hielt er Alexios eine Handvoll Rosinen unter die Nase.

«Später, Kaeso», sagte Alexios, ohne aufzublicken, «ich habe Wichtigeres …»

«Nichts ist wichtiger als Rosinen. Die hier sind schimmlig und es ist Dreck drin. Sie haben uns schlechtes Zeug geschickt.»

Er hat recht, dachte Alexios, nichts, na ja außer ein paar anderen Dingen, war wichtiger als Rosinen. Zusammen mit Käse und Gerstenkuchen und ein paar Streifen getrocknetem Fleisch war das die Hauptverpflegung der Spähtruppen.

Er schaute hin. «Stimmt, sie sind schimmelig. Was in Ahrimans Namen meinst du, sollen wir tun?»

«Kommandant, kannst du das unterschreiben?», sagte der Centurio verdrießlich.

Aber der Quartiermeister war in voller Fahrt. «Irgend so ein Fettwanst von Beamter im Corstopitum-Lager! Seit Constantin nicht mehr ist, wird alles schlecht und schlechter. Meinst du, das neue Kerlchen Constans hat jemals von Britannien gehört? Die Verwaltung geht vor die Hunde, und wer leidet? Die Soldaten! Bald wird er eine Revolte am Hals haben!»

Der Marineoffizier drehte sich nach ihm um. «Am besten schreibst du und berichtest alles dem Kaiser!»

«Quartiermeister», sagte Alexios mit einer Stimme, die sein Gezeter ziemlich unerwartet zum Verstummen brachte, «sieh dir die übrigen Vorräte genau an und unterrichte mich über ihren Zustand. Auf jeden Fall werde ich persönlich schreiben, nicht an den Kaiser, aber bestimmt an die Lagerverwaltung.»

«Nicht dass ich mir einbilde, damit irgendetwas zu erreichen», sagte er zu dem Seeoffizier, nachdem der wütende kleine Quartiermeister gegangen war.

Der Marineoffizier zuckte die Achseln. «Der Soldrückstand mag früher oder später ausgeglichen werden oder auch nicht, egal ob du schreibst oder nicht. Du wirst vor dem Frühjahr keine frischen Vorräte bekommen, selbst wenn du deine Forderungen mit einem von Jupiters Blitzen schickst. Sollte es dich interessieren, mein Sold ist auch im Rückstand.»

Alexios kochte innerlich vor Wut, doch unterzeichnete er für den Halbjahressold und, nachdem er den Bericht des Quartiermeisters bekommen hatte, auch für die Vorräte. Sonst schien alles mehr oder weniger in Ordnung, abgesehen von einem wollenen Hosenstoff, den Julius Gavros bestellt hatte. Der war von minderer Qualität und es hing noch etwas Bleicherde vom Tuchwalker daran, damit er dicker und schwerer wirkte, als er tatsächlich war. Auch schrieb er seinen Brief an den Hauptquartiermeister in Corstopitum, wohl wissend, dass dieser wahrscheinlich keine Schuld hatte. Aber es gab niemanden sonst, an den er seine Beschwerde hätte richten können. Er ritzte die Buchstaben tief und heftig in die Wachstafeln ein, als richte er seinen Protest tatsächlich an den Kaiser persönlich oder an den Senat oder an die gesamte Verwaltung der Provinzen von Ober- und Unterbritannien.

«… Meine Männer verdienen eine bessere Behandlung.»

Er hielt inne und blickte auf die letzten paar Worte, die er geschrieben hatte. Hatte er wirklich begonnen, so für die Dritte Truppe, die Grenzwölfe, zu empfinden? Immer noch zeigten sie ihre fremden Gesichter. Er hatte nicht das Gefühl, sie besser zu kennen als damals, als er zum ersten Mal vor beinahe zwei Monaten durch das Praetorianische Tor hereingeritten war. Trotzdem schien es ganz natürlich, «meine Männer» zu schreiben, voller Zorn in ihrem Namen. So natürlich, dass er nicht einmal darüber nachdachte, bis er merkte, was er geschrieben hatte.

Er beendete den Brief nachdenklich, band die beiden hölzernen Blätter der Tafeln zusammen, versiegelte das rote Band und legte sie beiseite. Klar und stolz hob sich der Delphinstempel seines Siegelrings von dem Wachstropfen ab. Die Tafeln sollten am nächsten Morgen mit den zurückkehrenden Liefergaleeren abgehen.

Das nächste Ereignis von Bedeutung in Castellum war, dass Cloe, die halb wilde Katze, deren offizielle Pflicht es war, die

Mäuse in der Kornkammer zu dezimieren, drei Kätzchen im Bett des Quartiermeisters zur Welt brachte.

Kaeso, dessen Wut über den Zustand der Wintervorräte noch kaum besänftigt war, warf sie hinaus und die Kätzchen hinterher und ordnete an, dass sie ertränkt werden sollten. Aber Cloe gehörte zum Leben der Garnison, außerdem sagten die Dalriaden unter ihnen, dass das Ertränken von Kätzchen Unglück bringe. So wurde ihnen hinter der Geschirrkammer ein warmes Nest gerichtet und man brachte sie dorthin. Der Optio, der die Aktion ausführen musste, wurde dabei von der undankbaren Cloe schlimm zerkratzt. Sie schleppte die Jungen sofort eins nach dem anderen quer durch die Festung zurück und durch ein zerbrochenes Fenster an der Rückseite der Offiziersbaracken wieder auf das Bett des Quartiermeisters. Der Machtkampf ging noch eine Weile weiter, und in der Garnison schloss man Wetten ab, wer Sieger werden würde.

Ein paar Tage später, als Alexios um die Waffenschmiede herumwanderte, während aus seiner Gürtelschnalle eine Delle geklopft wurde, stieß er auf Rufus, seinen Zweiten Trompeter. Der kauerte in einer warmen Ecke des Schürofens und beschäftigte sich offensichtlich sehr intensiv mit etwas, das halb verborgen unter seinem Wolfspelz steckte. Er blickte hoch, als der Kommandant herzutrat, wollte aufstehen und versuchte, den Gegenstand noch tiefer zu verbergen. Aber Alexios hatte schon ein Stück gold-gelb gestreiftes Fell entdeckt und einen dunklen Fleck von verschütteter Milch auf dem Boden.

«Lass nur», sagte er rasch, «du hast im Moment offensichtlich keine Hand zum Gruß frei.» Und als der junge Kerl rot wurde: «Seit wann bist du Pflegemutter von Cloes Kätzchen?»

«Es ist nur eins, Kommandant. Ich glaube, sie war es leid, alle drei ständig wieder aus der Geschirrkammer zu schleppen, oder sie konnte nicht mehr zählen, da hat sie dies hier ausgesetzt. Es lag gestern Nacht halb ertrunken im Regen.»

Alexios betrachtete dies blinde Häufchen Leben, und es kam ihm vor, als zuckte es unter seinen Blicken. Der junge Soldat gab ein bisschen Milch in einen Hornlöffel und versuchte, etwas davon dem gierig saugenden, winzigen Mäulchen einzuflößen; es gelang ihm aber nicht.

Alexios erkannte, dass er hier eine Seite der Grenzwölfe zu sehen bekam, die gelinde gesagt überraschend war. Er stand da und erwog das Problem.

«Es ist zu jung, um die Milch aufzulecken», sagte der junge Kerl nachdenklich, «ich kann es nicht einmal dazu bringen, den Löffel zu nehmen.»

Alexios dachte weiter nach. Er erinnerte sich an den alten Vran, den Schafhirten an den südlichen Hängen der Hügel zu Hause, wo die Gehege für die Lämmer waren. Vran, der ein mutterloses Lamm mithilfe eines Stofffetzens päppelte, der um ein Stück von einer Erlenflöte gewickelt war, das er in einen Flaschenhals gesteckt hatte. Aber das wäre für das Kätzchen zu groß. «Nimm ein Stück weichen Stoff», sagte er schließlich, «tauche es in die Tasse, bis es mit Milch durchtränkt ist, und lass das Kätzchen am Ende daran saugen.» Er beugte sich hinunter und berührte das kleine, flaumige Köpfchen, dann ging er gemächlich zurück zum Eingang der Schmiede, und es war ihm wohl kaum bewusst, dass er zumindest einen Freund bei den Grenzwölfen gewonnen hatte.

Nach Wochen mit Sturm und Graupelschauern und alles durchdringendem Regen wurde es klar und frostig. Die Nacht der Wintersonnenwende war sternenhell, über den Südwällen stolzierte Orion der Jäger einher. Seit Einbruch der Dämmerung hatte das große Feuer, das die Männer seit Tagen aufgeschichtet hatten, in der Mitte des früheren Wagenplatzes hinter den Getreidescheuern, der jetzt Tanzplatz genannt wurde, gebrannt. Die Kochstellen waren geöffnet, man brachte das brutzelnde, gebratene Rehfleisch heraus, und die Grenzwölfe feierten fröhlich bei der üblichen Extraration Wein, die es dazu gab.

In dem lampenerhellten Offizierskasino saß Alexios mit seinem Ersten Centenarius gemütlich beim Würfelspiel und konnte sie draußen hören. Das Pochen der mit Rehfellen bezogenen Trommeln, den Gesang und das rhythmische Stampfen. Seitdem er es das erste Mal gehört hatte, war es ihm vertraut geworden, denn die Grenzwölfe veranstalteten ihre wilde Musik und ihre Kriegs- und Jagdtänze mit den berauschenden Rhythmen nicht nur zum Spaß in ihrer Freizeit, sondern oft anstatt des Bodentrainings und der Waffenübungen für reguläre Einheiten. Das hatte er zuerst seltsam gefunden, aber es war ein akzeptierter Brauch. Sogar Hilarion und Lucius beteiligten sich manchmal daran, und gewiss taugten die wirbelnden, rhythmischen Tänze als Training für Schnelligkeit und Geschicklichkeit, Körperbeherrschung und Waffentechnik genauso gut wie jeder militärische Drill.

An diesem Abend tanzten die Grenzwölfe rund um das große Feuer hinter den Kornkammern, um die wiedergeborene Sonne für ein weiteres Jahr aus der Dunkelheit zu holen. Und als Alexios seinen Weinbecher hob, erinnerte er sich plötzlich an die Mittwinternacht zu Hause, als er noch ein Knabe gewesen war. Das Saturnsfest. An das Lachen und die Lichter in jedem Fenster, an das Verteilen von Geschenken und an das Feuer hoch oben auf den Hügeln hinter dem Haus, wo das Bauernvolk damit beschäftigt war, die Sonne aus der Finsternis zu holen.

Das laute Rattern des Würfels brachte seine schweifenden Gedanken wieder zurück in den nüchternen Speiseraum, wo das Essen beendet war und er mit Hilarion um das Vermögen getrockneter Bohnen würfelte – nach gemeinsamem Übereinkommen wurde in der Offiziersmesse nie um Geld gespielt. Spielschulden konnte man in einer so kleinen Gemeinschaft wirklich nicht brauchen. Abgesehen von Druim, der in eigener

Sache in der Stadt war, waren an diesem Abend alle beisammen. Lucius saß gebannt dicht am Tisch, wo das Licht direkt auf die Schriftrolle in seinen behutsamen Händen fiel. Lucius und sein *Georgicon!* Es war das einzige Buch, das er besaß; ja das einzige Buch in ganz Castellum überhaupt. Er musste es auswendig kennen. Aber als Alexios ihm das einmal sagte, hatte er in seiner ruhigen, ziemlich ernsthaften Art erwidert, dass er ja auch den Geschmack einer Honigwabe auswendig kenne und trotzdem schmecke sie immer noch süß auf einem Gerstenkuchen; und er wollte es fertig lesen, bis er die Adler verlassen und selbst mit dem Landbau beginnen würde. Der Quartiermeister und Antonius, der Arzt, hatten sich vom Tisch zurückgezogen. Sie hockten dicht bei der Feuerstelle und diskutierten mit gedämpften Stimmen und manch wilden Gesten. Kaeso versuchte heldenhaft, bis zur Feier am späteren Abend nüchtern zu bleiben, und wenn er nach dem Essen noch nüchtern war, wurde er immer streitsüchtig.

Mehr oder weniger warteten sie alle auf die Sonnenwende und versuchten, sich irgendwie die Zeit bis Mitternacht zu vertreiben. Morgen früh würden Lucius und Antonius und vielleicht ein halbes Dutzend der Männer gewiss zu ihrer eigenen Versammlung im Hinterzimmer im Laden des Sandalenmachers in der Stadt gehen, um die Geburt ihres Gottes in einem Stall zu feiern. Alexios hätte einer von ihnen sein können. Seine Mutter hatte sehr gewünscht, dass er Christ würde, als er den Adlern beitrat; man musste keiner sein, nicht einmal jetzt, da das Christentum die offizielle Religion im Imperium war, aber man hatte eine bessere Aussicht auf Beförderung, wenn man Christ war. Er fragte sich, warum er ihrem Wunsch nicht gefolgt war; es wäre klug gewesen. Aber plötzlich, als er Lucius' Gesicht im Lampenschein betrachtete, wusste er, dass er für den Erlöser in der Krippe nicht das Gleiche empfinden konnte wie Lucius. Er hatte zu großen Respekt vor den Göttern anderer Menschen, niemals hätte er sie zum Schein angebetet, nur weil es klug war. So hatte er sich dem Heldengott der alten Soldaten zugewandt, Mithras, dem Stiertöter. Bald wollte er, bevor zur dritten Wache vom Wall geblasen wurde, den immer noch heldenmütig nüchternen Quartiermeister und zwei Optios und noch ein halbes Dutzend Männer sammeln und mit ihnen durch das Nordtor zu dem halb unterirdischen Tempel hinter dem Badehaus gehen.

Und Hilarion? Er würde mit keinem von beiden gehen. Wahrscheinlich war sein Platz, wenn er überhaupt einen hatte, hinter der Getreidescheune.

‹Es ist für uns alle Wintersonnenwende›, dachte Alexios. ‹Die Sonne erhebt sich aus der Finsternis … wie eigenartig.›

«Dein Wurf», sagte Hilarion wie einer, der dasselbe schon dreimal gesagt hat.

Alexios nahm den Becher und warf. Eine Drei und eine Eins. «Ich habe heute Abend kein Glück», sagte er.

Hilarion nahm wieder den Becher und würfelte als Letzter in diesem Spiel. Zwei Sechser rollten über den vom Wein gefleckten Tisch. «Venus! Ich gewinne. Jetzt schuldest du mir noch mal zwanzig Bohnen.» Aber gerade als er die Hand ausstreckte, um den kleinen Haufen zu nehmen, den Alexios ihm zuschob, hielt er inne und lauschte. Der Rhythmus der Rehfelltrommeln hatte sich verändert, war drängender geworden, seltsam bedrohlich. Ein Rhythmus, der Alexios fremd war, aber offensichtlich nicht den anderen Männern im Raum.

«Sie tanzen den Bullenkälbertanz», sagte Hilarion.

Lucius nickte, ließ Vergils Schrift über den Weinbau sachte zusammenrollen und schob sie in ihre Leinenhülle zurück wie jemand, der zur Tat schreiten will.

«Was hat das zu bedeuten?» Alexios nahm den letzten Schluck Wein aus seinem Becher und setzte ihn mit einem entschlossenen Ruck ab, was unbewusst die gleiche Wirkung hatte.

«Wahrscheinlich Probleme», sagte Hilarion, «die Bullenkälber haben eine persönliche Bedeutung für die Dalriaden und die Votadini. Deshalb meiden sie diesen speziellen Tanz – wenn sie nüchtern sind.»

«Sie können von diesem dünnen Essig, den die Armee Wein nennt, nicht sehr betrunken sein.»

«Doch, sie können – wenn sie Heidebier eingeschmuggelt haben, um es dazu zu trinken. Es wäre nicht das erste Mal. Ich glaube, wir sollten besser mal hingehen.»

Schon war Alexios auf den Füßen und langte nach seinem Schwert, das er über die Lehne seines Stuhls gehängt hatte.

Währenddessen schwollen die Geräusche vom alten Wagenplatz lauter an, der einheitliche Rhythmus der Trommeln wurde ruckartig und ging in einem plötzlichen, hässlichen Durcheinander von Geräuschen unter, die unmissverständlich nach unheilvoller Bedrohung klangen.

Alexios streifte den Schwertgurt über seinen Kopf und rückte ihn auf seiner Schulter zurecht, eilte zur Tür und warf sich im Gehen den Mantel über, seine beiden Centenarii folgten ihm auf den Fersen. Nach dem warmen, schwelenden Mief des Speiseraums mit der Feuerstelle und den leicht rauchenden Lampen drang die frostige Luft kalt und beißend in seine Nase. Das Getöse vom ehemaligen Wagenplatz wurde plötzlich lauter. Sie überquerten den Hof, und gerade als sie den Säulengang dahinter und den Eingang zur Straße erreichten, trat ihnen hastig einer der Optios entgegen.

«Probleme auf dem Tanzplatz, Kommandant.»

«Das muss ich wohl vermuten.» Alexios verlangsamte sein Tempo nicht, als der Mann mit ihm zurücklief. «Was ist los?»

«Die Dalriaden und die Votadini versuchen sich gegenseitig umzubringen, Kommandant.»

Als sie um die Ecke der Principia bogen, kam der Tanzplatz in Sicht. Es war ein hin und her schwankendes Durcheinander flammend roter Gestalten, die vor ihren Augen im Einklang mit dem Trommelschlag auf und ab hüpften. Der Tumult empfing sie in einer wilden Lärmwoge. Alexios hegte den naheliegenden

Verdacht, dass die Truppe, selbst wenn alle betrunken waren, nicht gewagt hätte, die dunkle Magie, die sich im Tanz der Bullenkälber verbarg, zu wecken, wenn Julius Gavros noch Kommandant in Castellum gewesen wäre. Und dass es nur so weit gekommen war, weil es nicht Julius Gavros, sondern ein neuer und unerfahrener Befehlshaber war, der sich damit auseinandersetzen musste. Aber wie auch immer es sich damit verhalten mochte, die Flammen der Fackeln und des Wintersonnwendfeuers beleuchteten einen Kampf, der jetzt ganz Realität war. Es war eine Auseinandersetzung, die sich ausweitete und die ersten Zuschauer mit hineinzog.

Alexios hielt seine Hand gerade noch davor zurück, mit einer automatischen Bewegung zu prüfen, ob sein Schwert locker in der Scheide saß. ‹Lass das. Die scharfe Klinge einzusetzen, wäre eine Katastrophe, die stumpfe Seite eine Beleidigung, die man nie verzeihen würde.›

«Holt mir einen Trompeter!», rief er dem Optio zu und dann rasch zu Lucius und Hilarion gewendet, die dicht neben ihm aufschlossen: «Nein! Bleibt hier und haltet euch bereit zu übernehmen, wenn es nötig ist. Das ist meine Sache!»

Und er marschierte entschlossen mitten in den wirbelnden, brüllenden Tumult hinein.

Er schrie: «Aufhören! Zurück, ihr Narren!» Aber er konnte seine eigene Stimme kaum hören, ganz zu schweigen davon, dass irgendeiner in der johlenden Menge sie vernahm.

Dann kämpfte sich jemand zu ihm durch und eine junge Stimme bellte in sein Ohr: «Trompeter zur Stelle, Kommandant.»

«Blase mir zum Abbruch. Bleib dicht bei mir und blase weiter!», bellte Alexios zurück und drängte sich noch mehr vor. Der Druck um ihn wogte hin und her. Er wurde in den erdrückenden Tumult verzerrter Gesichter und zustechender Fäuste hineingezogen; im Nahkampf kamen die Attacken wie gezielte Tritte eines Maultiers. Eine Woge von Wut, die im

Flammenschein fast sichtbar war. Ein aufgehobener Pflasterstein flog an seinem Ohr vorbei, eine Faust landete zufällig an seinem Wangenknochen und füllte sein Auge mit Sternchen, die heller leuchteten als Orion; es war nur ein flüchtiger Schlag, aber er reichte aus, um ihn zur Seite zu schleudern. Zwischen den Sternchen sah er das hässliche Aufblitzen einer Messerklinge. Aber der junge Trompeter war dicht hinter ihm, und über dem schrecklichen Kampfgetümmel erklangen die raschen, hellen Töne des Jagdhorns, das bei den Grenzwölfen wie die Buccina der eher regulären Truppen eingesetzt wurde. «Aufhören! Aufhören! Auf...» Und allmählich erreichte der vertraute Klang die Männer, die darauf trainiert waren, seinen Befehlen zu folgen.

Der Druck ließ nach und verebbte; die Männer waren feindselig und außer Atem, aber nicht mehr blutrünstig. Das Horn beendete seinen tönenden Befehl, und der Aufruhr verstummte zu verlegenem Schweigen. Einer saß auf dem Boden, dunkles Blut tropfte aus einer kleinen, tiefen Stichwunde in seiner Schulter. Ein anderer befühlte eine oberflächliche, lang klaffende Verletzung an seinem Unterarm. Alexios merkte, dass er ein wenig zitterte, als er die Männer ringsum anschaute, und hoffte, dass keiner es sah. Und die Männer erwiderten ihrerseits seinen Blick, und es wurde ihnen bewusst, das ihr neuer Kommandant mitten unter ihnen war, mit einer verletzten Wange und einem Auge, das rasch anschwoll und sich schwarz färbte. Vielleicht dachten ein paar an die Strafe, die auf das Schlagen eines Offiziers stand. Nun, es würde ihnen nicht schaden, ein bisschen zu schwitzen.

Alexios sagte betont gleichmütig: «Ich denke, für heute ist genug getanzt worden.» Er blickte auf die Verwundeten. «Bringt die beiden zum Arzt. Ich will die Rädelsführer morgen Mittag in der Principia sprechen. Kümmere dich darum, Optio.»

Er drehte sich auf den Fersen um und stand damit seinem jungen Trompeter gegenüber, der immer noch dicht hinter ihm war. «Danke», sagte er, und der Junge grinste. Ein Stückchen gestreiftes Fell rührte sich unter seiner Achsel zwischen seinem Hals und den Falten seines Wolfsfells und ein Paar gelbe Äuglein blinzelten in die Welt. Das Kätzchen klammerte sich mit allen Krallen fest und maunzte leise, als sein Herr die Krallen eine nach der anderen ablöste. Alexios zog die Brauen hoch, und Rufus sagte entschuldigend: «Ich dachte, dass du es eilig hast. Ich hatte keine Zeit, es irgendwohin zu tun, wo es sicher war.»

«Ich hatte es eilig», stimmte Alexios zu, «und ich bin froh, dass ich nicht warten musste, bis du das Ding los hattest, es scheint so viele Haken zu haben wie eine Klette. Am besten bringst du es jetzt zurück, es wird bald Zeit, zur dritten Wache zu blasen.»

An der Ecke der Kornscheuer warteten seine beiden Centenarii auf ihn. Lucius immer noch gesammelt und einsatzbereit, Hilarion lehnte lässig an der Scheunenmauer.

«Kommandant», sagte Lucius ernst, «bei allem Respekt, «der Kommandant sollte sich nicht persönlich involvieren lassen …»

«Aber als er sah, dass der Tanz ihm zu Ehren war», murmelte Hilarion, «wäre es doch gewiss unhöflich gewesen, nicht mitzumachen.»

Am nächsten Mittag saß Alexios an dem großen Schreibtisch im Arbeitszimmer der Principia, wo solche Dinge abgehandelt werden, und blickte die steifen Gestalten, die vor ihm aufgereiht waren, nacheinander an, während die steifen Gestalten ihrerseits auf die Wand über seinem Kopf starrten. Nicht einen Augenblick nahm er an, dass sie die Rädelsführer waren; denn wie konnte man aus dem, was gestern Nacht geschehen war, die Rädelsführer herauspicken?

Wahrscheinlich hatten die Optios von jeder Partei zwei

Männer nach dem Zufall ausgesucht, und die Centenarii – der arme alte Lucius war in Gedanken gewiss schon in dem Raum hinter dem Laden des Sandalenmachers – hatten die Wahl bestätigt. Auf jeden Fall spielte das keine große Rolle.

«So, und was habt ihr zu sagen?», fragte er und die Worte klangen für seine eigenen Ohren steif und wichtigtuerisch.

Einer der Männer trat einen halben Schritt vor, es war Bericus mit dem runden und arglosen Gesicht, der selbst unter den Wölfen in Castellum als kaiserlicher Haudegen hervorstach.

Er wirkte aufrichtig bestürzt, als er begann: «Kommandant, wenn du wegen letzter Nacht meinst …»

«Ich meine wegen letzter Nacht», sagte Alexios.

«Also, Kommandant, wir tanzten den Bullenkälbertanz, und das sieht für jeden, der es noch nicht gesehen hat, echt aus.»

«Es sah in der Tat echt aus letzte Nacht», stimmte Alexios zu. Geistesabwesend tastete er seinen geschwollenen und rot angelaufenen Backenknochen ab. «Zwei Männer sind heute Morgen im Krankenblock und ihre Messerschnitte sehen auch bemerkenswert echt aus.»

Es entstand kurzes abruptes Schweigen, und die vier starrten weiterhin auf die Wand über dem Kopf des Kommandanten. «So ein Tanz kann ganz, ganz leicht, federleicht außer Kontrolle geraten», sagte der kaiserliche Haudegen.

«Vor allem, wenn es der Bullenkälbertanz ist und die Tänzer Dalriaden und Votadini sind.» Alexios merkte, wie die ohnehin starren Gestalten vor ihm noch ein wenig mehr erstarrten.

«Kommandant», sagte ein anderer, «das ist eine alte Geschichte und längst vergessen.»

«Ach. Vielleicht eine Geschichte mit Viehdieben? Na ja. Ich frage nicht. Das ist eine Sache zwischen den Votadini und den Dalriaden, und ich, der ich weder zu den einen noch zu den anderen gehöre, habe kein Recht, es zu erfahren.» Er senkte seine Stimme nachdenklich, als spreche er zu sich selbst. Das war wie ein neues Geschicklichkeitsspiel, und er fing an, Gefallen daran zu finden. «Doch bevor er nach Habitancum abreiste, sagte mir Ducenarius Julius Gavros, dass ein Mann, der den Grenzwölfen beitritt, seine ganze Loyalität mitbringt, sodass er von dem Tag an zu den Wölfen gehört und nicht mehr zu seinem Stamm. Darum», er blickte den letzten Sprecher an, «stimmt es gewiss, dass diese alte Geschichte längst vergessen ist.» Er ließ seinen Blick nachdenklich über die Reihe Gesichter schweifen, die immer noch auf die Wand über seinem Kopf starrten, und sein Ton wurde schneller und hart: «Es sei denn, der Ducenarius hat sich in seinem Vertrauen und Stolz auf die Männer, die er befehligte, getäuscht.»

Wieder entstand kurzes, abruptes Schweigen, das vom Kreischen der Möwen, die den Hintergrund des Lebens in Castellum bildeten, erfüllt war. Jemand schluckte schwer, und die vier Augenpaare senkten sich und blickten ihm gerade ins Gesicht.

«Der Ducenarius Gavros galt als guter Richter über die Männer, Kommandant», sagte der kaiserliche Haudegen.

«Davon bin ich überzeugt.» Alexios fing an, mit einem Griffel auf dem Tisch vor sich zu spielen. «Wenn ich nicht überzeugt wäre, wenn ich auch nur einen Moment glaubte, dass, was gestern Nacht passiert ist, das war, was es zu sein schien, gäbe es sieben Tage Barackeneinschluss und, ich betone *und*, Latrinendienst für euch alle vier. Sollte es je noch einmal vorkommen, gibt es sieben Tage Barackeneinschluss für euch vier, und dann haben wir die saubersten und blitzendsten Latrinen in der gesamten Provinz Nordbritannien.» Mit leichtem Knall ließ er den Griffel fallen. «Aber das wäre ja eine schreiende Ungerechtigkeit. Und nur wegen eines Missverständnisses von meiner Seite. So ein Missverständnis kommt von mangelnder Erfahrung. Meinen Waffendrill bekam ich nur auf dem normalen Paradeplatz. Deshalb sollt ihr, damit sich so eine dumme Angelegenheit nicht wiederholt, mir die Erfahrung liefern, die mir fehlt. Ihr sollt mir, wie ihr es schon längst mit Centenarius Hilarion und Centenarius Lucius gemacht habt, beibringen, bei euren Waffentänzen mitzumachen, aber nicht beim Bullenkälbertanz, denke ich.»

Möwen schwirrten über die Dächer der Festung, und ihr Kreischen, dachte Alexios, klang plötzlich wie spöttisches Gelächter. Der Schatten von Flügeln flatterte über den Flecken Wintersonne auf dem Schreibtisch und schien das Gelächter in den kahlen Arbeitsraum zu tragen. Aber der Kommandant und die Übeltäter blickten einander an, ohne mit dem Mund oder den Augen zu zucken.

«Kommandant», sagte der kaiserliche Haudegen, «es wird uns eine Ehre sein.»

«Recht so», sagte der Kommandant und nahm den Griffel wieder auf. «Abteilung wegtreten.»

«Links um!», belferte der Dienst habende Optio, «Abteilung Marsch!»

5. Der Wolfspelz

Der dunkle Übergangsmonat Januar verging langsam wie immer, und nichts außer dem länger währenden Tageslicht versprach, dass es einmal wieder Frühling werden würde, denn das immer noch frostige Mittwinterwetter wich Schnee und Graupel und gefrierendem Regen, der vor den bitterkalten Winden aus Nordosten herantrieb. Die Lippen waren rissig und die Hände bis auf die Knochen aufgeschabt vom eisigen Metall. Und es schien, dass sich nichts in dieser verschneiten und durchnässten und eingefrorenen Gegend rührte, nur die kurzen Winterpatrouillen von Castellum und die vierbeinigen Brüder, die in den bitterkalten Nächten näher an der Festung, der Siedlung und den Viehpferchen heulten.

Doch eines Tages drehte der Wind nach Süden und brachte einen neuen Geruch mit, der sich nicht einmal von dem Farbgeruch übertönen ließ, der immer von den Färbereien in der Stadt heraufkam, wenn der Wind aus dieser Ecke blies. Auch von der Sonne, die immer wieder zwischen den dahintreibenden Wolkenschwaden hervortrat, ging leichte Wärme aus. Es war einer jener Tage, die den Frühling versprechen, auch wenn er noch weit weg ist. Mittags stolzierte Cloe hinaus, um sich blinzelnd in eine geschützte Ecke der Barackenreihe Nummer drei zu legen. Der Optio der gerade zurückgekehrten Patrouille kam zu Alexios, der unten in den Ställen war, um nach seinem Pferd Phoenix zu sehen, das sich am Vortag beim Training den Hufstrahl an einer eisenharten Ginsterwurzel aufgerissen hatte.

«Kommandant, Nachricht von Cunorix, dem Sohn von Ferradach Dhu.»

Alexios setzte den Huf, den er gehalten hatte, sanft auf dem harten Boden ab. «Es scheint recht gut zu sein», sagte er zu dem daneben stehenden Pferdeknecht. «Es genügt wohl, wenn heute Abend noch einmal Salbe draufkommt.» Dann richtete er sich auf und wandte sich dem Optio zu. «So? Und was für eine Nachricht ist das?»

«Cunorix sagt, die Wölfe verlassen ihr Winterrudel zur Paarung. Er sagt, wenn das Wetter hält, gibt es Morgen einen feinen Jagdtag, und wenn der Kommandant zur Jagd reiten möchte, soll er ihm durch Govan Reiherfeder Bescheid geben, der gerade in der Siedlung ist, dann wird er mit den Pferden und Hunden bei Sonnenaufgang am Westtor sein.»

Nachdem er das Kommando an seinen Ersten Centenarius übergeben hatte, ritt Alexios am nächsten Morgen bei Sonnenaufgang an den Wachen vorbei durch das Rechte Tor hinaus, ein Paar geliehene Jagdspeere über der Schulter. Er erblickte Cunorix, der bequem an einen der Strebepfeiler gelehnt saß, die auf dieser Seite der Festung verhinderten, dass die Mauer in den Fluss abrutschte. Seinen Arm hatte er durch die Zügel von zwei struppigen Jagdpferden gezogen, neben ihm lagen zwei rauhaarige Wolfshunde mit gelben Augen.

Er wandte sich um und stand auf, als Alexios herantrat, und hob eine Hand zum Gruß. «Es wird ein schöner Tag», sagte er. Und dann, mit einem Blick auf die schweren Speere: «Der Kommandant hat seine Speere gut gewählt.»

«Es hieß, die Wölfe verlassen ihr Rudel.»

«Der Kommandant hatte in diesen vergangenen Monaten sicher alle Hände voll zu tun mit anderen Dingen. Aber jetzt, denke ich, ist es an der Zeit, dass er seinen Wolfspelz bekommt.»

«Das denkt der Kommandant auch», sagte Alexios plötzlich gut gelaunt. In den dunklen Wintertagen und bei all der Mühe, zu sich zu finden und seine Leute kennenzulernen, hatte er den Jagdausflug, von dem der Sohn des Stammesführers in der Halle von Ferradach Dhu geredet hatte, und den raschen Handschlag danach fast vergessen. Fast, aber nicht ganz. Es war gut zu hören, dass der Sohn des Stammesführers es auch nicht vergessen hatte.

Sie bestiegen die wartenden Pferde und folgten den vorausspringenden Hunden hinunter zum Flussübergang, wo der schwarze Stein, den die Truppen «Die Frau» nannten, im verdorrten Gras neben der Furt stand. Sie platschten ans andere Ufer und ritten die Flussmündung hinauf an dem kaum erkennbaren Pfad vorbei, auf dem Alexios mit dem ehemaligen Kommandanten zum Höflichkeitsbesuch beim Herrn über Sechshundert Speere gelangt war, und noch weiter zu den Ruinen von Credigone und dem östlichen Ende des Nordwalls. Dann wandten sie sich ins Landesinnere – einen Weg, dem man folgen konnte, gab es diesmal nicht –, ließen die schmaler werdende Mündung mit den kreischenden und rufenden Küstenvögeln hinter sich, und hinauf ging es in eine Seitenschlucht, wo Erlen und Haselbüsche an den Ufern eines kleinen Wildbaches wucherten. Der Bach kam in einem Schwall herunter, er schäumte grün vom Schmelzwasser aus dem Hochmoor. Deshalb mussten sie sich geduldig ein gutes Stück am Ufer halten, bis sie zu einer passenden Übergangsstelle kamen; doch zwischen den nassen Farnhaufen vom Vorjahr unten am Boden und den sanft grauen Wolkenfetzen am Himmel wurden die Kätzchen an den Haselbüschen schon länger und zauberten ihren eigenen zarten Sonnenschein. Und an einem besonders geschützten Platz stob der erste Blütenstaub von den schwankenden Zweigen, als die beiden jungen Männer vorbeikamen, sodass sie durch einen plötzlichen goldenen Nebelschleier ritten. Selbst hier, am Ende der Welt, erinnerte sich der Frühling an seine Rückkehr, und einen kurzen Augenblick lang spürte Alexios irgendwo unter dem Brustbein eine Erregung, die fast schmerzte.

Letztes Jahr hatte er in den Wäldern Germaniens gejagt, bis diese Welt zerbrach …

«Hier können wir rüber», sagte Cunorix direkt vor ihm.

Der Bach floss jetzt breiter dahin, mit einer ganzen Reihe seichter Stellen, und es war leicht, ihn zu durchqueren – die Hunde schüttelten sich, als sie am anderen Ufer anlangten –, dann ritten sie weiter durch den Wald den steilen Hang hinauf bis zum Rand der Schlucht.

Die Haselnusswälder blieben zurück. Jetzt befanden sie sich im offenen Gebiet eines Hochlands, das immer noch höher anstieg. Halb geschmolzener Schnee bildete in jeder Senke Pfützen, und der Wind war ungestüm wie ein zänkisches Weib, obwohl er von Südwesten kam. Aber selbst hier spürte er diese Erregung. Die ersten Blüten saßen wie einzelne Funken im dunklen Ginstergestrüpp. Es roch erdig nach wachsenden Pflanzen, und die Luft war erfüllt vom wehmütigen, sich hochschraubenden Paarungsruf des Brachvogels, der von der Flussmündung heraufgekommen war, weil die Nistzeit näherrückte. An einem solchen Tag ist die Fährte dicht am Boden und hält lange an; ein guter Jagdtag also.

«Luath hat eine Spur», sagte Cunorix leise.

Als Alexios hinschaute, sah er den Hund plötzlich erstarrt mit erhobener Schnauze dastehen und durch seinen ganzen Körper lief ein leichtes Zittern bis zu dem federigen Büschel an seiner Schwanzspitze. Kurz danach hatte auch Luffra die Witterung aufgenommen. Die beiden Reiter warteten und hielten die Pferde straff am Zügel, darauf bedacht, die Hunde mit keiner Bewegung und keinem Geräusch abzulenken. Dann verschwanden die beiden großen Tiere lautlos, und Alexios und Cunorix trieben ihren Pferden die Fersen in die Flanken und folgten ihnen.

Es war eine lange und schwere Jagd, denn das Wild, dessen Fährte sie folgten, war ein großer Wolf im besten Alter, erfahren genug, um über die nötige Schläue zu verfügen, und dabei doch noch im Besitz jugendlicher Schnelligkeit und Kraft. Alexios glaubte mehr als einmal, ihn verloren zu haben, wenn er sich umdrehte und einen Haken schlug. Aber

Luath und Luffra nahmen die Fährte immer wieder auf und jagten weiter.

Allmählich arbeiteten sie sich nach Nordwesten vor, und von den Anhöhen des Hochmoors konnten sie in weiter Ferne etwas wie eine flatternde Schattenlinie an den Hügeln entlang ausmachen und dann und wann graue eckige Umrisse, die fast die Erhebungen natürlicher Felsen sein konnten.

«Er läuft Richtung Credigone und zum Alten Wall», rief Cunorix. «Hier oben ist alles Wolfsland.» Und gleich danach riss er einen Arm hoch und zeigte: «Da ist er!»

Als Alexios mit den Augen dem deutenden Finger folgte, sah er eine kurze Bewegung auf dem gegenüberliegenden Hügelabhang aufblitzen; es sah aus wie ein riesiger Hund, der aus der Deckung eines Dornengestrüpps brach und zum nächsten Gebüsch stürzte.

Cunorix kontrollierte sein Pferd mit den Knien, legte beide Hände um seinen Mund und gab einen langen, wortlosen Schrei von sich. Luffra, die weit vorausrannte, machte eine Rechtsdrehung in einem weiten Bogen, das erinnerte Alexios an einen Hütehund, der seine Herde antreibt ...

Die Hunde gaben jetzt Laut, die tiefen, belfernden Töne wurden von den Hügeln aufgenommen und hallten auf beiden Seiten wider. Alexios gab seinem Pferd die Fersen und trieb das willige kleine Tier vorwärts. Hals an Hals mit Cunorix preschte er durch kleine Senken voll halb geschmolzenem Schnee zwischen der schwarzen Masse von nassem Heidekraut und im Vorbeireiten scheuchten sie den grünen Regenpfeifer auf.

Noch einmal versuchte der gehetzte Wolf einen Haken zu schlagen, aber die Hunde waren jetzt zu nahe neben ihm, und seine Kraft war erschöpft. Eine flache Schlucht öffnete sich vor ihnen. Sie war von Haselbüschen, Birken und Ebereschen überwuchert. Auf der Anhöhe standen, halb verborgen zwischen Dornen und Brombeergestrüpp, Ruinen, die einmal zu einer Signalstation hinter dem Wall gehört haben mochten.

Dort wandte sich der Wolf um und stellte sich zwischen morschen Balken und gefallenen Steinen den Jägern.

Am Rand des Gestrüpps standen die beiden laut kläffenden Hunde und hielten ihn in Schach, griffen aber nicht an, denn die Hunde, deren Herren wegen der Nahrung, dem Fell und zum Vergnügen jagen, sind dazu erzogen, die Beute zu stellen, doch sie töten nicht, es sei denn, sie bekommen den Befehl dazu.

Alexios zügelte sein Pferd, rutschte aus dem Sattel und warf die Zügel in Cunorix' ausgestreckte Hand. Beide kannten den Brauch der Grenzwölfe: Man konnte das Wild mit so vielen Kameraden wie man wollte jagen, aber den Wolfspelz holte man allein.

«Gute Jagd!», rief Cunorix ihm nach.

Er hielt den Speer, den er ausgewählt hatte, stoßbereit in der Hand und stürzte sich hinein, an den blaffenden Hunden vorbei. Geduckt kämpfte er sich durch das Dorngestrüpp und die umgestürzten Steine, sein Herz klopfte bis zum Hals vor Erregung über diesen Augenblick. Hinter sich hörte er Cunorix die Hunde zurückrufen.

Vor ihm erwartete ihn sein Wolf an einer kleinen offenen Stelle, einen Rest von stehen gebliebener Mauer im Rücken.

Er hatte versucht, auf einen schmalen, grasbewachsenen Rand hoch oben auf der Vorderseite der Mauer zu springen, vielleicht war es der ehemalige Wallgang. Wenn er noch frisch gewesen wäre, hätte er es schaffen können, wäre über den Wall gesprungen und weg gewesen. Aber er war lange und bis zur Erschöpfung gerannt und fiel mit bebenden Flanken zurück. Als Alexios auf den offenen Platz stürzte, sah er, wie das große Vieh sich sammelte und es noch einmal versuchte und wieder zurückfiel. Aber noch war es nicht erledigt, noch steckte der letzte verzweifelte Mut des in die Enge getriebenen Tieres in ihm. Im Rücken die bröckelnde Mauer, raffte sich der Wolf ein letztes Mal auf und sprang seinem Urfeind, dem Jäger mit dem Speer, nach der Kehle.

Alexios blieb Zeit, den Hass in den gelben Augen zu sehen, die angelegten Ohren und das böse grinsende Gesicht, aber vor allem sah er das, was hinter den Augen war und was diesen hier zu *seinem* Wolf machte; sein Wolf und kein anderer in der Welt. Er hatte das Gefühl, ganz lange in diese Augen zu sehen, die sich ihm schleichend näherten, wie durchs Wasser sah er sie im Näherkommen größer werden. Und doch war ihm bewusst, dass es nur den Bruchteil einer Sekunde dauerte, bis er den Stoß spürte, als sein Speer den Wolf im Sprung in die Brust traf. Ganz kurz spürte er den heißen Atem in seinem Gesicht. Der Speer wurde ihm aus der Hand gedreht und er ließ ihn los. Er hörte ein schreckliches Aufheulen und Treten und Zappeln neben sich auf dem Boden. Er riss den Jagddolch aus seinem Gürtel und sprang vor, um ihm ein Ende zu machen. Schnappende Zähne verfehlten knapp seinen Arm, als er die Spitze tief in das Herz bohrte. Das Zappeln und Aufheulen verstummten, und der Wolf lag still.

Alexios stand auf, zog den Speer heraus und schaute auf das tote Tier, das mit entblößten Zähnen dalag, die Lefzen waren immer noch zurückgezogen, als wollte er den Tod selbst herausfordern. Er war eine Schönheit gewesen, mit dickem cremefarben und grau geflecktem Fell, heller als die meisten seiner Artgenossen, abgesehen von einem dunklen Stirnstreifen, der von der fauchenden Schnauze bis zwischen die Ohren lief. Seine Augen waren immer noch hell und rund, golden wie gelber baltischer Bernstein, wach und noch nicht verschleiert. Und wie er so dastand, empfand Alexios die Reue, die einen gleich nach dem Töten überkommt, wenn das Leben erloschen ist und es mit der Schnelligkeit und der Schönheit, der Gefahr und dem Mut für immer ein Ende hat. All das hatte er schon erlebt, er hatte früher auch Wölfe getötet, aber es war nie ganz so wie jetzt gewesen. Dieser hier war sein Wolf gewesen, und kein anderer könnte jemals wieder sein Wolf sein.

Plötzlich wusste er – und es war ein tiefes, instinktives

Wissen, das man nicht in Worte fassen kann –, warum es bei den Grenzspähern Brauch war, dass jeder nur ein einziges Mal für seinen Wolfspelz tötete. Außer wenn man dringend einen neuen Mantel brauchte, tötete man sonst nie mehr einen Wolf.

Dann hörte er hinter sich ein Geräusch, er drehte sich um und sah Cunorix durch das Dornen- und Brombeergestrüpp zu der kleinen freien Stelle kommen.

«Das war ein sauberer Stich», sagte Cunorix.

«Nicht ganz. Ich hätte den da nicht benutzen sollen.» Alexios bückte sich und steckte seinen Dolch in das Gras, um ihn zu säubern.

«Sauber genug. Man muss nur zwei kleine Risse im Wolfspelz des Kommandanten flicken.»

Der Moment der Trauer verging für Alexios und wich einer plötzlichen wilden Freude. Er hatte seinen Wolfspelzmantel!

Cunorix verjagte die Hunde, die hungrig an dem Kadaver schnüffelten, mit einem Tritt. «Fort! Eure Zeit ist noch nicht gekommen!» Dann wandte er sich wieder an Alexios: «Er ist in guter Verfassung, der ist kein Fremder in den Schafhürden.»

Zusammen zogen sie dem toten Wolf das Fell ab und achteten besonders auf die Schnauze und die Ohren, den blutigen Kadaver überließen sie den Hunden. Dann gingen sie zu den Pferden, die mit den Zügeln über dem Kopf warteten. Es waren Jagdpferde, sie waren wie die Pferde der Grenzwölfe dazu erzogen, stehen zu bleiben, wenn ihre Zügel nach vorn gezogen waren, als wären sie an einem Pfosten angebunden. Cunorix nahm den Sack mit dem Gerstenkuchen vom Hals des einen, verknotete die Zügel und ließ sie frei zum Grasen.

Genau unterhalb der Stelle, wo einmal das Tor gewesen sein musste, gab es einen Steinhaufen, der von einem Erdrutsch eines längst vergangenen Winters stammte und mittlerweile, von einer dichten Masse von Schwarzdorn umgeben, eine windgeschützte Stelle bot. Dort ließen sie sich nieder und legten ihre Gerstenkuchen und einen Klumpen mit Knoblauch gewürzten

Quarkkäse zwischen sich. Doch bevor sie mit dem Essen an-
fingen, zog Alexios den hölzernen Stöpsel aus einer Flasche mit
unverdünntem Sabiner Wein, den er mitgebracht hatte, stand
auf und gab ein paar Tropfen, die rot wie Wolfsblut waren, auf
die unterm Gras verborgene Schwelle. Er war sich nicht sicher,
warum er das tat. War es eine Opfergabe an die Männer, die
hier Wache gehalten und das Signalfeuer gehütet hatten? Eine
Opfergabe an die Götter, die vielleicht Interesse daran hatten,
für seinen Wolf? (Einmal hatte er in den germanischen Wäldern einen schönen, kleinen Altar gesehen. *An Pan Sylvanus*,
war da in den moosigen Stein geritzt, *in Dankbarkeit für den
besten Eber seines Lebens. Gneus A. Drusillus, Tribun der Sechs-
ten Gallischen Kohorte hat diesen errichtet.*) Wahrscheinlich
von beidem etwas.

Er wandte sich um, hockte sich neben Cunorix und reichte
ihm die Flasche. Cunorix nahm sie und trank. «Es war eine
gute Jagd», sagte er und gab sie zurück.

Sie blickten sich an, wortlos ergriff Alexios sie wieder und
nahm einen Schluck von dem feurigen Zeugs. Dann verkeilte
er die Flasche aufrecht zwischen ihnen und sie machten sich an
die Gerstenkuchen und den Käse.

Alexios aß mit einer Hand, die andere hielt er frei für seinen
Wolfspelz, der neben ihm in einem Haufen lag. Er fühlte sich
hart und seltsam lebendig unter seinen Fingern an. (*An Pan
Sylvanus, in Dankbarkeit für seinen Wolf ...*)

Feine Streifen von milchigem Blau tauchten in dem sacht
dahintreibenden Grau des Himmels auf, sie wurden von
schwachen Sonnenstrahlen erwidert, die über die Hügel zogen. Im Schutz des Schwarzdorngestrüpps war der Tag mild,
und als ein kurzer Sonnenstrahl an der kleinen Mulde ent-
langglitt, fühlte Alexios die Wärme auf seiner Haut. Im Gins-
ter schwirrten kleine Vögelchen umher. Halb geschmolzener
Schnee lag noch in den Senken des Nordabhangs. Die Pferde
waren weiter hügelabwärts gezogen, sie grasten am Bach-

ufer und taten sich an dem büscheligen Gras zwischen dem Heidekraut gütlich. Alexios schaute ihnen zu und hörte sie zufrieden rupfen. Sie hatten sich seit dem Morgen bewährt. Es waren willige, äußerst leistungsfähige kleine Pferde. Jetzt boten sie frisch und erholt einen schönen Anblick. Etwas an dem Rotschimmel, den er geritten hatte, weckte sein Interesse. Es war etwas, das unter dem struppigen Winterfell verborgen war: die Zähigkeit des im Bergland aufgezogenen Tieres, seine schlanken Beine und der schmale, wohlgeformte Kopf. Er hatte etwas in den großen dunklen Augen gesehen, als er das Halfter überstreifte. Die besten der Armeepferde waren Halbaraber, und die erkannte er auf den ersten Blick.

«Hat Ferradach Dhu Araberhengste bei seinen Stuten?», fragte er plötzlich.

Cunorix stellte die Flasche zwischen ihnen ab. Sie war fast leer und beide aßen ihren letzten Gerstenkuchen. «Nicht aus reiner Zucht, nein. Aber es gibt in vielen Pferdeherden der Votadini arabisches Blut.» Er verzehrte die letzten Krümel vom Käse. «Immer wenn es früher zu Kämpfen zwischen uns und den Rothelmen kam und sie sich zurückzogen, um ihre Verteidigungslinien neu strategisch zu ordnen, blieb manch gutes Kavalleriepferd in unseren Händen zurück.»

Alexios grinste. «Und wenn nun die Rothelme ihrerseits doch noch zu einem anderen Zeitpunkt auf den Kriegspfad gehen und die Grenzen neu strategisch geordnet sind – sagen wir von jemandem wie dem Kaiser Severus?»

«Es gibt verborgene Täler im Hochmoor und Lichtungen in den großen Wäldern, zu denen scheinbar kein Weg führt. Die Stammesleute waren schon immer geschickt darin, die besten Tiere ihrer Herden zu verstecken, sei es vor den Rothelmen oder auch voreinander.» Cunorix seufzte fast bedauernd. «Aber das ist alles lange her. Zwischen den Votadini und den Rothelmen herrscht jetzt schon lange Ruhe. Bald werden wir jungen Männer vergessen, wie man mit dem Speer umgeht.»

«Und darum musst du jetzt wie ein gehorsamer Bürger frisches Blut für deine Herden kaufen», sagte Alexios. «Was für eine traurige Welt!»

«Kaufen oder leihen, oder es kriegen, so gut es geht.»

«Es kriegen, so gut es geht?»

«Manchmal treibt der Wind die Nachricht her, dass es ein bestimmtes feines Pferd bei den Herden der Damnonier oder sogar der Dalriaden gibt.»

«Und trägt der Wind auch umgekehrt Nachrichten herbei?»

«Hin und wieder. Immerhin so oft, dass die jungen Männer den Umgang mit dem Speer nicht ganz vergessen.»

«Um unter anderem genau das zu verhindern, sind wir hier. Ich sagte schon, es ist eine traurige Welt.»

«Wenn dem nicht so wäre, könnte ich dir einen besseren Zeitvertreib zeigen als die Wolfsjagd.» Cunorix blickte seinen Gefährten an und zog seine buschige rote Augenbraue hoch. «Aber erinnere dich – und ich denke, die Herren Rothelme wissen es auch –, dass das Aufgebot der Pferde für die Grenzwölfe und für manche Kavallerie am Wall von unseren Herden stammt. Wenn du zu viele Fragen stellst und die Stämme zu offensichtlich beobachtest, dann wirst du merken, dass Leistung und Charakter bei deinen eigenen Herden nachlassen.»

Plötzlich mussten beide lachen, als sie sich ansahen. Ein unterdrücktes Lachen – in der Wildnis bringt man seine Freude selten laut zum Ausdruck –, aber es war kurz und herzhaft, und es verband sie miteinander wie der Handschlag in Ferradachs Halle.

Immer noch lachend standen sie auf und scheuchten die Hunde von dem abgezogenen Kadaver. «He! Zurück! Lasst den Raben was übrig!», sagte Cunorix.

Sie pfiffen die grasenden Pferde herbei und stiegen auf, Alexios mit dem blutigen Wolfspelz, den er über den Widerrist seines Tieres legte, und schlugen den Weg nach Castellum ein.

Mit dem Frühlingsversprechen war es vorbei, und der Winterabend neigte sich, als sie die gepflasterte Furt erreichten. «Es wird spät und die Tiere sind erschöpft. Lass die Pferde in den Stall bringen und iss und schlafe heute Nacht bei uns», sagte Alexios.

Cunorix schüttelte den Kopf. «Nein, die Jagd war eine gute Jagd und der Tag ein guter Tag, und wir beenden ihn, wo er begann, draußen vor dem Westtor. Ich habe Familie in der Siedlung.»

Und Alexios hätte gerade deshalb, weil der Tag ein guter Tag gewesen war (*An Pan Sylvanus, in Dankbarkeit für seinen Wolf – und für mehr als seinen Wolf…*), gewollt, dass es so weiterginge. Aber er wusste, dass Cunorix recht hatte.

An der Wasserstelle bachaufwärts waren viele Männer und Pferde. Köpfe wandten sich, als die beiden Reiter hinunter ans Ufer kamen und hindurchplatschten. Einer, der am nächsten stand, grüßte flüchtig. Ein anderer erkannte, was Alexios über dem Widerrist seines Pferdes hatte, und rief einem Kameraden zu: «He! Kuno! Der Kommandant hat seinen Wolf!»

Und als er mit spritzenden Hufen an das gegenüberliegende Ufer kam, rief einer hinter ihm: «Soo!! Meinst du, er war wegen einem Eichhörnchen mit diesen schönen geliehenen Speeren weg?»

Jemand lachte. Es war Bericus, der kaiserliche Haudegen. «Also. Jetzt müssen wir nicht mehr seinetwegen rot werden, wenn der Kaiser zur Inspektion kommt! Zurück, du verrücktes Schlappohr! Willst du das Becken leer saufen?»

Er hörte Stimmen und Fetzen von Gelächter hinter sich. Das war alles ganz und gar respektlos, aber die Wölfe, das hatte er schon längst gemerkt, waren nicht so gut, was Respekt anbelangte; jedenfalls nicht nach außen hin.

Ein dünner Nebel stieg vom Boden auf und kräuselte sich um die Dunkle Frau, die da über der Furt stand. Alexios merkte kaum, was er tat, als er sich zur Seite beugte und den glatten Kopf im Vorbeireiten berührte, als habe er das schon oft getan.

6. Die Steintänzer

Alexios brachte seinen Wolfspelz zum alten Duatha in die Siedlung, um ihn trocknen und zurichten und an seinem eigenen dunkelgrünen Dienstmantel anbringen zu lassen. In den schütteren Wäldern entlang der Flussmündung erwachte der Frühling. Die Frühgerste wurde auf den Äckern um die Festung herum gesät. An geschützten Stellen hoben die ersten Primeln auf kurzen Stielen ihre blanken, überraschten Köpfchen. Die Schwalben kehrten zu ihren alten Nestern unter der Dachrinne der Kornscheuer zurück, gerade so, wie sie es in seiner alten Heimat im Süden des Landes getan hatten.

Der Sommer kam und das Heideland flimmerte in der Hitze; und Cloes Kätzchen, das jetzt wegen seines teuflischen Temperaments gegenüber allen Männern außer Rufus Typhon genannt wurde, war inzwischen fast ausgewachsen. An seinen Ohren hatte es Büschel, die seine stolze Wildkatzenabstammung belegten. In Ferradach Dhus Pferdeherden folgten die Fohlen den Stuten auf den Fersen. Und Shula mit den Goldtropfen im Ohr bekam einen Bauch, der sich beim Gehen wie eine reife Frucht vor ihr wölbte. Die Zeit für die große jährliche Versammlung in Traprain Law kam und ging vorüber. Das war das Treffen, zu dem alle Fürsten und großen Männer der einheimischen Stämme zur Ratssitzung kamen, um Streitigkeiten beizulegen, Gesetze zu beschließen oder zu erneuern und der Stimme des Königs zu lauschen in Anwesenheit eines Regierungsinspektors, der kontrollierte, ob sowohl die Gesetze Roms als auch die der Votadini eingehalten wurden. Drei Burschen der Votadini traten den Grenzwölfen bei.

Und während der ganzen Zeit ging das Leben in der Festung weiter, und es wurde dem Kommandanten immer vertrauter. Die Patrouillen kamen und gingen; es waren die acht- oder zehntägigen Sommerpatrouillen, und jeder beugte sich im Vorbereiten zur Seite, um die Dunkle Frau zu berühren. Alexios schloss sich ihnen mehr als einmal an und überließ Hilarion die Festung. Acht Tage war er mit den schlanken, langgliedrigen Männern unterwegs, denen man ansah, dass sie aus der Wildnis und von weither kamen. Er hatte während der kurzen Sommernächte des Nordens in seinem schönen neuen Wolfspelzmantel im Heidekraut geschlafen, und nass bis auf die Haut war er im Sprühregen über das Hochmoor geritten. Auch hatte er die Angst vor der Finsternis hinter dem Feuerschein erfahren, die die meisten Männer befällt, wenn sie zum ersten Mal im undurchdringlichen Dunkel des Großen Waldes kampieren, das sich wie ein schwarzes Tuch über die inneren Hügel des Grenzlandes legt. Von seinen Leuten hatte er gelernt, Spuren zu lesen und zu verfolgen. Auch wie man mit der Landschaft verschmilzt, indem man jedes bisschen Deckung sucht, und wie man Wind und Licht für sich und sein Pferd günstig ausnützt. Wie man schnell über Land reitet, ohne sich gegen den Himmel abzuzeichnen, und andere nützliche Fertigkeiten, auch – und das von Bericus –, wie man Wildvögel für den Topf in eine Falle lockt.

Er war öfter mit Cunorix allein auf die Jagd gegangen oder auch mit dem jungen Connla. Er war auch mit ihnen ausgeritten, um die Pferde auf den Sommerweiden aufzusuchen oder um das Abrichten der Zweijährigen im Hof des Trainers zu beobachten. Das Leben war unerwartet gut geworden, ohne dass er es richtig merkte.

Doch der Sommer ging vorbei. Vor Herbstbeginn stellte Alexios eines Tages kurz vor der Ernte fest, dass sie im Norden viel später stattfand als in seiner Kindheit im südlichen Hügelland. Das Heidekraut duftete noch immer nach Honig und tönte von Bienengesumm. Das Büschel Glockenblumen am Fuß der Dunklen Frau hatte immer noch zarte Blüten, tapfer hielt es sich neben den Hufen der vorbeiziehenden Patrouillenpferde.

Alexios, der einen halben Tag frei hatte, ritt sein eigenes Pferd Phoenix, das er immer nahm, wenn er nicht zur Jagd ging. Er hatte Cunorix auf halbem Weg getroffen und war mit ihm unterwegs, um nach den Zuchtstuten auf dem Weidehügel zu schauen.

Er war fast die ganze Woche durch einen plötzlichen Haufen Papierkram an das kleine, dunkle Arbeitszimmer in der Principia gefesselt gewesen, was auf die kommandierenden Offiziere kleiner Einheiten von Zeit zu Zeit zukommt, wenn sie keinen persönlichen Mitarbeiter haben. Die Luft und die sonnenerfüllte Weite der Hügel taten jetzt gut.

Die Stuten weideten friedlich in dem geschützten Hochlandtal unter dem wachsamen Auge von Finnan, dem Hüter, der mit dem Rücken an einem von der Sonne gewärmten Felsen saß. Sein kleines, stämmiges Pferd graste neben ihm. Cunorix gab einen gedehnten Pfiff von sich, und eine Stute von sanfter mausgrauer Farbe, die bei den Stämmen und den Grenzwölfen gleichermaßen hoch gelobt war, hob ihren Kopf, und als er noch einmal pfiff, kam sie in leichtem Galopp den Hang herauf und leckte von dem Salz in seiner ausgestreckten Handfläche.

Alexios fuhr ihr mit ruhiger Hand das Maul entlang, streichelte ihre Mähne und freute sich, dass sie nicht zurückzuckte wie bei ihrer ersten Begegnung, sondern den Kopf senkte, als freue sie sich, und leise durch die Nüstern wieherte.

«Shadow, jetzt sind wir schon Freunde, du und ich.»

«Sie ist Streicheln gewöhnt. Sie war der Liebling meines Vaters vom Tag ihrer Geburt an», sagte Cunorix. «Es ist schlimm für ihn, dass er nicht mehr zu den Sommerweiden hinaufreiten kann.»

Es entstand kurzes Schweigen. Die wenigen Male, die sie in der Hügelfestung gewesen waren, hatte Alexios den Eindruck gehabt, dass der kranke Häuptling schwächer wurde, denn er saß selbst während des Sommers näher am Feuer.

«Er hätte nicht zur Versammlung gehen sollen», sagte er.

«Das wissen wir alle», sagte Cunorix barsch. «Ich hätte für ihn gehen können, ich, als ältester Sohn. Aber er ist stur. Er musste hin, auch wenn er eine Sänfte brauchte.»

Wieder trat Schweigen zwischen ihnen ein, es war nur das leise Seufzen der Luft zwischen den langen Gräsern zu hören. Dann sprach Cunorix wieder, ein bisschen lebhafter. «Bald ist es Zeit, die Stuten in den Unterstand zu bringen. Dann wird sie wieder aus ihrer Krippe am Ende der Halle fressen, und beide werden froh sein, dass sie wieder nah beieinander sind.»

Alexios schaute ihn mit leichtem Lächeln an. «Und wenn die Götter es gut meinen, wird ihn bald noch etwas anderes glücklich machen.»

«Ja, sehr bald.» Cunorix streichelte immer noch den Hals der Stute, und sie drückte ihr Maul mit zärtlich knabbernden Lippen gegen seine Brust. «Mein Sohn wird noch bevor der Mond aufgeht geboren. Vielleicht wird ihm diese Freude neue Kraft geben.»

«Und was, wenn es ein Mädchen ist?»

«Ich habe die entsprechenden Opfer gebracht, und die alten Weiber, die sich in diesen Dingen auskennen, haben Shula gesagt, dass es ein Junge wird.»

Noch während er sprach, durchbrach ein schwaches, rhythmisches Klopfen die Ruhe auf dem Hochland. Hufschlag war es auf dem harten Spätsommer-Grasboden. Als Alexios in die Richtung blickte, sah er einen Reiter am Horizont auftauchen und die lang gezogene Biegung des Tales herunterstürmen. Die Stuten und ihre Fohlen stoben auseinander und schnaubten in Panik, als er vorbeifegte, hinter ihm flatterte langes rotes Haar wie der Feuerschweif einer Fackel.

«Das ist Connla», sagte Cunorix, «und nicht nur wegen seinem feurigen Schopf. Kein anderer würde so durch die Zuchtherde rasen, als wäre die Wilde Jagd hinter ihm her.»

Der Hüter hatte die Beine unter sich zusammengezogen und

war von seinem Schlaffelsen aufgestanden. «Es wird wohl sein, dass der alte Häuptling hinter den Sonnenuntergang geht.»

Halb hatte Alexios erwartet, dass Cunorix sofort auf seinem Pferd sitzen und dem wilden Reiter entgegenstürmen würde. Neben ihm rührte sich aber nichts. Nur Shadow warf sich herum und galoppierte zu der verstreuten Herde. Als er sich umsah, stand Cunorix ganz still, wie einer, der darauf gefasst ist, dass ein Wellenbrecher oder ein Erdrutsch oder ein Feind gegen ihn anstürmt. Aber das waren alles Dinge, vor denen man weglaufen oder gegen die man kämpfen konnte. Dies hier war etwas anderes. ‹Finnan hat recht›, dachte er, ‹und Cunorix weiß es.›

Schon war Connla bei ihnen, im vollen Galopp riss er die Zügel zurück, Schaum sprühte um das Maul seines Pferdes. «Unser Vater!», keuchte er, noch bevor seine Füße den Boden berührten.

Sein älterer Bruder behielt seine reglose Fassung noch eine ganze Weile. «Er schien heute Morgen doch kräftiger.»

«So kräftig, dass er seine Waffentruhe bringen ließ und seine Rüstung überprüfte. Dann rief er nach seinem Schwert und stand auf, als wollte er prüfen, ob Gewicht und Balance noch so waren, wie er sie erinnerte. Dann machte er große, weit ausholende Hiebe, als wäre er mitten in einem Kampf. Aber das Schwert fiel ihm aus der Hand und er fiel vornüber ins Feuer …»

«Hat er sich verbrannt?»

«Nein. Sein Körper und sein weiter Mantel löschten die Flammen, und wir holten ihn in drei Herzschlägen heraus.» Erst jetzt entdeckte Alexios eine lange, böse Stelle am Unterarm, wo der Junge sich verbrannt hatte. «Aber nun liegt er ruhig da, wie einer, der seinen Körper schon verlassen hat; und Sinnoch, der Heiler, sagt, er ist bereit für die Reise nach Westen, hinter den Sonnenuntergang.»

Inzwischen hatte Cunorix sich seinem Pferd zugewandt und

saß im Sattel. Er hielt einen Moment inne und blickte auf Alexios hinunter. «Sonne und Mond mögen über deinem Weg leuchten», sagte er, als sollte es lange dauern, bis sie sich wiedersahen. Dann trieb er dem Pferd die Fersen in die Flanken und jagte im fliegenden Galopp davon, gefolgt von Connla.

Als Alexios an diesem Abend in der Offiziersmesse in Castellum dabei war, sich einen neuen Bogen für die Vogeljagd zu machen, hörte er in der Ferne den dröhnenden, lang gezogenen Ruf eines Horns. Er blickte von der Arbeit in seinen Händen auf und sah, wie Hilarion mitten im Zug eines Steins auf dem Spielbrett zwischen sich und dem Quartiermeister innehielt und wie Lucius die Nase aus seinem geliebten *Georgicon* hob.

Der lange, geisterhafte Ton erstarb, und während sie weiter lauschten, wurde er von einem anderen Horn weiter im Süden aufgenommen, wie eine Antwort oder ein Echo.

«Ferradach Dhu?», fragte Alexios, aber er brauchte die Antwort nicht wirklich.

Der Quartiermeister, der schon länger hier war als alle anderen, nickte. «Der alte Häuptling tritt die Reise hinter den Sonnenuntergang an, und sie verbreiten die Nachricht. Hört, hier ist es das Wehrdorf Colgrim, und da das im Tal der Erlenwälder.» Schwach wie Geisterechos wurden die Hornklänge leiser und leiser über den Hügeln des Tieflands.

«Dann ist Cunorix jetzt der Häuptling», sagte Alexios mit dem Gefühl, etwas verloren zu haben, worauf er nicht näher eingehen wollte.

Hilarion setzte den Spielstein mit einem scharfen Klick auf dem Brett ab. «Erst in drei Tagen. Die Stammesleute glauben, dass die Seele sich erst nach drei Tagen auf die Reise macht. Während dieser drei Totentage hat der Stamm keinen Häuptling. Danach halten sie ein großes Fest ab, um den Häuptling auf seine Reise zu bringen und den neuen an seinen Platz zu setzen. Aber du wirst es sehen, wenn es so weit ist.»

«Ich?», sagte Alexios überrascht.

«Selbst beim Wolfsrudel müssen die Höflichkeitsformen gewahrt werden. Der Kommandant der Festung muss bei dem Begräbnisfest und auch beim Einsetzen des neuen Häuptlings dabei sein. Lucius und ich werden all das nicht mitbekommen, wie auch alle Übrigen von uns – außer denen, die zu der kleinen Begleittruppe gehören und möglichst nüchtern bleiben müssen, um aufzupassen, dass du nicht erstochen wirst oder dem Imperium Schande machst und dass du wieder heil zurückkehrst. Ach, die Welt ist einfach ungerecht.»

«Gar nicht so ungerecht, wenn du darüber nachdenkst.» Lucius ließ die lange Schriftrolle zusammenrollen. «Wir bekommen auch nicht die Kopfschmerzen am nächsten Morgen.»

Unten in der Siedlung hatten die Weiber mit der Totenklage begonnen.

Die drei Totentage gingen vorüber. Am dritten Tag vertrat Alexios ordnungsgemäß mit einer Zehnmanneskohorte die Grenzwölfe und das Imperium bei den Feierlichkeiten, die gleichzeitig die Begräbnisfeier für den alten Häuptling und das Einführungsfest für seinen Sohn waren.

Die Hügelfestung war voll und quoll über von den Männern des Stammes, und auch zufällige Ankömmlinge waren darunter, Pferdehändler und Silberschmiede und wandernde Harfenspieler, die bei solchen Ereignissen wie zu einer Mittsommerversammlung herbeiströmen. Aber statt des üblichen Tumults herrschte ernstes, abwartendes Schweigen. Selbst als man die abendlichen Kessel mit gesottenem Schweinefleisch brachte, wurde fast gänzlich schweigend gegessen und getrunken. Vom Innenhof hörte man die Totenklage der Frauen.

Der Tag war grau und verhangen gewesen, ständig drohte es zu regnen, doch kein Tropfen fiel. Aber gegen Sonnenuntergang begann der Himmel sich aufzuhellen, und als sie den alten Häuptling aus seiner Halle trugen, war der Westen von wässrigem Gold überschwemmt.

Bis zum Kinn war er in seinen wunderbaren Mantel aus Rehfell gehüllt, seine Halskette aus naturbelassenem gelbem Bernstein hatte man hervorgezogen, sodass sie offen auf seiner Brust lag. Seine Söhne und vier seiner nächsten Verwandten trugen ihn schulterhoch auf einem Tragegestell aus Flechtwerk. Vorneweg schritten die Priester, angeführt von Morvidd, der seine schwarze Kapuze zurückgeschoben hatte; seinen Kopf zierte ein Kranz von Eichenlaub und Eibe. Vor und hinter ihm und auf beiden Seiten trugen Männer Fackeln, die verwaschen rot brannten und in dem schwindenden Tageslicht nur wenig Helligkeit verbreiteten. Alle Männer des Stammes folgten ihm nach, als man ihn zum Tor der Hügelfestung hinaustrug.

Alexios und seine Wölfe schritten an den Ehrenplätzen mit, die man ihnen unmittelbar hinter der Leibgarde zugewiesen hatte. Er roch den harzigen Duft der Fackeln, der mit der sanften Abendluft zu ihm nach hinten zog, und hörte das gedämpfte Pochen der Trommeln. Hinter sich vernahm er den Gleichschritt seiner gut trainierten zehn – ein rhythmisches Geräusch, das sich von allem anderen fremd abhob. Und dahinter das ungeordnete Tappen der Stammesleute, die sich anschlossen, und das Blöken und Muhen der Opfertiere. Und noch weiter dahinter die Totenklage der Frauen, die mit dem Verlassen der Hügelfestung und dem Weg nach Südosten mehr und mehr verklang.

Alexios wusste, wohin sie gingen.

Etwa vier Meilen flussaufwärts von Castellum lag das Lange Moos, ein großes ebenes Gebiet, das aus dem Binnensumpfland, einem See und Wasserläufen bestand, die sich gute Dreistundenmärsche von Ost nach West schlängelten. Er war am Tag seiner Ankunft in der Festung hier auf einem höher gelegenen Grat vorbeigekommen, über den die landeinwärts gelegene Straße von Trimontium führte. Während der letzten Monate hatte er öfter die durchnässten Randgebiete mit den Patrouillen umkreist. Ein ödes Land, das den Himmel widerspiegelte und vom Schreien und Rufen der Wildvögel belebt wurde, deren Stimmen die Stimme seiner eigenen Einsamkeit zu sein schienen. Einmal hatte er im klaren Morgenlicht im Sommer in der Ferne etwas gesehen, das wie eine Gruppe großer Gestalten aussah, Gestalten, die zu Stein geworden und für immer in einem Kreistanz erstarrt waren. Es war nur ein Kreis aufrechter Steine auf einer der Inseln auf festem Grund, die es hier und da in der sumpfigen Einöde gab. Sein Optio aber hatte ihm gesagt, dass dies der Totenplatz der Häuptlinge der Votadini sei; alle Häuptlinge der Votadini vom Hochkönig bis zu den Herrschern über hundert Speere. Niemand gehe sonst dorthin, hatte der Optio gesagt, nicht einmal die Grenzwölfe. Nur das Geistervolk und die Sumpfvögel, die darüber hinwegflogen. Und danach hatte er, wohl meinend, dass Alexios es nicht bemerkte, ein Stück seines abendlichen Gerstenkuchens aus seinem Lederbeutel am Sattelknauf genommen, es zerkrümelt und hinter sich fallen lassen, als wüsste er nicht, was seine Finger taten.

Der fahle Schein der im Westen stehenden Sonne hatte sich zu einem Sonnenuntergang entzündet, der den ganzen Westen in Flammen auflodern ließ, als sie den Rand des Sumpflandes erreichten. Das stehende Gewässer fing den flammenden Himmel und die zuckenden Fackellichter ein und vermischte beides in seinem Spiegel, während sie sich auf einem unsichtbaren Pfad, der sich dem festen Grund folgend hierhin und dorthin schlängelte, dazwischen vorwärtsbewegten. Zuletzt hatten sie wohl das Ende jedweden festen Bodens erreicht. Ein langer, breiter Streifen Sauergras und Erlengestrüpp erstreckte sich rechts und links von ihnen. Vor ihnen war nichts als Wasser, gemustert mit Riedgras und Flecken von Himmelsspiegelbildern, die das Abendlüftchen kräuselte. Und jenseits des Wassers erhoben sich die vom Schatten gezeichneten großen Steine, die er schon vorher in ihrem erstarrten Kreistanz gesehen hatte.

Die vordersten Fackelträger waren stehen geblieben, das formlose Schlurfen vieler Füße verstummte, und die Trommeln beendeten ihr dumpfes rhythmisches Gemurmel. Jetzt wurden die Opfertiere herangebracht. Nur Schafe und Rinder waren es, sah Alexios mit Erleichterung; offensichtlich nahmen die Stammesführer der Votadini ihre Lieblingshunde und Pferde nicht mit sich, nur Nahrung für die Reise. Es wäre ihm schwer ums Herz geworden, wenn Shadow in dem verschreckten Trüppchen der Tiere mit aufgerissenen Augen mitgezerrt worden wäre.

Die Spitze der Prozession bewegte sich weiter.

Alexios hörte die leise, warnende Stimme des Optio hinter sich: «Weiter gehen wir nicht, Kommandant.»

Er nickte. Nur der tote Häuptling und seine Priester, seine Verwandten und die Leibgarde und die Opfertiere gingen von hier aus weiter. Das wusste er instinktiv, aber die Männer seiner Eskorte wollten jedes Risiko vermeiden; sie fühlten sich für ihn verantwortlich, wie er für sie. Und auch das wusste er instinktiv. Diese Erkenntnis erfüllte ihn mit einer Woge von Wärme. Und gerade jetzt konnte er Wärme brauchen, trotz der leichten Schwüle des Abends.

Die anführenden Fackelträger waren jetzt weit draußen im flachen Wasser. Die Männer, die den Körper des alten Häuptlings trugen, bewegten sich sicher hinter ihnen her durch das Erlengestrüpp und ins Wasser hinein. Es folgte die Leibgarde und das vorwärts getriebene Vieh, das beim Gehen von dem matt goldenen Wasser helle Tropfen aufsprühen ließ.

Der glühende Westen verblasste, und als die Himmelsfeuer erloschen, wurde das Wasser dunkel und die Flammen der Fackeln fingen an zu flackern. Als Alexios die Männer, die Fackeln und das klagende Vieh und den einen, der noch in ihrer Mitte lag, dahingehen sah, bemerkte er, dass sie nicht geradeaus zogen, sondern dem gleichen Zickzack-Kurs folgten, wie sie es getan hatten, seit sie das Lange Moor erreichten. Stellenweise ging das Wasser den Männern fast bis zum Oberschenkel, doch nie höher. Alexios vermutete, als er den Schilfgürtel und die Wasseroberfläche betrachtete, dass es rechts und links von ihnen nicht tiefer war. Der Untergrund neben dem sich schlängelnden Weg musste fest sein. Und sonst? Wer konnte das sagen? Vielleicht war es so ein gieriger Sumpf, der die Menschen tief unten in seinen dunklen Morast hineinsaugte. Ein kalter Hauch schien vom Wasser zu kommen, und unwillkürlich erschauerte Alexios unter seinem Wolfsmantel. Dann wurde ihm wieder ganz warm, und er sagte sich: Sei kein Narr.

Die Fackeln hatten die andere Seite erreicht. Ihr roter Schimmer bewegte sich zwischen den hohen Steinen des heiligen Kreises hin und her. Kein Laut kam über das Wasser. Sogar das Klagen des Viehs war untergegangen. Der alte Häuptling und seine Begleiter waren von der einen Welt in die andere eingegangen; und gleich würde der neue Häuptling aus der anderen Welt zu ihnen heraustreten. Bis dahin konnte man nur warten.

Diejenigen, die nicht weiter nachfolgten, verteilten sich entlang dem Erlengestrüpp und ließen sich zum Warten nieder.

Als habe er Augen im Hinterkopf, spürte Alexios, dass seine Männer regungslos hinter ihm saßen, jeder mit seinem Schwert quer über den Knien, und er setzte sich behutsam genauso hin.

In diesem Augenblick flogen drei Schwäne mit singendem Flügelschlag vorbei, und die letzten Strahlen des Sonnenuntergangs verzierten ihre Flügelspitzen flammenrot. Fast war das Gold im Westen verschwunden, es verblasste jetzt zu Rosa und wurde aschgrau. Der Abendstern schwebte wie eine fahle Motte am klar werdenden Himmel. Weit hinten gegen Osten verriet ein schwaches rieselndes Geräusch, wo der vertraute Fluss war, der zur Mündung unterhalb von Castellum kam und sein Wasser aus den Seen vom Langen Moos holte und über steinige

Felsstürze in die Schlucht tauchte, die er sich selber ausgehöhlt hatte. Ein leichter Nebel hob sich von der Oberfläche des Sees, und die Fackeln zwischen den Stehenden Steinen gingen darin unter. Das Schreien und Rufen der Wildvögel begann zu verstummen.

Alexios bekam einen Krampf. Das lange Warten kribbelte an seinen Nervenenden wie Ameisen. Er wollte sich gern bewegen, eine bessere Stellung finden, aufstehen und umherlaufen. Aber das wäre grobe Unhöflichkeit gegenüber dem Stamm – Cunorix' Stamm – gewesen und eine Schande für seine eigenen Leute. Er rief sich alles ins Gedächtnis, was er in nun beinahe einem Jahr gelernt hatte. Wie man auf einer Spähtour im Versteck stundenlang dasitzt, ohne sich zu bewegen. Er biss die Zähne zusammen und blieb mit dem Schwert über den Knien sitzen.

Einmal, als sich der Nebel lange nach Einbruch der Dunkelheit ein wenig hob, breitete sich verschwommenes rötliches Licht über dem Wasser aus und war gleich wieder verschwunden. Das Totenfeuer für Ferradach Dhu.

Als die Dunkelheit in die Morgendämmerung überging und der Himmel wieder von den geisterhaften Stimmen der Sumpfvögel erfüllt war, sahen sie die Fackeln zurückkehren. Schwache Lichtflecken, die aus dem Nebel auftauchten, wurden stärker und strahlend hell, als sie näher kamen. Ihre Helligkeit bebte und spiegelte sich in gebrochenen Lichtschwaden im aufgewühlten, flachen Wasser, als die Gestalten den Uferrand erreichten. Die Dunkle Zeit, die Wartezeit für den führerlosen Stamm war vorüber. Jetzt waren alle Männer auf den Beinen, doch noch immer hüllte das Schweigen sie ein, als sie dastanden. Alle Gesichter waren der Gestalt zugewandt, die in der Mitte der Fackeln, die um ihren Kopf goldene Schwaden bildeten, einherschritt.

Ein herrlicher Mantel aus Rehfell hob sich und flatterte über dem Wasser hinter ihm her, und der Fackelschein fing sich in der prunkvollen Halskette aus gedrehtem Gold und rohem Bernstein. Jetzt kam er aus dem flachen Wasser, nass und leuchtend und flammend gold. Morvidd und die Priester gingen rechts und links von ihm. Connla führte seine Leibgarde dicht hinter ihm an. Tropfen vom See sprühten wie Funken um ihn, als er durch die Erlenbäume kam. Er war der Häuptling, von jenseits des Sonnenuntergangs zurückgekehrt, und die Mühsal der Reise war ihm anzusehen, sie war greifbar wie der neue Rehfellmantel und der gelbe Bernstein der Stammesführerschaft um seinen Hals.

Alexios stand eine Armeslänge von ihm entfernt und sah ihm entgegen, er war jetzt größer, als er vorher gewesen war, es sei denn es kam daher, dass er sein Haupt so hoch erhoben trug. Als er ihm in die Augen blickte, die sich weder nach rechts noch nach links bewegten, fragte er sich, was ihm am Ort der Toten der Häuptlinge wohl widerfahren sein mochte, und fühlte einen kalten Schauer, und der kam nicht vom Nebel und der beginnenden Morgendämmerung.

Die lange Schweigezeit für den Stamm war vorbei, und sie grüßten ihn mit wiederholten lauten Triumphrufen, jeder schlug seinen Speer oder die Klinge seines Schwertes krachend gegen den Schild zum Gruß, bis die Sumpfvögel hoch aufflogen und erschrocken in alle Richtungen davonschossen und die neblige Dunkelheit mit ihrem Geschrei und aufgeregtem Flügelschlag erfüllten.

Dann war Cunorix, der Stammesführer, gefolgt von seiner Leibgarde, vorbeigezogen, und Alexios und seine zehn Grenzwölfe reihten sich hinter ihnen ein und danach alle Männer des Stammes. Der Fackelschein verlor an Kraft, als das erste graue Licht der Morgendämmerung die Dunkelheit überflutete. Jetzt lag der Ort der Toten hinter ihnen, und vor ihnen wartete die Hügelfestung, wo die Frauen nun wohl aufgehört hatten mit der Totenklage und die Kochstellen bald eröffnet wurden. Und sie sangen das Lied von der Heimkehr des neuen Häuptlings.

7. DAS FEST FÜR DEN NEUEN HÄUPTLING

Bei Tagesanbruch erreichten sie die Hügelfestung. Den Nebel hatten sie über dem Sumpfland zurückgelassen; die Fackeln wurden erstickt, und das erste Gold des Sonnenaufgangs fiel schräg über den Eingang zur Halle des Stammesführers. Auf der Schwelle stand Cunorix, allmählich blickte er wieder aus seinen eigenen Augen. Ein Fuß war beschuht, der andere nackt. So stand er auf dem roten Ochsenfell, das dort ausgebreitet war. Einer nach dem anderen kamen Connla und die führenden Männer des Stammes und legten die rechte Handfläche auf das Blatt des großartigen Speeres, den der neue Häuptling hielt, und legten vor ihm den Eid ab, der so alt ist wie die Stämme und die Stämme vor den Stämmen: «Wenn wir die Treue brechen, mag sich die grüne Erde öffnen und uns verschlingen, mögen die grauen Meere über uns hereinbrechen und uns überfluten, mögen die Sterne herabstürzen und uns für immer zermalmen.»

Die Kochstellen waren schon eröffnet, und große Stücke von Rind, Schwein und Wild wurden von ihren rauchenden heißen Steinlagern gehoben, während die Frauen und die Sklaven riesige Schalen voll Gerstenkuchen und Bienenwaben und Käse und hohe Krüge mit Heidebier und gegorene Stutenmilch brachten, die den Männern wie Feuer zu Kopfe stieg. Als Alexios sich unter den Frauen umblickte, dachte er plötzlich, es sei seltsam, dass er Shula, die Frau des Stammesführers, nirgends entdecken konnte. Als sie den alten Häuptling auf seine letzte Reise brachten, war keine Frau mitgekommen. Aber jetzt doch ... Er blickte an Cunorix vorbei hinter die Eingangstür der Halle. Aber da war nichts von ihr zu sehen. Vielleicht gehörte ihr Auftreten zu einer späteren Zeremonie.

Der letzte der Krieger hatte seinen Eid abgelegt, und Alexios

merkte, dass er jetzt an der Reihe war. Cunorix blickte ihn erwartungsvoll an. Das musste sorgfältig bedacht werden. Er
konnte keinen Treueschwur ablegen wie die Krieger des Stammes, aber auf eine gewisse Grußform und die Anerkennung des
neuen Stammesführers, der sein Freund war, konnte er nicht
verzichten. Vielmehr war er sein Freund gewesen. Er fühlte sich
jetzt schrecklich weit von Cunorix entfernt. «Sonne und Mond
mögen über deinem Weg leuchten», hatte Cunorix gesagt, als
sie sich beim letzten Mal getrennt hatten, als ginge einer von
ihnen beiden weit fort. Er merkte, dass er vortrat, beinahe hätte
er die Hand zum römischen Gruß erhoben, die formalen lateini-
schen Grußworte lagen ihm schon auf der Zunge. Da aber löste
sich Cunorix' Rechte von seinem großen Speer, den er mit beiden Händen gehalten hatte, und sie schlugen Handfläche gegen
Handfläche wie Männer, die einen Vertrag besiegeln, etwa so,
wie sie es vor fast einem Jahr in der großen Halle getan hatten.

«Gute Jagd für dich auf dem neuen Pfad», sagte Alexios.

Das hässliche Gesicht des jungen Mannes vor ihm hellte sich
auf. «Gib mir Zeit, mich an diese neue Sache zu gewöhnen, so
wie ich sie dir im letzten Winter gelassen habe, und ich denke,
dass wir auf den gewohnten Pfaden wieder manch gute Jagd
haben werden», erwiderte Cunorix.

Vielleicht war es nur Großmut, man versprach jemandem
etwas, wonach der fragte, obwohl die Frage nicht mit Worten
gestellt worden war. Dann würde das Gefühl, etwas verloren
zu haben, das Alexios drei Tage lang beherrscht hatte, unwie-
derbringlich für immer gelten. Plötzlich aber wusste er, dass es
sowohl eine Frage als auch ein Versprechen gewesen war und
dass Cunorix sich genauso verloren gefühlt hatte. Die Sonne
war jetzt warm zwischen seinen Schulterblättern, und der Geruch von den Kochstellen machte ihn hungrig, sodass ihm das
Wasser im Mund zusammenlief, und das Leben war wieder
gut.

In diesem Augenblick ertönte über allen Morgengeräuschen

von irgendwo hinten in der Halle aus der Richtung der Frauengemächer der weinerliche Schrei eines neugeborenen Babys.

Nun wusste Alexios, warum Shula mit den Goldtropfen im Ohr nicht mit den anderen Frauen herausgekommen war, um ihren Platz bei der Häuptlingsernennung einzunehmen. Ein altes Leben hatte die Halle des Stammesführers verlassen und ein neues war darin eingezogen.

Cunorix hörte den Schrei. Alexios sah, dass er es hörte, obwohl er keine Bewegung machte, er stand nur da und wartete, und plötzlich schien die ganze überfüllte Hügelfestung innezuhalten. Dann rührte sich etwas im Schatten der Halle. Es kam näher und das Greinen mit; jemand lachte, ein zweiter auch. Und eine alte Frau kam ins Sonnenlicht herausgewackelt, sie trug ein Bündel, das in das gefleckte Fell eines Rehkitzes gewickelt war. Von überall im breiten Vorhof strömten Leute zusammen, die Männer von der einen und die Frauen von der anderen Seite.

«Was hast du da, Mütterchen?», rief ein großer Mann.

Und ein anderer antwortete ihm: «Es ist ein Lämmchen, kannst du nicht sein Blöken hören?»

«Kein Lamm, wie ihr genau wisst, ihr närrischen Spaßmacher», gab die alte Frau mit schriller Stimme zurück. Und Cunorix rief sie zu: «Shula, die Häuptlingsfrau, bittet ihren Herrn um Vergebung, dass sie zu diesem Sonnenaufgang nicht bei ihm sein kann, denn sie war heute Nacht mit einer Frauenarbeit beschäftigt und ist müde. Aber, siehe, sie sendet ihm an ihrer Stelle seinen Sohn.»

Das Bündel strampelte und schrie, als sie es ihm hinhielt, und Cunorix warf plötzlich seinen großen Speer beiseite und nahm es von ihr entgegen. Das kleine Wesen kniff die Augen gegen das Morgenlicht zusammen. Es war wütend, dass es aus der Wärme und Dunkelheit des Körpers seiner Mutter herausgerissen war. Sein Gesicht war rot und runzlig wie eine zerdrückte Mohnknospe. Es war gerade erst geboren, man hatte es noch nicht einmal gewaschen, an seiner Stirn klebte Blut und es hatte noch den Geruch des Neugeborenen an sich, den Alexios von den Schafweiden in seiner Kindheit kannte.

Cunorix hielt es zwischen seinen Händen. Er betrachtete es mit einem Ausdruck zwischen Ehrfurcht und Belustigung. «So klein und schon ein Krieger!», sagte er und hielt es hoch über seinem Kopf und den Köpfen des dicht stehenden Clans ins Licht der Morgensonne und rief triumphierend: «Seht! Oh, meine Brüder seht! Seht ihr alle vom Stamm von Dumnorix den Sohn von Ferradach Dhu! Wie mein Vater, der alte Häuptling, Söhne als Nachfolger hatte, so habe ich jetzt auch einen Sohn, der die Häuptlingskette von meinem Hals und den Speer von meiner Hand übernehmen kann, wenn ich alt und müde und schlafhungrig bin!»

Alexios, der sich in die Menge zurückgezogen hatte, dachte: ‹Er glaubt nicht, dass er einmal alt wird, in diesem Augenblick nicht.›

Und rings um ihn jubelten alle von der Männerseite und warfen ihre Speere hoch für das schreiende Bündel. Der letzte Dämmer der vergangenen Nacht löste sich hinter ihnen auf, und der Tag brach plötzlich an wie ein Feuer, wenn jemand Gerstenschnaps in die Flammen schüttet.

Alexios hatte zuerst vorgehabt, gleich nachdem der neue Stammesführer eingesetzt war, nach Castellum zurückzukehren. Aber der Quartiermeister hatte den kahlen Kopf geschüttelt. «Eine Nacht für den alten Häuptling und eine für den neuen. Du wirst viele beleidigen, wenn du die Feier nicht noch abwartest.»

Der Quartiermeister war schon so lange an der Grenze, dass seinem Wort Gewicht zukam. Und Hilarion war absolut fähig, auch für zwei Tage das Kommando zu übernehmen, vielleicht besser als er selbst, dachte Alexios. So blieb er beim Fest, hockte an seinem Ehrenplatz am Feuer des Stammesführers, dem Hochfeuer, mit Cunorix und seinen Verwandten und Hauptkriegern. Er aß mehr von dem brutzelnden Eberfleisch, von den Gerstenkuchen und dem Honig, als er wollte, und trank so wenig, wie es schicklich war, vom Wein und dem Heidebier, das die Sklaven und die Frauen herumreichten.

Das Feiern ging den ganzen Tag. Ab und zu verließen die jungen Krieger die Feuerstellen und veranstalteten Wettrennen oder Ringkämpfe oder warfen abwechselnd mit Speeren aufeinander. Dann kamen sie wieder zurück zum Essen und Trinken. Alexios hätte gern mitgemacht, statt dazuhocken und das Imperium zu repräsentieren, dem Gerede der alten Krieger und den langen, verworrenen, gesungenen Geschichten der Harfenspieler zuzuhören, während die Schatten von Westen nach Osten wanderten. Ach, Cunorix wünschte ja wahrscheinlich genauso sehr, in den Gemächern bei seiner Frau und seinem Sohn zu sein. Alexios versuchte den Anschein zu erwecken, dass er von dem Harfengesang entzückt sei, und nahm sich noch einen Gerstenkuchen, den er gar nicht wollte, aus der Schüssel, die mit einmal vor ihm auftauchte.

Endlich wurden die Schatten in der überfüllten Hügelfestung länger. Viel Wein, Bier und gegorene Stutenmilch waren getrunken worden, und die Augen der Männer wurden glänzender und ihre Zungen gelöster. Es gab Ausbrüche von wildem Gelächter, hier und da flammte rasch ein wütender Streit auf, als die Männer vom vielen Alkohol lustig und hitzig wurden. Das Hauptessen war erst einmal vorbei, aber mit dem Trinken würde es die ganze Nacht weitergehen. Es kam zu allgemeinem Aufbruch und Wechseln zwischen den Gruppen an den Feuern.

Und plötzlich tauchte Connla, der eine Weile verschwunden war, wieder auf und rief: «Kommandant! Oh, Kommandant von Castellum!», und blickte in die Runde. Alexios sah ihn dastehen, wie er mit zusammengekniffenen Augen in die letzten

Sonnenstrahlen lachte und einen Kalbskopf hochhielt, an dem noch das Fell hing und den man wohl beim Schlachten für das Fest übrig gelassen hatte.

Alexios stand auf, einen Moment lang war ihm ganz schlecht. Connla rief: «Auf! Zum Viehraub!», und wie zur Herausforderung warf er unter Lachen den Kalbskopf auf den Boden zwischen ihnen.

Plötzlich waren sie von jungen Kriegern umringt. «Viehraub! Viehraub! Holen wir die Pferde und stellen die Torpfosten auf!» Was auch immer das Ganze bedeutete, es war nach ihrem Geschmack.

«Nicht so schnell!», sagte Connla, «der Kommandant hat die Herausforderung ja noch gar nicht angenommen.»

Alle schauten Alexios erwartungsvoll an.

«Erkläre mir, worum es sich bei dieser Herausforderung handelt», sagte er bedächtig, «dann werde ich entscheiden, ob ich sie annehme.»

Connla wippte auf seinen Fersen und grinste. «Schau doch nicht so misstrauisch. Wir denken doch nicht daran, dich auf einen Mondscheinritt zu den Dumnonern mitzunehmen! Pass auf. Es ist nichts weiter: Wir stecken ein Paar Haselstöcke als Tor an jedes Ende von dem ebenen Platz am Bach, du wählst dein Team und ich meins. Jeder hat ein Pferd und einen Speer. Das Team, das als Erstes den Bullen», er stieß mit seinem Fuß gegen den Kalbskopf, «sieben Mal durch sein eigenes Tor getragen hat, ist Gewinner des Spiels, und es kann vom Häuptling verlangen …»

«Einen Krug voll feinem griechischen Wein, um das Blut abzuwaschen», sagte Cunorix, der von seinem fellbedeckten Stuhl herübergekommen war und sich zu der Gruppe gesellt hatte.

«Na, na, mein Bruder Stammesführer, welches Blut denn, bestimmt vom Kalb? Das Spiel ist so leicht, dass sogar ein Kind es kann …»

«Oder ein Römer?», sagte Alexios, und seine Augen leuchteten beim Gedanken an die Herausforderung. Und alle Männer ringsum brachen in Lachen aus.

«Sogar ein Römer mit Helmbusch, oh, Kommandant von Castellum.» Connla stieß wieder mit dem Fuß gegen den Kalbskopf.

Alexios spürte eine plötzliche Bewegung hinter sich, Männer drängten sich hinter ihm. Als er sich rasch umwandte, sah er den Optio seiner Eskorte und die übrigen Grenzwölfe sich durch die Menge schieben. Ihrem Gesichtsausdruck nach schätzte er, dass sie dieses Spiel nicht zum ersten Mal machten.

Er drehte sich wieder Connla zu. «Wie viele für ein Team?»

Der andere zuckte die Achseln. «Jede Zahl, die geeignet scheint.»

«Ich nehme zehn», sagte Alexios.

Die Talsenke war schon im Schatten, obwohl das letzte Sonnenlicht des späten Sommerabends noch wie flüssiger Honig auf den Hügeln lag, als Alexios mit einem geborgten Speer auf Phoenix gegenüber von Connla auf der anderen Seite eines annähernd vollständigen Kreises saß, der aus den beiden Teams gebildet worden war. An beiden Enden des Platzes waren die Haselstecken aufgestellt, mit bunten Fetzen obendran. Mücken tanzten in der schwülen Luft zwischen den Ebereschen und Erlen am Bachufer, und die Pferde stampften und schüttelten sich und schlugen mit ihrem Schweif gegen die stechenden Wolken. Jemand schleuderte den Kalbskopf in die Kreismitte, und die Teams stürmten vor und wurden zu einem dichten kämpfenden Haufen von Männern und Pferden, aus dem sich einer von Connlas Team mit dem Kalbskopf auf der Speerspitze löste und zu seinem Tor preschte, der brüllende Rest dicht hinterher. Und das Spiel ging weiter.

Wenn man es denn Spiel nennen konnte.

Als Alexios später daran dachte, blieb nur die völlig verworrene Erinnerung an einen wilden, vergnüglichen Wettkampf, der zwischen den beiden Toren hin und her wogte. Eine allgemeine Rauferei, bei der nichts verboten war, außer dass man offensichtlich und absichtlich die Speerspitze gegen einen Reiter oder ein Pferd des gegnerischen Teams einsetzte.

Hin und her ging es, mal waren sie ein einziges kämpfendes Knäuel, mal stoben sie auseinander und jagten hintereinander her. Zuerst sah es so aus, als ob Connlas Team einen beschämend leichten Sieg davontragen würde, denn sie brachten den «Bullen» drei Mal in rascher Folge durch ihr Tor. Aber die Grenzwölfe entwickelten ein Gefühl für das Spiel, und nach und nach stieg ihre Torzahl und die Gunst neigte sich auf ihre Seite. Zumindest dachte Alexios das. Er war sich nicht ganz sicher. Er war sich eigentlich in gar nichts sicher. Es war schon genug, dass man immer wieder um das Erbeuten des «Bullen» kämpfte, dass man sich vor dem Zusammenstoß und Durchbruch der anderen Reiter in Acht nehmen und dabei immer das eigene Tor im Auge behalten musste. Er dachte, dass beide Mannschaften inzwischen gleichauf lagen. Noch immer war er sich nicht sicher. Aber es gab ja genügend Zuschauer, die mitzählten …

Plötzlich hatte sich das Licht verändert; es war jetzt ein wildes Rot mit verschwommenen Schatten, die es noch schwerer machten, zu erkennen, was vor sich ging und wo der «Bulle» hingekommen war. Er merkte, dass die Sonne schon lange untergegangen war und dass Männer vom Dorf in der zunehmenden Dunkelheit mit Fackeln hinunterstürmten, um das Spiel zu beleuchten. Jetzt war am Kalbskopf fast kein Fleisch und fast keine Haut mehr. Er war arg mitgenommen und schrecklich anzuschauen, und es war nahezu unmöglich, ihn mit der Speerspitze aufzuspießen. Ein jubelnder Aufschrei kam aus der Menge; noch ein Tor für die Stammesleute; und noch eines und dann wieder eines für die Grenzwölfe. Alexios hatte das Gefühl, das Fackellicht sei in seinem eigenen Kopf und das Hämmern der Hufe und das Geschrei würde ein Teil von ihm – oder er ein Teil von allem. Der Optio sprengte an ihm vorbei in einer Wolke hochgeschleuderter Erdklumpen, den zerfetzten, blutigen Schädel auf seiner Speerspitze, und schrie ihm zu: «Siebtes Tor, Kommandant!», und verschwand in einem raufenden Haufen von Reitern. Aber im nächsten Augenblick fuhr sein Speer mitten aus dem Gewirr hoch, und er schleuderte den Schädel über die Köpfe von Männern und Pferden hinweg in die Richtung des Tors der Grenzwölfe.

Alexios stürzte sich darauf, stieß seinen nächsten Gegner mit Phoenix' Schulter weg, und es gelang ihm, seine Speerspitze in die leere Augenhöhle zu bohren. Das Tor schien eine Ewigkeit entfernt, und viele gegnerische Reiter waren dazwischen. Er trieb seine Fersen in die Flanken seines Pferdes und schnellte auf sie zu wie der Bolzen aus einer Wurfmaschine. Der erste Mann schwenkte herum, um ihm den Weg zu versperren, aber Alexios kontrollierte sein Pferd mit den Knien und traf das Gesicht des anderen mit der flachen Hand, er schleuderte ihn rückwärts über die Kruppe des Tieres, und schon war er weiter. Drei andere stellten sich ihm entgegen und rissen ihre Pferde herum, um ihn von beiden Seiten einzukreisen. Hinter sich hörte er den Schrei der Grenzwölfe. Aber Connla, der vorderste seiner Gegner, raste neben ihm her, halb war er aus dem Sattel, und umschlang ihn mit beiden Armen, um ihn vom Pferd zu ziehen. Alexios wehrte ihn, so gut er konnte, mit seiner einen freien Hand ab. Sie waren bei ihrem Kampf so dicht beieinander, dass Connlas Haare, die flammend rot leuchteten wie die Fackeln dicht um die Tore, ihm ins Gesicht peitschten und er sie in den Mund bekam und wieder ausspuckte. Hinter ihnen schien der wilde Kampf weiterzugehen, von vorne schienen die Tore mit ihren bunten Fetzen, umgeben von den dicht stehenden Fackeln, ihnen entgegenzustürzen. Er duckte sich auf Phönix' Hals nach vorne und trieb das schneidige kleine Pferd mit Rufen und Fersen und festen Knien an. Aber er zog offensichtlich das ganze Gewicht von Connla und seinem Pferd mit, wie ein Schwimmer, der gegen einen gnadenlosen Sog ankämpft.

Und er rutschte … rutschte, aber im letzten Moment gelang es ihm, seinen Speer zu heben und den zerfetzten Schädel von der Spitze loszuschleudern. Dann verlor er den Halt, und während das blutige Ding in hohem Bogen auf die vielen Fackeln am Tor zuflog, fiel er zwischen die Pferdehufe und Connla landete auf ihm obendrauf.

Einen Moment herrschte völliges Chaos; Fackellicht und Finsternis, trampelnde Hufe und lautes Gebrüll wie von einem Orkan in den Wäldern wirbelten durcheinander. Dann rückte sich alles zurecht, und alles war wieder im Lot. Alexios stöhnte ein wenig, denn er bekam fast keine Luft mehr, zog die Knie unter seinen Bauch und erhob sich langsam. Der «Bulle» lag offen und für alle sichtbar im Tor der Wölfe, und aus dem Orkangebrüll war der vielstimmige Jubel der Menge geworden. Noch interessierte es sie wenig, wer das Spiel gewonnen hatte, Hauptsache, es war wild zugegangen, mit ein bisschen Blutvergießen zum Beweis. Auch Connla stand auf, er keuchte und schüttelte sich sein wildes Haar aus den Augen. Sie schauten sich an und grinsten und waren stolz auf ihre Beulen.

«Hab ich nicht gesagt, dass ein Kind es spielen kann, oder ein römischer Rothelm?», sagte Connla.

Jemand hatte ihre Pferde eingefangen, sie stiegen auf und verließen den ebenen Platz am Bach, die Arme gegenseitig um die Schultern gelegt. Die gemischten Mannschaften folgten ihnen, und beide grölten lauthals ihre eigenen Loblieder, und die Zuschauer strömten mit ihren Fackeln neben und hinter ihnen her.

Sie kehrten nicht an das Feuer des Stammesführers zurück. Aber als Alexios den Krug mit dem Siegerwein verlangt hatte, trugen sie ihn im Triumph zu einem der kleineren Feuer. Sie verkündeten, sie hätten ein Recht darauf, und steckten die unansehnlichen Reste des Kalbskopfs, der jetzt von bunten Fetzen und Bändern vom Wolfstor bedeckt war, daneben auf einen Speer.

Es gehörte wohl zum Brauch, zumindest behauptete Connla das, dass Sieger und Unterlegene in diesem Viehraubspiel den Preis zwischen sich teilten. Das schien Alexios eine sehr gute Vereinbarung, denn die griechische Amphore mit dem schlanken Hals war ganz schön groß, und es würde nicht das erste Getränk sein, das sie an diesem Tag genossen. Das schnelle und wilde Spiel hatte gewiss dazu beigetragen, etwas vom vorher Getrunkenen loszuwerden. Aber er wünschte nicht, dass der Kommandant von Castellum und seine Begleiter am nächsten Morgen quer über dem Rücken der Pferde hängend wie eine Ladung undichter Weinschläuche zur Festung zurückkehrten.

Sie schlugen den Kopf der Amphore ab, so kamen sie am schnellsten an den Wein darin. Einige hatten alles Mögliche, was zum Trinken geeignet war, zusammengesucht: eine Schale aus Ahornholz, einen Becher aus schwarzem Ton, ein wunderschönes, in Silber gefasstes Stierhorn – was dessen Besitzer zu einem Proteststurm veranlassen würde, wenn er merkte, dass es verschwunden war. Andere tranken gleich aus der Amphore, bis sie ihnen von Freunden wieder weggenommen wurde. Über ihnen kräuselte sich so zart wie Geißblattblüten der Rauch vom Feuer am Himmel. Die tanzenden Flammen waren Alexios noch nie so leuchtend vorgekommen, zerfranst und federig, wie sie waren, und außerordentlich schön und ein bisschen verschwommen.

Aber offensichtlich fehlte Connla immer noch etwas. Er stand auf und verschwand in der Dunkelheit voll bewegter Schatten zwischen den Feuerstellen, und bevor sie eigentlich gemerkt hatten, dass er weg war, kehrte er zurück und stieß eine torkelnde Gestalt vor sich her.

«Was ist Wein ohne Harfengesang, um dem Geist Flügel zu geben? Schaut her, ich habe uns einen Harfenspieler gefangen.»

Rings um das Feuer erhob sich raues Beifallsgebrüll. Rufe wie: «Ein Lied! Ein Lied!» ertönten, als die Männer ihre Becher zum Gruß hoben. Der Harfner stand da, wippte ein wenig auf den Fersen und schaute auf sie herunter. Er war klein und behaart, mit erstaunlich verträumten Augen in einem schmalen Fuchsgesicht.

«Zuerst was zu trinken», sagte Connla und schob den kleinen Mann auf den freien Platz zwischen sich und Alexios, der ihm seinen gerade frisch gefüllten Becher hinhielt.

Der Harfner nahm ihn und hob ihn zu dem arg ramponierten Kalbskopf, der schief auf dem Speer neben dem Feuer stak. «Ich trinke auf den Herrn des Festes!» Er nahm einen langen, kräftigen Schluck, dann gab er den Becher zurück. «Es passiert nicht jeden Tag, dass man so einen Wein wie den da probieren darf!»

«Dann sing dafür umso besser!», rief jemand, und ringsum stimmten alle mit ein.

«Das Lied! Sing endlich das Lied für uns!»

Der Harfner hatte den bestickten Harfensack von seiner Schulter gelöst und das kleine, zierlich geformte Instrument aus schwarzer Sumpfeiche mit Saiten aus Pferdehaar herausgenommen. Er neigte seinen Kopf darüber wie eine Mutter über ihr Kind und begann die fünf Saiten zu stimmen, ohne den ringsum lärmenden Stimmen irgendeine Beachtung zu schenken. Erst als er ganz zufrieden war, blickte er auf. «So. Soll ich vom Krieg singen? Von der Liebe? Von der Jagd?»

«Wir haben schon genug Lieder über Liebe und Krieg und Jagd gehört. Alte Lieder, alles altes Zeug, das jeder kennt, bevor überhaupt gesungen wird. Mach uns ein neues Lied!», verlangte Connla.

Aber am anderen Ende des Feuers lachte einer: «Stimmt, soll er uns ein neues Lied machen, wenn sein Geist nicht schon zu tief in der Stutenmilch untergegangen ist!»

Der Harfner blickte sie der Reihe nach mit ungeheurer Würde an. «Es gibt welche, die singen am schönsten, wenn sie betrunken sind. Ich, Nuada der Geschichtenerzähler, singe für euch kein neues Lied – nicht weil ich es nicht kann, sondern weil ich nicht will. Aber ich singe für euch etwas, was für euch neu ist, so neu, wie es für mich war, als ich es zum ersten Mal hörte, nicht ganz vor einem halben Monat, in der Halle eines Hochkönigs.»

Er stützte die Harfe in seine Schulterbeuge und begann. Zuerst strich er leicht und fast zögerlich mit der Hand über die Saiten, wie ein säuselnder Wind, dann kräftiger und immer kräftiger, bis man glaubte, Funken von seinen Fingern sprühen zu sehen, wie von einer Waffe auf dem Wetzstein. Dann erstarben die Töne zu einem gespenstischen Pulsieren, das dem Flügelschlag eines Schwanes ähnelte. Und wie sich der Ton der Harfe änderte, so änderte sich auch die Stimme des Harfners, vom Singen wechselte sie ins Erzählen und umgekehrt, wie jeder Harfenspieler es macht.

Alexios, der mit dem fast geleerten Becher auf den Knien dasaß, dachte, dass der kleine Mann mit dem Fuchsgesicht gewiss zu denen gehörte, die am schönsten sangen, wenn sie betrunken waren. Auch er war ein wenig betrunken und er hörte alles verschwommen wie durch einen angenehmen Schleier. Aber nach einer Weile hob er, plötzlich hellwach, den Kopf, um zuzuhören.

Dies war ein Lied, das er kannte. Teilweise kannte, jedenfalls. Eine der Geschichten, die ihm sein Kindermädchen erzählt hatte, als er klein war, neben allen anderen Liedern und Geschichten ihrer Heimat. Die Sage von Cuchulain, wie er zum Schwarzen Seinglind und dem Grauen von Macha kam, den beiden Pferden seines Gespanns. Er hatte sie nicht gleich erkannt, denn er erinnerte sich nur an die einfache, kindliche Version, wie eine Frau sie einem Kind erzählt. Dies hier aber war, obwohl die Ereignisse stellenweise durcheinandergerieten und Lücken hatten und unrichtig wiedergegeben wurden, echte Bardenkunst, wortreich und wild und voll großartiger Düsternis: eine Erzählung für Krieger in der Halle eines Hochkönigs.

Und während er zuhörte, begann sich etwas in Alexios' Hinterkopf zu rühren, keine Warnung, dazu war es noch nicht deutlich genug, aber das Gefühl, dass etwas nicht ganz stimmte und dass dem nachgegangen werden musste. Eine dieser Tage eingetroffene Nachricht aus Spanien, wo die Möglichkeit von einem Überfall vom Westmeer her zu den Gefahren gehörte, gegen die er und seine Leute Schutz leisten mussten ... Er war ein Narr, sagte er sich, er machte aus einem Schatten einen Bewaffneten. Harfenspieler schnappten überall, wo sie hinkamen, Lieder auf. Und wenn der Mann ein Spion der Attacotti war, würde er bestimmt nicht, wenn er auch noch so betrunken war, hier bei den Votadini Lieder seines eigenen Volkes vortragen. Aber als das Lied zu Ende war und die Männer am Feuer ihn bejubelt hatten und ihm Geschenke zuwarfen und sich die Gespräche anderen Dingen zuwandten, tastete Alexios in seiner Tunika, holte ein halbes Goldstück hervor, das er eigentlich kaum entbehren konnte, und ließ es in den leeren Becher fallen, den er immer noch hielt, und reichte ihn Nuada dem Geschichtenerzähler.

«Das war ein feines Lied, mein Freund, und es ist Jagdhunde und goldene Armreifen wert. Nimm dies, denn ich habe weder einen Hund noch einen Armreifen bei mir.»

«Es war wahrlich ein feines Lied», stimmte der Harfner zu. Er nahm die Münze feierlich entgegen und verstaute sie in seinem gefalteten roten Lendentuch.

«Und diese Halle eines Hochkönigs, in der du es gehört hast, denke ich, war wohl die Halle des Hochkönigs von Erin selbst?» Alexios nannte das Land bei seinem einheimischen Namen.

«Nein, aber in einer anderen, genauso bedeutenden. Nicht ganz vor einem halben Monat war ich im Hauptsitz des Königs Bruide, des Herrschers der Kaledonier, des Tätowierten Volkes.»

Irgendetwas krampfte sich in Alexios' Magen zusammen, er hielt den Atem und atmete wieder ruhig aus und streckte sich demonstrativ in einer bequemeren Lage zurecht, wie einer, der sich die nächste Geschichte anhören möchte.

«Große Dinge gingen am Hof von König Bruide vor», sagte der Harfner nachdenklich, «und viele Fremde waren dort; Männer vom westlichen Meer, die den Grünen Zweig trugen und kamen, um über die Heirat einer Prinzessin zu reden.»

Wieder spürte Alexios, wie sich etwas kalt in seinem Magen zusammenzog. Männer von jenseits des westlichen Meeres, und sie trugen den Grünen Zweig. Eine Botschaft der Attacotti an das Tätowierte Volk. Ein Heiratsbündnis ... oder war das nur der Vorwand für etwas anderes ...?

«Das waren große Herren und sie brachten ihren eigenen Harfenspieler mit.»

«Und er hat dir das Lied von Cuchulains Wagenpferden beigebracht?», sagte Alexios scheinbar nur beiläufig interessiert. Auch das war eigenartig, denn bestimmt würde solch ein Botschafter die Nachricht von ihrem Kommen nicht in alle vier Winde verbreiten.

Der kleine Mann mit dem Fuchsgesicht lachte. Er war hart im Nehmen und hatte nicht allzu viel getrunken – kein Harfner konnte sich das erlauben, bevor er seinen Gesang beendet hatte, sonst konnte seine Kunst in Verruf geraten –, aber er hatte genug getrunken, um leichtsinnig zu werden. «Für den Harfenspieler sind seine Lieder sein Schatz und sein Kapital, das er nicht mit jedem teilt. Manch einer wird seine Harfe nicht einmal aus dem Sack nehmen, wenn ein anderer seinesgleichen anwesend ist.»

«Aber dieser war etwas freigebiger?», fragte Alexios unbeteiligt.

«Was das betrifft, habe ich seine Großzügigkeit nicht auf die Probe gestellt. Nein, nein. Ich hatte die Absicht, mir alles zu holen, was es zu holen gab, und gab vor, schwer betrunken zu sein. Schlaftrunken und außerstande, mich an etwas zu erinnern, das ich gehört hatte, lag ich schnarchend und zuckend dem Mann fast zu Füßen. Und sieh da, so hab ich ein neues Lied zum Singen!» Er beugte sich näher. «Ja, und es gab noch andere Dinge, die ich außer dem Lied erfahren habe ...»

Alexios blickte in das schlaue, hochmütige Gesicht des Mannes. Beinahe hätte er gesagt: «Und was für Dinge waren das, diese anderen außer dem Lied?» Aber inmitten der feiernden Menge war es weder die passende Zeit noch der Ort, um eine solche Frage zu stellen. Das musste warten. Er sagte nur: «Ja, das war ein meisterhafter Trick!», und lachte.

Aber im selben Augenblick sah er das Lachen und alle Spuren von Trunkenheit aus Nuadas Gesicht verschwinden, plötzlich war es wie versteinert und nüchtern. Er sah auch, dass der Harfner nicht mehr ihn, sondern jemand, der hinter seinem Rücken stand, anblickte.

Rasch drehte er sich um. Eine große, verhüllte Gestalt stand am Rand des verglimmenden Feuers. Er konnte das Gesicht im Schatten der Kapuze nicht erkennen, aber das war kaum nötig, die Erscheinung selbst und die Bedrohung, die von dem zur Seite geneigten Kopf ausging, reichten als Eindruck aus, noch bevor ein halb verbranntes Holzstück mitten ins Feuer fiel und Flammen hochschossen, die das kalte, böse Glitzern der Augen unter der Kapuze beleuchteten. Das waren Augen, die keinen Zweifel zuließen. Morvidd, der Eichenpriester, schien im Vorbeigehen nur kurz stehen geblieben zu sein, und nachdem er innegehalten hatte, setzte er seinen Weg fort und hinterließ einen kalten Luftzug, wo er gewesen war.

Der Harfner versuchte noch einmal zu lachen. «Nun, nun, man sollte nie glauben, was einer meines Berufs erzählt. Wir erfinden zu viele Geschichten. Und ich, ich habe mein Handwerk schon früher in Erin ausgeübt.» Aber seinem Lachen fehlte die Kraft, und seine Hände zitterten, als er seine Harfe wieder in dem Sack verstaute. Dann stand er auf und verschwand wankend in der Dunkelheit.

Alexios warf Connla einen raschen Blick zu. Der aber schüttete sich mit zurückgeneigtem Kopf und konzentriert gerunzelter Stirn die letzten Tropfen Wein aus der Amphore in die Kehle. Sicher hatte er nichts gesehen. Wenn es denn etwas zu sehen gegeben hatte.

Aber in seinem Inneren wusste Alexios, dass er sich nichts eingebildet hatte. Und zum zweiten Mal kam ihm die lebhafte Erinnerung an die glitzernden Augen von Morvidd dem Priester im dunklen Schatten seiner Kapuze, damals in der Hügelfestung des Stammesführers.

Es war nur eine Erinnerung, die ihn aber frösteln ließ.

8. Donnergrollen

Sobald Alexios am nächsten Morgen nach Castellum zurückgekehrt war, ließ er unauffällig verbreiten, dass er gern mit einem gewissen Harfenspieler, der beim Einführungsfest des Häuptlings gewesen war, reden wolle, der aber wahrscheinlich inzwischen weitergezogen sei. Dann schickte er nach Druim von den Arcani und fragte ihn, ob seine Leute etwas von Boten aus Hibernia gehört hätten, die unter dem Grünen Zweig zum Hochkönig von Kaledonien gekommen waren; oder auch von einer Versammlung im Norden, bei der Pläne für eine Heiratsverbindung zwischen beiden Stämmen besprochen wurden.

«Warum sollten meine Männer etwas von einer Sache wissen, die so weit hinter unserem Jagdgebiet liegt?», fragte Druim.

«Man hat mir gesagt, dass in einer Entfernung von drei Tagesmärschen hinter dem Alten Wall kein Blatt zu Boden fällt, das die Augen und Ohren der Grenzer nicht wahrnehmen», sagte Alexios.

Der andere schüttelte den Kopf. «Wenn von einem Grünen Zweig ein Blatt gefallen wäre und meine Leute es gehört hätten, wäre der Kommandant bestimmt informiert worden.»

Aber in dem offenen blauen Blick seines Ersten Spähers lag etwas, dem Alexios nicht so recht traute.

Am nächsten Tag berichteten drei Männer, die Teil seiner Eskorte bei dem Fest für den neuen Stammeshäuptling gewesen waren, dass sie den Harfner drüben in Richtung des Langen Mooses gefunden hatten.

«Mit dem Gesicht nach unten an einer feuchten Stelle, ziemlich tot», ergriff einer von ihnen für die anderen das Wort. «Wir haben ihn gelassen, wo er war, für den Fall, dass jemand, der ihn vermisst, nachsehen kommt, wie er gestorben ist.»

«Du meinst, er hat sich nicht einfach verlaufen», sagte Alexios;

ihm war ganz schlecht. «Er war doch wahrscheinlich betrunken.»

«Das sollte so erscheinen. Aber da war ein kleines Mal in seinem Genick … nur zu entdecken, wenn man weiß, wo man hinsehen muss.»

«Und du bist sicher, dass es derselbe Mann war?»

«Wir alle haben ihn bei dem Fest gesehen, Kommandant. Und seine Harfe war noch in dem Sack zwischen seinen Schultern; und das hier in den Falten seines Lendentuches.» Der Mann legte eine halbe Goldmünze mit einem leichten Klick auf den Arbeitstisch.

Alexios besprach die Angelegenheit mit Lucius und Hilarion, setzte die Grenzwölfe in doppelte Alarmbereitschaft und gab Druim den Befehl, einige seiner Leute hinter den Alten Wall zu schicken. Er war sich immer noch nicht sicher, ob er den Arcani trauen konnte, erinnerte er sich doch mit unangenehmer Deutlichkeit an Julius Gavros' Meinung, dass sie zu oft allein umherstreiften und zu viele seltsame Geschichten hörten und Träume träumten, die gefährlich werden konnten. Aber ihm war klar, dass er nicht viel mehr tun konnte, als anzunehmen, dass sie loyal waren. Waren sie es wirklich, so konnten sie zufällig etwas mitbekommen. Waren sie es aber nicht und es braute sich im Norden etwas zusammen, so würden sie ohnehin verschwinden, um sich anzuschließen, wenn es so weit war.

Dann verfasste er einen ausführlichen Bericht und schickte ihn nach Bremenium, obwohl er bezweifelte, dass dies zu einer nützlichen Entscheidung führen würde. Denn Praepositus Calventius, der alte Kommandant der Truppe, war krank und hätte längst abgelöst werden sollen. Er harrte nur noch aus, bis sein Nachfolger übernahm.

«Warum im Namen von Ahriman, dem Schwarzen, konnten sie nicht Gavros zum Praepositus befördern und einen anderen für Habitancum finden?», fragte Alexios an diesem Abend seinen Ersten Centenarius, als sie nebeneinander auf dem südlichen Festungswall standen und über die Strohdächer der Siedlung hinweg auf die Äcker dahinter blickten. «Wenn es Probleme gibt, könnten wir einen alten Grenzwolf im Hauptquartier brauchen und keinen Kranken und auch nicht einen neuen, der nichts von der Grenze und nichts von uns weiß.»

«Du sprichst wie ein echter Grenzwolf», sagte Hilarion neben ihm und in seiner Stimme schwang Lachen mit, «dabei bist du noch nicht einmal ein Jahr bei der Familie.»

Alexios grinste. «Aber fast. Es war kurz nach der Ernte, als ich gekommen bin – und sieh dir jetzt die Felder an.»

Seite an Seite schauten sie auf die Ellbogen gestützt hin. In drei weiteren Tagen würde es Zeit sein, mit dem Schnitt an den Südhängen zu beginnen. Alexios sah, wie die Gerste im langen warmen Sog des Südwindes weiß aufleuchtete. Dieses Jahr versprach es jedenfalls eine gute Ernte zu werden. Das nahm ihm ein wenig von seiner Sorge. Sechs Jahre Dienst an den Grenzen hatten ihn gelehrt, dass nach einer mageren Ernte meistens Unruhen kamen.

Aber Hilarion schnüffelte in dem warmen Wind wie ein Hund.

«Riechst du Pikten?», fragte Alexios. «Oder kommt das von den Färberhütten?»

«Falsche Richtung für die Pikten. Nein, ich dachte, es wird ein bisschen gewittrig.»

Das Gewitter brach in der Nacht herein mit Wind und prasselndem Regen. Und als am nächsten Morgen matt und nass die Dämmerung kam, waren die Felder, die im Abendlicht vielversprechend und üppig ausgesehen hatten, zerrupft und gesträubt wie das Fell eines kranken Hundes und pockennarbig an kahlen Stellen, wo die Gerste flach zu Boden gedrückt worden war.

In den folgenden Tagen arbeitete die Garnison Seite an Seite mit den Stammesangehörigen in den Pausen zwischen erneuten Stürmen, um von der Ernte zu retten, was zu retten war. Aber ein großer Teil der Körner wurde schwarz, bevor sie trocken genug waren, um geschnitten und eingebracht zu werden. Zuletzt sah es in den Kornspeichern genauso dürftig aus wie im Jahr zuvor.

Und der Schatten der erneut mageren Ernte hatte keine Zeit sich zu heben, als auch schon die Steuereintreiber der Regierung in Traprain Law auftauchten. Ihre Gehilfen schwärmten durch die Grenzweiler und Dörfer, wie jedes Jahr. Eine Zeit lang waren die Grenzwölfe als Begleiter für die Steuerbeamten beschäftigt – eine Arbeit, die sie nicht mochten. Aber schließlich war es vorbei, und der Kommandant von Castellum seufzte erleichtert: «Nun, zumindest scheint keiner erstochen worden zu sein.»

«Ich denke mir, einige dieser dickbäuchigen Beamten sind nahe dran gewesen», sagte Lucius und zupfte ein vorzeitig abgefallenes Birkenblatt aus der Mähne seines Pferdes. Sie ritten von einer Übung zurück, als die Schatten lang wurden. «Die Regierung hätte schon einen besseren Zeitpunkt für die Steuern auf zugerittene Pferde wählen können.»

«Denkst du, das ist alles?», fragte Alexios nach einer Weile.

«Alles was?»

«Ich weiß nicht. Ich habe das Gefühl, ein Gewitter braut sich in meinem Nacken zusammen.»

«Die Votadini sind natürlich wütend», sagte Lucius bedächtig. «Wärst du es nicht auch, wenn das Züchten und Abrichten von Pferden dein ganzes Leben wäre? Aber wenn sich Unruhen zusammenbrauen ... richtige Unruhen ...»

«Es ist wahrscheinlicher, dass sie von Norden kommen oder von Westen herüber», sagte Alexios.

Der Zweite Centenario blickte ihn vielsagend an. «Denkst du immer noch über die Geschichte vom Harfenspieler nach?»

«Nicht wirklich, nein. Die Arcani berichten von keiner außergewöhnlichen Bewegung hinter dem Wall. Nur ...»

«Nur?»

«Nur, dass ich ein Gefühl habe, als ob sich in meinem Nacken ein Sturm zusammenbraut.»

«Und so was kann man nicht in einem offiziellen Bericht anführen», sagte Lucius nüchtern. Und dann meinte er heiter, denn viel anderes konnte man dazu nicht sagen: «Kopf hoch, Kommandant, wahrscheinlich ist es das Wetter.»

Lachend gaben sie ihren Pferden die Fersen und nahmen die letzte Strecke bis zum Linken Tor im vollen Galopp.

Die Wochen vergingen ohne ein außergewöhnliches Zeichen von der anderen Grenzseite, und das Leben schien wieder seinen normalen Verlauf zu nehmen, nachdem sich der Staub hinter den Fersen der Steuereintreiber gelegt hatte. Nach den Unwettern, die die Ernte vernichtet hatten, kam ein sanfter und milder Herbst. Es war ein frostfreier Herbst mit warmen, böigen Winden und Regen. Dazwischen gab es lange Zeit sonnige Tage, die noch anhielten, als der Winter sie längst hätte ablösen sollen. Die Schwalben umkreisten die Dachrinnen von Castellum, als wollten sie nicht gen Süden fliegen. Und als sie dann verschwunden waren, blühten die Geißblattsträucher immer noch in der kleinen ummauerten Wildnis hinter den Offiziersräumen, wo einst ein Garten gewesen war. Und die Schwarzseher und die Wetterkundigen schüttelten den Kopf und sagten, man werde später dafür zahlen müssen.

Immerhin wurde es jetzt allmählich spät für irgendwelche Unruhen vom Meer her. Es sei denn, flüsterte etwas tief in Alexios' Innerem, das ihn erschauern ließ, der lange, milde Herbst brachte jemanden auf die Idee, im letztmöglichen Augenblick, wenn die Garnison schon nicht mehr bewacht wurde, einen Überraschungsangriff zu wagen ... Noch Wochen, nachdem normalerweise die kurzen zwei oder dreitägigen Winterpatrouillen begonnen hätten, hielt Alexios die langen Sommerpatrouillen aufrecht, was großes Murren in Castellum zur Folge hatte. Selbst seine beiden Centenarii schauten ihn an, Lucius etwas erstaunt und überrascht, Hilarion amüsiert. Aber sie hatten das Gesicht von Nuada dem Geschichtenerzähler nicht gesehen, als er Morvidd neben sich bemerkte.

Es konnte immer noch etwas geschehen.

Was vor der Wintersonnenwende nun wirklich kam, war die Nachricht von dem neuen Praepositus, der endlich das Kommando in Bremenium übernommen hatte.

Die Botschaft wurde spät am Abend von einem erschöpften Galoppreiter überbracht. Als Alexios das in Tuch gewickelte Päckchen geöffnet und das Siegel, das die Tafeln zusammenhielt, gebrochen hatte und las, was da eine sorgfältige Schreiberhand in das Wachs geritzt hatte, überbrachte er seinen Offizieren, die mit ihm in der verrauchten Messe versammelt waren, die Neuigkeit. «Jetzt haben wir alles, was uns zu unserem Glück noch gefehlt hat! Unser neuer Oberbefehlshaber kommt zu einem dreitägigen Inspektionsbesuch!»

Jedermann hielt in seiner momentanen Tätigkeit inne.

«Wann?», fragte Lucius und blickte von seinem Vergil-Traktat über die Bienenhaltung auf.

«Das sagt er nicht. Zuerst will er nach Traprain Law. Ich nehme an, es hängt davon ab, wie lange ihn der König dort aufhält.»

«Aber zu dieser Jahreszeit!», sagte der Quartiermeister entsetzt.

«Es ist frostfrei und die Straßen sind noch gut passierbar», warf Lucius ganz vernünftig ein. «Und ich denke, er muss so bald wie möglich dem Herrn der Votadini seinen Drachen zum Gruß erheben.»

Hilarion lehnte sich lässig gegen die Wand. «Das bedeutet, dass er zu den Eifrigen gehört. Alles gute Eigenschaften. Kein Zurückschrecken vor ein bisschen Wind und Regen. Diese Typen sind immer die schlimmsten.»

«Fasse Mut», sagte Alexios zu ihm, «das Wetter wird sich bald ändern, vielleicht scheitert er an dem Weg hier herauf.»

«Er wird frisches Fleisch wollen, die wollen immer frisches Fleisch», sagte der Quartiermeister verdrießlich.

«Wir schicken eine Gruppe Jäger los, lieber Kaeso.»

«Was machen wir mit ihm drei Tage lang?», fragte Lucius mit besorgter Anteilnahme.

«Er kommt zur Inspektion», sagte Alexios, er klappte die beiden Tafeln zu und ließ sie auf den Tisch fallen. «Und er soll uns alle inspizieren – Typhon mit inbegriffen – und die Festung, ja auch das alte Eulennest in der Waffenkammer. Hoffentlich geht die Heizung im Badehaus besser als sonst. Und ich denke, wir sollten ein paar Manöver zeigen oder einen Waffentanz vorführen. Am besten beauftragt ihr die Optios schon mal damit.»

Das alles klang ziemlich sinnlos und der Truppe würde es zuwider sein, aber das gehörte zu den Dingen, die man bei solchen Gelegenheiten tun musste. Alexios nahm die Tafeln wieder auf und fing an, sie nachdenklich in seinen Händen hin und her zu drehen. «Und es wäre wohl nicht schlecht, Cunorix und ein paar seiner Leibwache dazu einzuladen.»

«Wofür genau?», fragte Hilarion.

«Ich weiß nicht, aber – essen – über die neue Pferdesteuern murren – in Verbindung sein jedenfalls.»

Hilarion schüttelte leicht den Kopf, ohne sich die Mühe zu machen, ihn von der Wand zu heben. «Wie ist das Imperium nur zurechtgekommen, bevor es dich hatte, Kommandant?»

Fünf Tage später ritt Praepositus Glaucus Montanus auf einem prächtigen rotgoldenen Hengst hufklappernd durch das Praetorianische Tor ein, hinter ihm seine Eskorte.

Und mit diesem Augenblick begann das Unheil. Der Praepositus verstand die Stammesangehörigen nicht und wollte es ganz offensichtlich auch nicht. Und deshalb verstand er die Grenzwölfe, die doch seinem Kommando unterstanden, ebenfalls nicht. Bei ihm merkte Alexios, wie viel er selbst im ersten Jahr hatte lernen müssen. Aber er hatte es wenigstens gewollt, im Gegensatz zu Montanus. Der war ein verbitterter Mensch.

Er hatte sich von der Armee Besseres erhofft als das Kommando über Grenzspäher am äußersten Ende des Imperiums. Aber da man ihm das nun einmal übertragen hatte, wollte er sie zu einer Truppe umformen, wie er sie kannte, und wenn er dabei sich und ihnen den Hals brechen würde. Eine Stunde mit ihm reichte Alexios, um das zu erkennen.

Die Grenzwölfe würden eine Veränderung nicht gerade freundlich aufnehmen.

Nachdem Montanus am ersten Abend zugesehen hatte, wie die Pferde zur Tränke geführt wurden, gab er Befehl, dass der heidnische Brauch, den schwarzen Stein neben der Furt zu berühren, zu unterlassen sei. Darüber waren sie wütend und empört. Auch fürchteten sie wohl den Zorn der Dunklen Frau und daraus folgendes Unheil für die Pferde und für die Männer, die auf ihnen ritten. Aber hauptsächlich waren sie außer sich, dass ein in Ehren gehaltener Brauch der Truppe lächerlich gemacht wurde. Sie ließen sich nichts anmerken, aber Alexios, der zu seinen Männern jetzt ein gutes Verhältnis hatte, spürte ihre Stimmung und sehnte das Ende der drei Tage herbei.

Am Morgen des ersten Tages begutachtete Montanus die Festung und die Dritte Truppe der Grenzspäher. Er sagte wenig, aber seine runden, dunklen Augen streiften alles, vor allem Typhon, der auf der Schulter des zweiten Trompeters hockte, mit deutlich fehlender Begeisterung.

Kurz nachdem das leichte Mittagsmahl eingenommen war, kam Cunorix mit Connla und einer Handvoll seiner Leibgarde. Cunorix ritt eines seiner besten Pferde und war in die ganze Pracht eines keltischen Stammesführers gehüllt, von der großen Spange aus emaillierter Bronze, die seinen Umhang aus rotem und safranfarbenem Wollstoff an der Schulter zusammenhielt, bis zur Spitze seines mit Einlegearbeiten verzierten großartigen Speerkopfs, den er, altem Brauch entsprechend, nach unten hielt, zum Zeichen, dass er in Frieden kam. Die Krieger hinter ihm waren fast genauso glanzvoll und edel wie er.

«Ich bin ganz durcheinander!», sagte Alexios, als die Höflichkeitsbezeugungen vorbei waren und der Gästebecher die Runde gemacht hatte. Kurz hatte er Gelegenheit, mit seinem Freund allein zu sprechen, während sie zum Übungsplatz ritten, um die Vorführung des Zureitens, das die Truppe zur Unterhaltung des Praepositus vorbereitet hatte, zu beobachten. «Bestimmt haben wir uns in der Jahreszeit getäuscht und es ist Sommersonnenwende!»

Cunorix' breiter Mund verzog sich fast von einem Ohr zum anderen. «Kommandant Wolf, sind wir nicht hier, um dich in jeder Weise bei der Ehrbezeigung für deinen Kommandanten zu unterstützen?» Doch sein Blick folgte Glaucus Montanus, der gerade vorausritt und seinen Goldbraunen am kurzen Zügel hielt, um ihn tänzeln und trippeln zu lassen.

«Oh, du Schöner!», sagte er sanft in seiner einheimischen Sprache. «Oh, du Erzeuger von prachtvollen und leidenschaftlichen Söhnen!»

«Pferd oder Reiter?», fragte Alexios mit genauso sanfter Stimme. Connla neben ihm lachte kurz auf und Cunorix murmelte etwas über den Reiter, was Praepositus Glaucus Montanus gewiss nicht gerne gehört hätte.

Alexios berührte Phoenix' Flanke mit der Ferse und trieb ihn voran, sodass er wieder an der Seite seines Kommandanten war, als sie den schmalen Durchgang des halb zugebauten Linken Tores passierten und vor sich die Truppe erblickten, die sie zu Pferde auf dem offenen Platz erwartete. Ringsum, am Rand des Übungsplatzes, hatten sich die Leute aus der Siedlung versammelt, um die Vorstellung zu sehen. Unter ihnen waren geschäftige Verkäufer von Honigkuchen und billigem Wein wie auf einem Jahrmarkt.

Die Vorstellung war wirklich sehenswert, dachte Alexios, als er und seine Gäste ihre Plätze eingenommen hatten. Zu den hellen Tönen des Jagdhorns stürmten die Trupps heran, sie folgten dem Standartenträger aneinandergereiht wie

Wildgänse. Er entdeckte Typhon, der sich an die Schulter des Zweiten Trompeters klammerte, mit zurückgelegten Ohren. Sein buschiger Schwanz wehte hinter ihm her, wie das Gegenstück des grün-seidenen Windsacks des Drachens der Truppe, der in ihrem Zugwind hinterher flatterte. Er war sich sicher, dass die Männer ihren Spaß dabei hatten, nachdem sie erst einmal in Stimmung gekommen waren und Feuer gefangen hatten. Niemand konnte so verrückte Dinge wie sie mit so viel Schwung und Tollheit zur Schau stellen, es sei denn, er hatte eben die gleiche Freude daran wie sie. Sie ritten rückwärts, wechselten die Pferde in vollem Galopp und zeigten alle Tricks der Zureiterei. Die Pferde waren wie durch eine innere Zwiesprache mit ihren Reitern verbunden, auch sie hatten ihren Spaß dabei, das konnte man daran sehen, wie sie den Kopf hochwarfen, wenn sie zum Signalton der Jagdhörner und dem Hand- und Fersendruck der Männer auf ihrem Rücken gehorchend herumkreisten und wendeten. Und hinter der ganzen scheinbaren Leichtigkeit, ja fast schon Torheit, spürte Alexios die Konzentration, die keinen Augenblick nachlassen durfte.

Ein Pferd sprengte auf ihn zu. Sein Reiter war halb aus dem Sattel gerutscht und klammerte sich an der Flanke des Tieres fest. Dann, als sie vorbeirasten, gab er sich einen Ruck und schwang sich unter dem Bauch des Pferdes zwischen den fliegenden Hufen durch und auf der anderen Seite wieder hoch. Und als er sich wieder in den Sattel schwang, sah Alexios, dass es Bericus war, der kaiserliche Haudegen. Die Menge brüllte Beifall und wurde von einem spitzen, wilden Jagdschrei von Connla übertönt.

Aber mit der Zeit merkte der Kommandant von Castellum mehr und mehr, dass keiner seiner Ehrengäste den Reitern, die vor ihnen vorbeifegten und herumwirbelten, volle Aufmerksamkeit schenkte. Der Praepositus, weil er eine so hinterwäldlerische Darstellung seiner vollen Aufmerksamkeit nicht für wert hielt, und Cunorix, weil er, obwohl er sich Mühe gab, es nicht offen zu zeigen, den rotbraunen Hengst des Praepositus mit dem Auge der Liebe, aber auch mit dem Auge eines Pferdezüchters gesehen hatte.

Das Erste ärgerte den Kommandanten der Dritten Truppe wegen seiner Leute, das Zweite berührte ihn mit einem leicht frostigen Finger, der kommende Probleme ankündigte.

An diesem Abend versammelten sie sich zum Essen an einem Tisch, der im Gang aufgestellt war, denn für so viele war in dem eigentlichen Speiseraum in den Offiziersgebäuden kein Platz. Vier Feuerstellen, auf denen Wildkirschenscheite über der Holzkohle lagen, entwickelten einen duftenden Rauch, der hoch oben zwischen den Balken hing, wo die Lichter auf den Tischen kaum hinreichen konnten.

Die Küchengehilfen hatten sich dazu aufgeschwungen, ein Mahl zu kochen, wie Alexios seiner Erinnerung nach noch nie eins in Castellum genossen hatte. Er tauschte mit dem kleinen, runden, roten Quartiermeister beifällige Blicke aus, während sie sich durch hart gekochte Enteneier, Rehfleisch, das mit Sumpflandkräutern gebraten war, bis zu kleinen, knusprigen Honigkuchen und letzten getrockneten Feigen durchaßen.

Als das feierliche Mahl beendet war und der dünne, von der Regierung zugeteilte Wein die Runde machte, kam die Unterhaltung, die vorher weit über Grenzangelegenheiten hinausgegangen war, wie von Alexios erwartet, auf Pferde und die neue Steuer für zugerittene Pferde.

«Es ist eine ungerechte Steuer», sagte Cunorix tonlos.

«Alle Steuern erscheinen denen, die sie bezahlen, ungerecht», sagte der Praepositus leutselig, «warum ausgerechnet diese?»

«Darum: Wir züchten und richten Pferde für die Regierung ab – wir haben das getan, seitdem die Rothelme zum ersten Mal kamen, und wir haben es zu einem vereinbarten Preis getan. Jetzt sagt die Regierung: Für jedes Pferd, das ihr züchtet und einreitet, zahlt ihr uns so und so viel. Das schlägt sich auf den alten Preis nieder, der abgemacht war. Was ist, wenn wir sagen: Gut, dann können wir nicht länger an die Rothelme verkaufen und müssen woanders nach besser zahlenden Märkten suchen?»

«Ich nehme an, dann erlässt die Regierung den Befehl, dass das nicht infrage kommt», sagte Montanus ziemlich gleichgültig und nahm sich noch eine Feige von der Schale, die vor ihm stand.

«Ich auch. Deshalb sage ich, dass es eine ungerechte Steuer ist.»

«Dann sage es den Steueroffizieren», der Praepositus klang leicht gelangweilt.

Cunorix grinste. «Glaubst du, das hätte ich nicht gemacht? Na, na, ich murre nur, wie es jeder gegenüber dem anderen bei einem Essen tun mag, wenn beide ein Auge für ein Pferd haben und miteinander einig werden wollen. Es ist lange her, dass ich ein besseres Pferd gesehen habe als das, welches der Praepositus heute Nachmittag geritten hat.»

‹Jetzt kommt es›, dachte Alexios, der mit einem Ohr zugehört hatte, während er sich mit einem der Krieger aus dem Haus des Stammeshäuptlings weiter über die Jagd unterhielt.

«Was das betrifft, bezweifle ich sehr, dass du einmal seinesgleichen gesehen hast», sagte Montanus.

«Oh doch. Aber selten, das gebe ich zu.»

«Unter deinen struppigen Pferdchen?»

«Ich habe es außerhalb von meinen Pferdeherden gesehen. Aber selbst da – der Praepositus sollte nicht meinen, dass es in unseren Nordlandherden nicht auch Temperament und Schönheit gibt; oder dass wir Votadini nicht auf die Abstammung achten. Ich habe eine Stute, halb Araber, der Liebling meines Vaters, des alten Stammeshäuptlings, bevor er starb ...»

«Ich will kein Pferd kaufen, und wenn, ist dies weder der Ort noch der Zeitpunkt für Pferdehandel», sagte der Praepositus, keine Spur von Freundlichkeit war mehr in seiner Stimme. Die beiden Männer blickten sich in dem plötzlich eingetretenen Schweigen an, als die Gespräche am Tisch verstummten und ein Gesicht nach dem anderen sich ihnen zuwandte.

Cunorix' Augen schienen größer zu werden, das Licht der Lampen sammelte sich in ihnen. Er sagte ganz sanft: «Das ist nur recht, denn die Stute ist nicht zu verkaufen. Was den Zeitpunkt und den Ort betrifft, kann ich nur hoffen, dass mir der Kommandant von Castellum verzeiht. Ich wollte bis morgen warten und in aller Form zu dir kommen, aber mir wurde gesagt, dass du nur noch einen Tag hier seist und da ist keine Zeit für angemessene Höflichkeitsformen.»

«Wenn ich wüsste, wovon du geredet hast …», setzte der Praepositus an.

«Ja, das weißt du nicht. Deshalb höre kurz zu. Die Sache ist ganz einfach. Die Stute ist reif für die Zucht – spät, ja, aber der Herbst war lang und mild, und wir haben sie, so wie mein Vater, unter unserem eigenen Dach gehalten. Wenn sie jetzt ein Fohlen erwartete, würde es in einer ungünstigen Jahreszeit geboren, aber wir hätten Futter und eine warme Unterkunft für es und seine Mutter.»

Es entstand eine Pause, während das stattliche, fleischige Gesicht von Montanus sich graurot färbte. «Das Fohlen? Welches Fohlen? Bildest du dir ein, ich würde ein gutes Pferd für die Zucht von irgendwelchen hergelaufenen Pferden ausleihen?»

«Keine hergelaufenen Pferde», gab Cunorix immer noch freundlich zurück. «Habe ich nicht gesagt, dass sie ein halber Araber ist?»

Alexios, der ihn beobachtete, wusste, was ihn seine freundliche Haltung kostete, und schloss daraus, wie sehr er den rotbraunen Hengst als Vater für Shadows Fohlen haben wollte.

«Ja, das hast du gesagt, aber welchen Beweis habe ich?» Der Praepositus lachte rau. «Nein, gib dir keine Mühe. Und wenn du mir ihre direkte Abstammung von Pegasus persönlich beweisen würdest – kannst du dir irgendeinen Grund vorstellen, weshalb ich auf diese unverständliche Bitte eingehen sollte?» Er wurde noch röter im Gesicht. «Willst du etwa dafür bezahlen?»

«Ich hatte nicht gedacht, dass der Praepositus bezahlt werden möchte. Ich hatte mir eher vorgestellt, ihm aus Dankbarkeit ein Jagdpferd oder ein Paar Hunde als Geschenk anzubieten. Sollte der Praepositus das auch als eine Art Bezahlung ansehen, dann mag er sich erinnern, dass meine Frage in aller Höflichkeit gestellt wurde und als ein Kompliment an die Schönheit und den Charakter seines Pferdes.»

Allmählich gewann Montanus seine normale Gesichtsfarbe zurück. Er neigte seinen Kopf etwas steif und sagte zustimmend: «Es braucht nichts weiter gesagt zu werden. Wenn ich zu voreilig eine Beleidigung gesehen habe, die nicht beabsichtigt war, dann bedenke, dass ich an die fremden Sitten und Bräuche der Grenzer nicht gewöhnt bin.» Aber in seiner Stimme lag keine Wärme, und es war klar, was er von den Sitten und Bräuchen der Grenzer hielt.

Erleichtert vernahm Alexios das Horn vom Wall, das zur zweiten Nachtwache rief. Hilarion, der diensthabender Offizier war, erhob sich schwerfällig, ergriff sein Schwert, das an der Lehne seines Stuhles hing, und ging langsam hinaus. Hinter ihm ließen die Männer am Tisch den Wein kreisen und begannen träge wieder von diesem und jenem zu reden. ‹Es ist vorbei›, dachte Alexios, ‹es ist vorbei und es wurde nicht zu viel Schaden angerichtet. Gott Mithras sei Dank, dass Connla es nicht für richtig hielt, sich einzumischen!› Trotzdem musste er bei diesem Gedanken einen Blick auf Connla werfen. Und was er im Gesicht des jüngeren Bruders des Stammeshäuptlings sah, das kurze Aufblitzen wie von einem tanzenden Teufel, warf in ihm die beunruhigende Frage auf, ob die Sache wirklich überstanden war.

Am nächsten Tag verkündete der Praepositus, er wünsche den Morgen im Arbeitsraum der Principia zu verbringen, um den Papierkram der Festung durchzusehen. Alexios ging eilig im Kopf den Stand der Soldlisten und des Dienstturnus und die Waffen- und Vorratslisten durch und dachte, alles sei mehr oder weniger in Ordnung. Außerdem hatten sie bestimmt die gleichen Probleme wegen falscher Lieferung und rückständiger Zahlungen im Hauptquartier. Obendrein gab es ihm die Gelegenheit sicherzustellen, dass sein Vorgesetzter den Bericht zur Kenntnis nahm, den er nach dem Tod des Geschichtenerzählers eingereicht hatte. Aber als er auf die Sache zu sprechen kam, hörte Praepositus Montanus ihn zwar bis zum Ende an, schien aber keineswegs beeindruckt.

«Das war vor über vier Monaten? Und es gab keine weiteren Vorkommnisse? Keine weiteren Nachrichten von den Arcani?»

«Nein, Praepositus.»

«Dann, denke ich, kann es sicher als haltloses Gerücht abgeschrieben werden. Alle Grenzstämme sind gute Geschichtenerzähler.»

«Der Mann starb», sagte Alexios.

«Er war betrunken und hat sich im Sumpfland verlaufen.»

Alexios erwiderte nichts. Montanus, der am Tisch saß, wandte sich zu ihm und schaute ihn an. «Was hast du also noch?»

Und Alexios konnte nicht wie zu Lucius sagen: «ein Gefühl, als ob sich ein Gewitter in meinem Nacken zusammenbraut.» Also erwiderte er nichts.

«Siehst du?» Der Praepositus schob die Papiere zur Seite. Seine Stimme war plötzlich freundlich, doch mit einem spöttischen Unterton. «An deiner Stelle wäre ich etwas vorsichtig damit, zu viele panische Berichte zu schicken. Dein Bericht wird keinen Bestand haben, Ducenarius. Sind wir hier fertig?»

Vorsichtig löste Alexios seine geballten Fäuste. «Ja, Praepositus, wir sind fertig.»

An diesem Abend, dem letzten des offiziellen Besuchs, unterhielt die Dritte Truppe ihren neuen Praepositus mit der Darbietung eines Waffentanzes. Sie hatten den schweren Stuhl aus den Räumen des Kommandanten herausgetragen und ihn mitten in den Eingang zum ehemaligen Wagenunterstand gestellt und auf beiden Seiten Heu für Alexios und seine Offiziere als Sitzgelegenheit aufgehäufelt. Von seinem Platz neben dem Praepositus schaute Alexios über die Glut der Feuerstelle vor dem Eingang hinweg auf die freie Fläche des Tanzbodens, der ringsum mit Fackeln versehen war, und auf die Schatten, die sich im Dunkeln dazwischen bewegten, und hörte, wie sich die Trommeln leise zu regen begannen.

Zwei Reihen Männer schritten aus den Schatten am anderen Ende hervor und zur Mitte des freien Platzes. Jeder von ihnen trug ein Paar einheimischer Dolche. Fast immer begannen sie mit dieser Übung, es war wie ein Vorspiel. Und es hatte viel mehr Ähnlichkeit mit dem üblichen Drill der Legionen als alles andere, was vermutlich folgen würde. Alexios sah, wie sie auseinandergingen, bis jeder gerade noch die Dolchspitze mit dem Mann neben ihm kreuzen konnte, dann stellten sie sich mit leicht gespreizten Beinen hin und warteten. Die schläfrigen Trommeln erwachten plötzlich und bellten in die Nacht. Die Klingen fuhren hoch und beschrieben einen Bogen, sie fingen das Fackellicht, sanken nieder und schwenkten herum, um die Spitze der Klinge des Nächststehenden zu berühren, Alexios hörte das Zischen von Metall auf Metall, dann hoben sie sich wieder genau zum Rhythmus der Trommeln. Zuerst war er langsam, dann wurde er schneller und schneller, von flinken, harten Fingern und mit der Kante und der flachen Hand gehämmert, bis die Klingen schneller flogen, als das Auge folgen konnte; bis zum Schluss mit einem Aufdröhnen der Trommeln jeder seine Dolche in die Luft wirbelte und sie an der Klinge wieder auffing, als sie immer noch kreiselnd herunterkamen. Und das stand in keinem Übungsbuch.

Und auch sonst nichts, was in dieser Nacht folgte.

Die Truppe machte sich und ihrem Kommandanten Ehre, und ihr Kommandant, der sie mit den Augen eines Schwert-kämpfers beobachtete, wusste es, und er spürte eine warme Woge des Stolzes auf sie in sich aufsteigen, als er beobachtete, wie sie die wechselnden Formen der Jagd- und Kriegstänze vollkommen ausführten. Er hörte die abgehackten, hohlen Schreie der Tänzer und sah, wie die Waffen das Fackellicht einfingen und die Dunkelheit wie ein zuckender Blitz durch-schnitten.

Die Waffen waren nicht stumpf. Wenn zwei Männer vor die anderen traten und ihre gekreuzten Schwerter auf den Boden legten und das komplizierte Geflecht ihrer Schritte dazwischen, darum herum und darüber hin und her lenkten, würde eine falsche Bewegung, die einer machte, einen Fuß kosten. Und als die Reihen der schrill schreienden Speerträger vor- und rück-wärts hüpften, konnte der Bruchteil einer Zeitverzögerung den Tod eines von ihnen bedeuten.

Der Tanz neigte sich dem Ende zu, jetzt kamen nur noch die «Wolfsspeere», mit denen sie ihn immer abschlossen. Wieder war die Tanzfläche leer, erwartungsvoll im Fackelschein. Ale-xios spürte eine neue kriechende Kälte; etwas Raues lag in der Luft, um die Fackeln ein sich kräuselnder gelber Qualm. Nebel kam von der Flussmündung. Er bemerkte auch seinen Ersten Optio vor sich, der zwei Speere hielt, seinen und einen anderen. Der Mann grinste. «Kommandant?» und warf einen kurzen Blick nach oben auf den freien Speer.

Alexios zögerte einen Moment. Die Grenzwölfe hatten ihm viel beigebracht seit dem Zwischenfall mit den Bullenkälbern, aber er hatte eine klare Vorstellung davon, was der Praepositus von seinem Truppenkommandanten halten würde, wenn der an den einheimischen Waffentänzen der Männer teilnahm.

Er stand auf, warf seinen Mantel ab und ging an der Feuer-stelle vorbei, fing den Speer, den der grinsende Optio ihm zuwarf, geschickt auf und nahm seinen Platz in dem sich formierenden Kreis ein.

Die mit Rehfell bespannten Trommeln erwachten erneut, und er trat vor, stampfte mit dem rechten Fuß, dann mit dem linken, dann drehte er sich auf der Stelle mit tief gebeugten Knien.

Der festgetretene Boden erwiderte das Stampfen seiner Fersen mit einem rhythmischen Pulsieren, wie ein Herzschlag von ganz tief unten. Das rasche Pochen der Trommeln weckte in ihm, wie jedes Mal, die Erinnerung an alte Blutsbande, von denen er sonst nicht wusste, dass er sie besaß, es zog ihn in ein Einssein mit seinen Kameraden, sodass sie, solange der Tanz währte, alle Teil voneinander waren ... Jetzt erreichte der Tanz seinen schwindelnden Höhepunkt; die Stimmen der Trommeln schwollen zu einem dröhnenden Heulen an, dann verstummten sie abrupt. Die Tänzer drehten sich um und schwärmten mit gerichteten Speeren direkt zu der Stelle hin, wo der neue Praepositus saß. Im letzten Moment hielten sie inne, stießen den lang gezogenen, klagenden Wolfsschrei aus und warfen die Speere hoch zum Gruß.

Und es war vorbei.

Alexios reichte seinen Speer einem anderen Mann und schritt zu dem Heuballen zurück, auf dem er gesessen hatte. Er atmete rasch, unter seiner Ledertunika tropfte der Schweiß. Der Rhythmus des Tanzes schien noch immer in ihm zu pulsieren, als er sich seinen Mantel gegen die Kälte des dichter werdenden Nebels wieder überwarf.

«Eine interessante Vorstellung», sagte Glaucus Montanus, aber auf seinem Gesicht zeichnete sich nur eine gewisse kühle Langeweile ab.

«Danke, Praepositus», sagte Alexios, wandte sich um, hob seine Hand zum Dank und zur Entlassung seiner Leute.

Aus der Richtung des Praetorianischen Tores konnte er jetzt, nachdem die Trommeln und das Stampfen verstummt waren,

lachende und singende Stimmen hören. Eine Gruppe vergnüg-
ter Rückkehrer, die einen freien Abend in der Siedlung verbracht hatten und nun die üblichen Unverschämtheiten mit der
Wache austauschten.

Er nahm an, dass das auch noch das Missfallen des Praepositus erregen würde. Nun gut, dem Gott des Lichts sei Dank,
morgen würde der Inspektionsbesuch vorbei sein.

9. Das Pferd des Praepositus

Am nächsten Morgen, als der kalte Flussnebel zwischen den Gebäuden wallte und Castellum in eine Geisterfestung verwandelte, aß Montanus Glaucus in seinen Mantel gewickelt neben der glühenden Feuerstelle, die die Räume des Kommandanten mit Rauch und ein wenig Wärme erfüllte, sein Morgenbrot und Käse und Rosinen. Er hatte den Festungskommandanten zu sich gerufen und war dabei, ihm genau darzulegen, was ihm an der Führung der Festung und der Dritten Truppe nicht gefiel. Er hatte eine ganze Menge auszusetzen, und das tat er in allen Einzelheiten, sodass es geraume Zeit einnahm. Alexios, der seinen Anteil Brot und Käse noch nicht angerührt hatte, kam es vor, als ob das niemals enden wollte. Von draußen drangen, gedämpft durch den Hören und Sehen verschleiernden Nebel, die vertrauten Geräusche der Pferde, die zur Tränke geführt wurden. Er fragte sich, ob die Männer dem Befehl wohl gehorchten und die Dunkle Frau im Vorbeigehen nicht berührten. Wenn der Nebel noch dichter wurde, konnte der Praepositus heute überhaupt nicht abreisen. Das Hufgetrappel verlor sich in der Ferne.

Der Praepositus war nun beim Tanz des Vorabends angekommen. «Verstehe ich recht, dass es hier in Castellum Brauch ist, dass der befehlshabende Offizier an diesen barbarischen Kriegstänzen mit seinen Leuten teilnimmt?»

«Manchmal alle Offiziere», sagte Alexios und starrte entschlossen auf sein Brot und seinen Käse. «Nicht immer, aber manchmal, bei bestimmten Anlässen.»

«Bei bestimmten Anlässen? Zum Beispiel wenn der Kommandant des Numerus anwesend ist? Wird das als erbauliches Schauspiel betrachtet?»

«Es wird als gar nichts betrachtet, Praepositus», Alexios

merkte, dass er gereizt wurde, «es passiert einfach. Es war für gestern Abend nicht einmal geplant.»

«An deiner Stelle würde ich es nicht noch einmal passieren lassen.» Montanus biss in die letzte getrocknete Feige, die ihm zu Ehren serviert worden war. «Das ist keine geeignete Methode, um sich bei den Männern Respekt zu verschaffen.»

Alexios wollte sagen: «Komm zu mir, wenn du ein Jahr bei den Wölfen gearbeitet hast, und sage mir dann, wie man den Respekt der Leute wahrt oder verliert.» Er wollte noch hinzufügen: «Das heißt, wenn sie dich nicht schon vorher mit dem Kopf voran in ein Sumpfloch gesteckt haben.»

Aber bevor er etwas äußern konnte, näherten sich Schritte im Säulengang und von draußen war aufgeregtes Gemurmel zu hören. Die Tür öffnete sich, und einer der Optios erschien, hinter ihm wirbelte der graue Nebel wie Rauch, sein Wolfspelz glänzte von Feuchtigkeit. «Kommandant», sagte er, «Kommandant ... das Pferd des Praepositus ...»

Montanus fuhr mit einem Ruck auf. «Was ist mit meinem Pferd?»

Der Optio blickte rasch von Alexios zu seinem Ersten Offizier und setzte noch einmal an: «Kommandant, ich muss melden, dass das Pferd des Praepositus gestohlen ist.»

Der Praepositus stieß einen Schrei aus: «Gestohlen? Was in Teufels Namen meinst du mit ‹gestohlen›?»

Alexios unterbrach ihn: «Was ist passiert, Optio?»

«Wir haben die Pferde wie immer zur Tränke und zum Training gebracht. Der Pferdeknecht vom Praepositus hatte den Braunen vom Praepositus. Alles war wie immer, bis wir aus der Festung heraus waren, da ...», der Mann schüttelte den Kopf, als könnte er nicht glauben, was er gesehen hatte, «da galoppierte er fort in den Nebel.»

«Und das Pferd ist nicht etwa mit ihm durchgegangen?»

«Oh nein, Kommandant, er trieb das Tier zum Galopp, und der Nebel verschluckte ihn. Wir jagten natürlich hinterher, aber wir verloren sie im Nebel. Eine halbe Patrouille sucht sie noch ...»

«Aber ihr lasst ihn euch durch die Finger gehen», zischte Montanus. «Gott! Wenn ich meinen Knecht in die Hände kriege, ich werde ihn so zum Heulen bringen, dass er bereut, jemals geboren zu sein!»

«Praepositus», sagte der Optio steif, «seine Kapuze fiel zurück, und einer der Männer sagt, er hatte rotes Haar. Der Pferdeknecht vom Praepositus ist dunkel.»

Es entstand schneidendes Schweigen. Die kalte Stille des Flussnebels schien in die Räume des Kommandanten einzusickern. Von außen kamen gedämpft die Geräusche der Festung. Im Kiefernholz der Feuerstelle explodierte ein Astknoten mit kurzem scharfem Knall und sprühenden Funken.

«Optio», sagte Alexios, «bitte Centenarius Hilarion, zu mir in das Arbeitszimmer in der Principia zu kommen.» Schon hatte er seine Ledertunika angelegt, streifte den Schwertgürtel über seinen Kopf und griff nach seinem Wolfspelz, der über der Bank lag.

«Rotes Haar ... Wenn es nicht der Knecht war ... wer zum Teufel...», hörte er die wütende Stimme des Praepositus hinter sich.

«Ich weiß es nicht», sagte er, «das müssen wir herausfinden. Warte bitte hier auf mich, Praepositus, bis ich zurück bin.»

Und er tauchte in den Nebel und warf sich im Gehen den Mantel über.

Im Arbeitszimmer kam Centenarius Hilarion zu ihm, einen Moment standen sie da und schauten sich an.

«Cunorix?», sagte Hilarion.

Alexios schüttelte den Kopf. «Ich glaube nicht, dass er so ein Narr ist; und er hat keine roten Haare.»

«Also Connla.»

«Wie ist er hereingelangt?» Ausnahmsweise stützte Hilarion sich nicht auf irgendein Möbel.

«Wie konnte jemand, egal wer, hereingelangen? Vielleicht mit dem Haufen, der gestern Abend von der Siedlung zurückkam.» Alexios überlegte einen Augenblick. «Schicke eine Patrouille zu Cunorix' Hügelfestung ... mit einem Trompeter unter dem Grünen Zweig ... sie sollen fragen, ob das Pferd des Praepositus sich in diese Richtung verirrt hat.»

«Kommandant», sagte Hilarion.

«Und lass die Festung und die Siedlung gründlich nach dem unglücklichen Knecht oder seiner Leiche durchsuchen – sie sollen es in den Frauenhütten probieren.»

Hilarions Gesicht verzog sich zu einem grimmigen Grinsen. «Ich weiß, wo man suchen muss.» Er salutierte und wandte sich um.

Kurz darauf war Alexios wieder in seinen eigenen Räumen und stand dem tobenden Praepositus gegenüber.

«Das muss einer der verfluchten Einheimischen gewesen sein.» Es klang, als klagte der Praepositus Alexios persönlich an. «Und er muss die ganze Nacht in der Festung gewesen sein!» Er lief auf und ab und schleuderte seine Worte über die Schultern. «Wenn ich mein Pferd nicht wiederbekomme, mache ich dich persönlich als hier befehlshabenden Kommandanten verantwortlich. Ich werde einen Bericht schicken, dass die Disziplin ungenügend ist und dass die Sicherheit in Castellum äußerst zu wünschen übrig lässt.»

«Du bekommst dein Pferd wieder,» sagte Alexios zuversichtlicher, als er eigentlich war. «Wir veranlassen auch die Suche nach deinem Knecht.»

Montanus machte eine ungeduldige Bewegung, als wollte er den Knecht beiseitewischen. Doch Hufgeklapper, das sich in Richtung des Westtores verlor, ließ ihn innehalten.

«Ich habe eine Patrouille mit einem Boten in ein gewisses Dorf geschickt. Er soll fragen, ob das Pferd des Praepositus sich dahin verlaufen hat.»

«Verlaufen!»

«Verlaufen», sagte Alexios ruhig.

Montanus' Gesicht verzog sich böse. «Du sollst den Frieden in diesem Grenzbereich bewahren, die Stämme ruhig halten, aber es scheint, dass du dieser Aufgabe kaum gewachsen bist. Vielleicht hast du Angst vor diesen Nordbritanniern, so wie du – meine ich, gehört zu haben – Angst vor den Donaustämmen hattest.»

Das war das zweite Mal. Und dieses Mal war es eine absichtliche Beleidigung. Alexios zog kurz und zitternd den Atem ein und ließ ihn bedächtig wieder heraus. «Ganz wie du sagst, unterstehen Castellum und die Dritte Truppe meinem Kommando. Hier treffe ich die Entscheidungen, es sei denn, du willst mich absetzen. Ziehe mich hinterher zur Verantwortung, wenn sie sich als falsch erweisen.»

Dann wurde ihm bewusst, was er gesagt hatte.

Kurz darauf wurde der Knecht entdeckt. Bis auf einen schmerzenden Kopf und den Verlust all seiner Kleider war er völlig unversehrt. Er saß auf den Stufen des halb zerfallenen Castor und Pollux-Tempels und glotzte mit großen Augen vor sich hin. Er wurde in eine Decke gewickelt zur Festung geschleppt und stand zitternd vor Ducenarius Aquila. Er gestand, dass er sich am Vorabend eigenmächtig beurlaubt hatte und mit den anderen in die Stadt gegangen war. Er war zu den Frauenhäusern gegangen. Da war ein Mädchen. Ein hübsches Mädchen. Nein, er hatte keine Ahnung, welche Hütte, im Dunkeln und im Nebel, zuerst waren sie alle zu einem Weinladen gegangen … Da hatte er das Mädchen zuerst gesehen. Sie hatte ihn mit nach Hause genommen und ihm noch mehr Wein gegeben. Das Nächste, woran er sich erinnerte, war, dass er nackt auf den Tempelstufen saß.

Als Alexios sah, dass er ganz grün im Gesicht wurde, war ihm klar, dass nicht mehr aus ihm herauszubekommen sein würde. «Führt ihn weg», sagte er, «er wird sich übergeben müssen. Danach gießt heißes Wasser über ihn, sonst haben wir ihn noch mit Lungenfieber am Hals.»

Ungefähr um dieselbe Zeit stand in Cunorix' Hügelfestung Connla im verschwundenen Umhang des Knechtes und dessen Hosen seinem äußerst wütenden Bruder gegenüber. Connla lachte und jedes einzelne flammende Haar auf seinem Kopf schien ein Eigenleben zu führen, das von der dampfenden Nässe nicht zu ersticken war.

«Der Häuptling sagte, er wollte gern mit dem Pferd züchten. Ich habe es nur geholt, um dem Häuptling, meinem Bruder, einen Gefallen zu tun.» Cunorix stand auf der Schwelle seiner Halle und sah ihn ohne eine Spur von Lächeln an. «Ach wirklich, kleiner Bruder? Ich glaube du hast es geholt, weil der Praepositus es nicht hergeben wollte und weil du den Praepositus nicht leiden kannst und auch, weil du gedacht hast, dass es ein netter Spaß sein würde.»

Connla schwankte ein wenig, er stemmte die Hände in die Hüften, und seine Augen sprühten vor Lachen wie Blitze im Sommer. Ein paar vom Stamme, die zufällig in der Nähe beschäftigt waren, kamen näher. Darunter waren zwei oder drei Mädchen, die von ihren Webstühlen oder den Handgetreidemühlen kamen, und eine von ihnen war genauso rothaarig wie er selbst: Teleri, die Tochter des Waffenschmieds.

«Es stimmt, dass ich den Praepositus nicht mag. Und es hat Spaß gemacht. Hat unser Vater nicht selbst gesagt, dass Pferdediebstahl ein feiner Sport ist und für die jungen Krieger eine gute Vorbereitung auf den Kampf?»

«Pferdestehlen zwischen uns und den Damnoniern oder den Kaledoniern ist eine Sache», sagte Cunorix, «aber ein Pferd aus einer Festung der Römer bei Nacht zu stehlen, ist etwas anderes, besonders wenn es sich um die Festung eines Freundes handelt.»

Connla zuckte die Achseln. «Der Ducenarius Aquila ist ein Römer und ein Freund. Soll er seine Pferde behalten, wenn er es kann.»

«Aber dies ist das Pferd vom Praepositus, und der Ducenarius muss dafür büßen. Hast du auch nicht einen Funken
Verstand in deinem Kopf?»

«Behandle mich doch nicht immer wie ein Kind», sagte
Connla.

«Dann benimm dich nicht immer wie ein Kind. Wo hast du
das Pferd gelassen?»

«An einem sicheren Ort», sagte Connla und erwiderte den
starren Blick seines Bruders. «In dem alten Pferch, wo die
Pferde ihre Brandmale bekommen.»

«Dann geh und hole es», sagte Cunorix. Sie standen da und
schauten sich an, ihr innerer Willenskampf schien sichtbare
Funken zwischen ihnen zu sprühen. In die Stille hinein dran-
gen feste, hastige Fußtritte. Die Gesichter wandten sich der
Toröffnung in der Weißdornhecke zu. Der Nebel begann sich
aufzulösen und bildete hier und da noch Schleier, und dar-
aus zum Vorschein kam Gault, einer der jungen Krieger des
Stammes und enger Freund von Connla. Er trat zu der kleinen
Gruppe, die die Schwelle zur Halle umstand, und richtete das
Wort an Cunorix, tauschte aber mit dem jüngeren Bruder des
Häuptlings ein Grinsen aus. «Ein Rudel Wölfe ist auf dem Weg
hierher.»

«Eine ihrer Patrouillen?», fragte Cunorix.

Der Bursche schüttelte den Kopf, er war vom Laufen noch etwas außer Atem. «Keine normale Patrouille, sie kommen direkt
zur Hügelfestung, und ihr Anführer trägt den Grünen Zweig.»

«Wie weit waren sie hinter dir?»

«Dicht auf meinen Fersen», sagte der Bursche, «hört.»

In das Schweigen hinein vernahm man den Ruf des grünen
Regenpfeifers und dann ein unmerkliches Vibrieren, das zu
leichtem Hufschlag anschwoll: Pferde, die im Trab von der Furt
heraufkamen. Keine Patrouille ritt jemals so.

Aus dem dünner gewordenen Nebel lösten sich die silbrig
schimmernden Gestalten des Trupps. Sie hielten im Eingang,

wie es der gute Anstand forderte, und als die Krieger, die ihnen entgegengegangen waren, zur Seite wichen, kamen sie vom leisen Klirren der Rüstung und dem Knirschen des feuchten Sattelleders begleitet heran. In der Mitte des Vorhofes zogen sie die Zügel an, und ihr Anführer, der einen Ginsterzweig in der Hand hielt – grüne Zweige waren im winterlichen Norden nicht leicht zu finden –, schwang sich vom Pferd.

«Sonne und Mond mögen über deinem Weg leuchten, Herr über Sechshundert Speere», entbot er den formellen Gruß.

«Und über dem deinen», erwiderte Cunorix. «Was führt eine Patrouille der Grenzwölfe zu mir?»

«Der Praepositus Glaucus Montanus hat sein Pferd verloren», ein Anflug von grimmigem Lächeln zuckte um den Mund des Anführers, «und wir sind gekommen, um zu fragen, ob es sich zufällig hierher verirrt hat.»

Cunorix blickte ihn durchdringend an, während die Pferde unruhig tänzelten. «Ja», sagte er klar und bedächtig, «mein Bruder Connla fand es auf seinem Irrweg und erkannte es.»

Connla öffnete den Mund und machte ihn wieder zu. Eines der Pferde schnaubte. «So, das ist gut», sagte der Anführer, «wenn ihr es uns gleich bringt, sind wir schon wieder auf unserem Rückweg.»

«Es wird ein bisschen dauern», sagte Cunorix. «Mein Bruder entdeckte es oben an der Bergschlucht. Aber weil er schon zwei Handpferde mitführte, konnte er es nicht mitnehmen und ließ es da oben in dem alten Pferch, wo die Pferde ihr Brandmal bekommen.» Und zu Connla sagte er: «Geh jetzt und hol ihn.»

Connla stand eine ganze Weile da, ohne sich zu rühren. Sein Gesicht hatte eine seltsam perlweiße Farbe angenommen. Seine Augen waren plötzlich sehr dunkel auf die seines Bruders gerichtet. Dann drehte er sich abrupt um und lief fort.

Hinter ihm ging man im Dorf wieder seinen gewohnten Beschäftigungen nach. «Komm», sagte Cunorix zu dem

Anführer, «du musst aus dem Gästebecher trinken, während wir warten.» Und die beiden Männer gingen miteinander in die Halle, während der Rest der Grenzwölfe absaß und sich zum Warten hinhockte, jeder hatte den Arm durch den Zügel seines Pferdes gezogen. Einer holte ein Paar Schlagringe hervor, zwei fingen an, Fingerknobeln zu spielen.

Jetzt löste der Nebel sich rasch auf und ein dünner Wintersonnenstrahl kam durch. Ein paar Kinder und Hunde standen glotzend herum. Hinter dem Eingang zum Pferdehof stand noch immer die hohe, dunkel-verhüllte Gestalt, die von Anbeginn zugeschaut hatte, und rührte sich nicht.

Da hörte man zum zweiten Mal an diesem Tag in Cunorix' Hügelfestung näher kommenden Hufschlag, aber jetzt war es nur ein Pferd, das in rasendem Galopp geritten wurde. Cunorix und der Anführer der Wölfe traten aus der Halle, und mit einmal erschienen, vom Dröhnen der Hufe angezogen, Frauen und Männer vor den Haustüren und den dunklen Eingängen der Schmiede und der Ställe und Lagerschuppen. Von der Furt herauf und durch die Toröffnung stürmte der rotbraune Hengst des Praepositus mit Connla, der schon halb aus dem Militärsattel geglitten war. Vor der Schwelle der Halle zügelte er das sich aufbäumende Tier. Der weiße Schaum, der von seinem Maul flog, war blutig. Der Tribun pflegte mit einer Stacheltrense zu reiten, missbrauchte sie aber nicht. Die Augen des armen Tieres waren weit aufgerissen und seine Flanken von Schweiß gestreift.

Der Anführer trat eilig vor, um den Zügel zu nehmen, und fuhr mit beruhigender Hand über seinen zitternden Hals. «War es nötig, ihn so hart zu reiten?», sagte er zu Connla, der ihm grinsend gegenüberstand und dessen Gesicht immer noch eigenartig perlweiß war.

«Ich wollte den Praepositus nicht warten lassen», sagte er.

«Sehr gut von dir», sagte der Anführer bissig, dann deutete er mit dem Kinn auf den Zweiten Reiter der Truppe. «Übernimm du ihn. Geh sanft mit ihm um, du siehst ja, in welcher Verfassung er ist, sein Maul ist zerfetzt.»

Er gab sich keine Mühe, leise zu sprechen. Sollte es doch jeder, der wollte, hören. Aber er und Cunorix verabschiedeten sich mit der Höflichkeit, die der Grüne Zweig gebot. Dann brüllte er einen Befehl, die ganze Truppe schwang sich in den Sattel, und mit dem Pferd des Praepositus zwischen sich ritten die Männer klappernd durch die Toröffnung hinaus und zur Furt hinunter.

Die rothaarige Tochter des Schmieds, die mit einer Gruppe anderer Mädchen wieder herausgekommen war, um zuzuschauen, lachte schrill und spöttisch auf. Connla drehte sich rasch zu ihr um, aber was sie in seinem Gesicht las, brachte sie noch mehr zum Lachen. «Das war es mit deinem Pferdefang, mein hübscher Bursche», sagte sie und wandte sich rasch um, dass ihre safranfarbenen Röcke flogen, und lief fort.

Der hohe, lauernde Schatten im Eingang zum Stallhof gab ein kurzes befriedigtes Zischen von sich, das fast wie das Rascheln einer Schlange klang, die über trockenes Laub gleitet, und wandte seinen von der Kapuze umhüllten Kopf, um ihr nachzusehen.

Wenn das Mädchen nicht gelacht hätte, wäre viel von dem, was danach geschah, nicht geschehen.

Noch vor dem Abend war das Pferd des Praepositus wieder sicher im Stall, und das Leben in der Festung ging weiter wie immer – oder jedenfalls beinahe wie immer –, bevor der Tribun am nächsten Morgen seine verschobene Abreise antrat.

In der Sommerhütte eines Hirten in einer Senke des Hochmoors aber saßen drei Männer in ihre Mäntel gehüllt. Kein Feuer brannte auf dem kleinen Steinherd, das sie hätte wärmen oder einem vorbeikommenden Jäger ihre Anwesenheit verraten können.

«Es ist ein wahnwitziger Plan», sagte einer von ihnen, «aber ich denke schon, dass es klappen kann.»

«Natürlich klappt es! Es ist ein guter Plan!», tönte Connlas Stimme aus einer anderen der verhüllten Gestalten.

«Zuerst müssen wir eine andere rossige Stute finden, und es ist schon viel zu spät im Jahr. Schade, dass wir nicht Shadow nehmen können.»

Connla lachte schrill auf. «Das wäre ein Spaß für die Götter!» Dann fügte er bedauernd hinzu: «Nein, Cunorix flüstert ihr jeden Abend Liebesworte ins Ohr, außerdem schaffen wir es kaum, sie zurückzubringen. Es muss also eine kleine minderwertige Stute sein. Der Rotbraune vom Praepositus wird sie genauso mögen.»

«Wenn wir eine finden. Was, wenn keine da ist?»

«Dann nehmen wir Feuerpfeile und jagen sie so in die Flucht. Aber zuerst gehen wir zu Finnans Pferdeherde. Wenn es noch eine rossige Stute auf der Weide gibt, wird er es wissen. Manchmal glaube ich, Epona, die Mutter aller Fohlen, flüstert ihm alle Geheimnisse der Herde in der Nacht ins Ohr.»

Der nächste Morgen zog nass und windig herauf, der stille Nebel war prasselndem Regen gewichen. Fluchend und fest in ihre Wolfspelze gehüllt, brachten die Männer ihre Pferde zur Tränke. Das Wetter machte ihnen eigentlich nichts aus, sie waren zu sehr daran gewöhnt. Aber darüber zu fluchen war fast genauso Brauch wie das Berühren der Dunklen Frau, wenn man vorbeiritt. In der Dämmerung des Wintermorgens nahm das Erlengestrüpp am Ufer seltsame Formen an. Die Pferde schienen nervös, sie hoben die Nase in den Wind und tänzelten.

Besonders der große Braune des Praepositus war kaum zu bändigen, und sein Reiter schimpfte: «Hergelaufener Sohn einer Mutter mit Hängeohren! Warum schäumst du vor Wut?» Der Bursche des Praepositus lag in den Unterkünften, und der Grenzwolf, der an seiner Stelle die Obhut über den Hengst hatte und sein eigenes Pferd hintanstellen musste, um dieses verwöhnte Biest zu versorgen, fühlte sich ungerecht behandelt.

Die letzte Gruppe war zur Tränke hinuntergegangen, die Reiter glitten vom Rücken der Pferde, und der rote Hengst neigte inmitten der drahtigen Bergpferde seinen Kopf zum Trinken. Das klare braune Wasser kräuselte sich um sein Maul. Der Himmel spiegelte sich in den Wellen, die sich vom Ufer ausbreiteten und in einem geriffelten glitzernden Gewebe von zwanzig anderen Mäulern mischten und trafen.

Und dann passierte es. Zuerst hob eines, dann ein anderes der Pferde den Kopf, um sich umzuschauen. Ein schrilles Wiehern ertönte, das flussaufwärts erwidert wurde, und aus dem Erlengebüsch trabte eine kleine struppige Stute hervor. Beim Anblick der Truppenpferde warf sie den Kopf hoch und stürmte ans Ufer zu ihnen. Sofort war Chaos an der Tränke, die Pferde drehten sich hierhin und dorthin, als die Stute mitten unter ihnen ihren Kopf hin und her warf. Sie wartete, wie die Natur es sie gelehrt hatte, darauf, dass der Hengst um sie kämpfte und der Herr der Herde sie nehme. Die Hengste bissen sich gegenseitig in die Mähne, einer schlug nach hinten aus und traf einen anderen direkt in die Rippen.

«Sie ist rossig!», schrie der Optio. «Wer, in Typhons Namen, hat sie losgelassen?»

Der Mann hatte sich in den Tumult gestürzt und versuchte Ruhe hineinzubringen. Der rote Hengst wieherte wie eine Trompete und stürzte sich direkt auf die kleine struppige Stute. Die Anstrengungen des Grenzwolfs, der ihn zu betreuen hatte, ihn zurückzuhalten, kümmerten ihn nicht.

Plötzlich hatte der Mann das Gefühl, von einem Donnerkeil in den Nacken getroffen zu sein. Ein Blitz schoss von der Stelle nach innen und durch seinen Kopf, und er stürzte vornüber in dröhnende Finsternis.

Oben in der Festung musste der Optio dem Praepositus zum zweiten Mal das Verschwinden seines Pferdes melden. Dieser schien nach dem gestrigen Zorn ruhiger, aber auch irgendwie gefährlicher.

«Man hat eine rossige Stute zur Truppe gelassen, als wir die Tiere tränkten. Natürlich wurden die Pferde wild, und in dem allgemeinen Durcheinander haben sie – es waren ein paar Stammesleute – den Mann, der für ihn verantwortlich war, mit einem Hieb hinters Ohr bewusstlos geschlagen und sind mit dem Pferd geflüchtet. Er und ein paar seiner Freunde, die sich flussaufwärts im Gebüsch versteckt hatten. Es ging alles furchtbar schnell, Praepositus, ich konnte kaum richtig sehen, was passierte. Einige Männer verfolgen sie, und da der Nebel sich aufgelöst hat, werden sie nicht weit kommen.»

«Für die Truppe hoffe ich aufrichtig, dass dem so ist», sagte Montanus in einem Ton, der sanft und boshaft klang.

«Das Land wird ihnen Schutz geben. Es ist ihr Land», hörte Alexios sich sagen. Er fühlte sich elend, wütend und hilflos. Er und seine Männer wurden vor diesem hochnäsigen Neuling von Kommandanten zum Narren gemacht, und etwas in seinem Inneren sagte ihm, dass diese Situation sehr leicht außer Kontrolle geraten konnte. Wenn er Connla wieder zu sehen bekam …

Der Optio schaute ihn an. «Mit Verlaub, Kommandant, für viele von uns ist es auch unseres.»

Die Jagd verteilte sich über die Hügel des Grenzlands: Die drei wilden Reiter waren weit voraus, die Verfolger stürmten grimmig in einer Kette wie ein Schwarm Wildgänse hinterher.

Auch die Grenzwölfe spürten, dass man sie lächerlich machte. Zuerst war die Sache nur ein grober Scherz gewesen, aber jetzt war man zu weit gegangen, und es wurde gefährlich. Sie setzten sich tief in ihre Sättel und preschten dahin. Ihnen war klar, dass es eine lange Jagd sein würde. Sie durchquerten ein Stück weiter oben die Furt, schwenkten nach rechts gen Westen in Richtung der düsteren Täler des Hochmoores voller Gestrüpp. Durch Hakenschlagen und Abdrehen versuchten die Verfolgten, sie von der Spur abzuschütteln. Einmal schafften sie es beinahe, doch gerade als die Grenzwölfe nach Süden schwenkten, um zwischen sie und den Rand des Waldlandes zu kommen, streifte ein Strahl der Wintersonne einen fliehenden fuchsroten Fleck weit oben am gegenüberliegenden Hügelabhang. Einer der Männer deutete darauf und schrie: «Da sind sie! Sie haben einen Haken zurück geschlagen ...»

Und die Jagd ging weiter, nach Norden.

Hügel und Täler und Hochmoor schimmerten dunkel von den feuchten Resten des Heidekrauts aus dem vergangenen Jahr. Ein tristes Land mit vielen Hasel- und Ebereschendickichten an den steilen Bachufern. Beide, Jäger wie Gejagte, kannten jeden Fußbreit dieser Gegend, die bis zum Alten Wall reichte. Sie kannten den Verlauf der Täler und auch die bewaldeten Stellen, durch die man von einem Tal ins andere gelangen konnte, ohne am Horizont gesehen zu werden. Sie stürmten an den Abhängen der Hügel entlang, platschten durch Bäche und sumpfige Stellen, und weiter und weiter ging die wilde Jagd.

Bis plötzlich, so plötzlich, wie Alexios' Wolfsjagd vor einem Jahr geendet hatte, und fast ohne jede Warnung das Ende kam.

Es kam in der Senke des Hochlands, unterhalb der Ruinen des Alten Signalturms, wo der Kommandant der Dritten Truppe seinen Wolf getötet hatte. Es kam, weil der Hengst, der vorauspreschte, bei all seinem Feuer, Tempo und Mut doch nicht für die Hügel im Norden geboren und gezüchtet war. Sein williges, doch jetzt dem Zerspringen nahes Herz gab nach, als sie einen Bach durchquerten, wo der Herbstregen das Ufer heruntergeschwemmt hatte, und er stürzte zu Boden. Und Connla, der abgeworfen worden war, stieß mit dem Kopf an eine knorrige Erlenwurzel und verlor halb die Besinnung.

Die beiden anderen wendeten und eilten zu ihm. Einer zog ihn halb über den Widerrist seines Pferdes, aber die dunkle Schar der Jäger war schon da. Und unterhalb der zerfallenen Mauern des Signalturms stellten sie sich, wie einst Alexios' Wolf.

Das Winterlicht glitzerte auf den Dolchklingen. Es gab eine kurze, grässliche Rauferei zwischen gefallenen Steinen und Brombeergebüsch, und der raschelnde nasse Wind übertönte das hässliche Schnauben des Kampfes. Und als es vorbei war, lagen zwei Grenzwölfe und ein Stammesangehöriger tot am Boden, der dritte war entkommen, und Connla stand mit entblößten Zähnen und zusammengekniffenen Augen wie ein mit der Schlinge gefangenes Tier, die Hände auf dem Rücken zusammengebunden, zwischen seinen Fängern.

Ein Stück flussabwärts schrie der wunderbare Hengst und kämpfte mit hämmernden Vorderbeinen und einem gebrochenen Rücken darum aufzustehen.

«Jemand kümmere sich um das arme Tier», sagte der Optio.

Einer der Grenzwölfe, es war Bericus, zog sein Messer und ging an das Bachufer. Und zwischen den Erlen verstummte das furchtbare Hämmern.

«Gut», sagte der Optio, «bringt ihn her.»

Sie warfen Connla über den Rücken des Pferdes seines toten Freundes und legten die toten Grenzwölfe über die Rücken ihrer eigenen Tiere. «Was ist mit ihm?», fragte einer und deutete mit dem Daumen auf den ausgestreckten Körper des jungen Helden.

«Überlass ihn unseren Brüdern, den Raben», sagte der Optio.

Einige schwangen sich in den Sattel. Einer nahm den Dolch des toten Stammesangehörigen und säuberte ihn, indem er ihn ins Gras stach, bevor er ihn zusammen mit Connlas in seinen eigenen Gürtel steckte.

Bericus kehrte vom Bach zurück, Zaumzeug und Sattel des braunen Hengstes über seine Schulter gelegt. Sein Mund verriet Trauer und Übelkeit.

Sie umstanden den Gefangenen. Connla hatte begonnen, an seinen Fesseln zu zerren, und schrie: «Lasst mich los! Lasst mich los! Mein Bruder wird euch Blut weinen lassen, weil ihr gewagt habt, Hand an mich zu legen …»

Jemand schlug ihm auf den Mund und zog den Kopf des Pferdes herum. Der erste kalte Winterregen kam von der Flussmündung, als sie nach Castellum zurückkehrten.

Das Gras vom letzten Jahr hatte die schwarze Spur der Feuerstelle zwischen den Steinen des alten Signalturms überwuchert, und keine Spur zeugte mehr von dem Tag, an dem Alexios und Cunorix es angefacht hatten, und auch nicht von dem gemeinsamen Jagdtag, der gut und von Lachen erfüllt gewesen war.

10. Feuer an der Grenze

Der Grenzfrieden war gebrochen. Zwei Soldaten waren getötet worden und das Lieblingspferd des Praepositus auch.

Gerade saßen der Praepositus und Alexios sich im Sacellum der Festung gegenüber. Die Lampe auf dem Tisch war angezündet worden, denn draußen schwand das regnerische und windbewegte Tageslicht rasch. In dem nach oben gerichteten Lampenlicht schien die fauchende silberne Drachenmaske der Truppenstandarte auf dem Speerschaft vorwärts zu schweben, ihr Schatten und der Schatten der beiden Männer wurden hoch hinauf an die grob verputzte Wand hinter ihnen geworfen.

Kurz davor hatte auch Connla, unter Bewachung, in diesem Raum gestanden und sich das Urteil angehört, das der Tribun verkündete. Er war in sein wildes Lachen ausgebrochen und es war, als zuckten Blitze rings um ihn. Einmal hatte er seine trockene Unterlippe geleckt, als ob die Sache doch nicht so lustig sei. Das war erst so kurze Zeit her, dass es Alexios vorkam, als hörte er immer noch die Schritte der Wache und des Gefangenen draußen im Säulengang.

«Im Namen des Lichtes, Praepositus!», sagte Alexios. «Ein Überfall auf Pferde – Pferdediebstahl – das ist ein raues Vergnügen – ein – ein Geschicklichkeitsspiel für die Stammesleute.»

«Ich brauche keine Erklärung von dir über die Stammesleute des Nordens», sagte der Praepositus.

«Mit Respekt, Kommandant, ich glaube, dass du doch eine brauchst.» (Mit Respekt, mit Respekt ...) «Das Ganze war halb ein Spaß, nur lief der Spaß schief.»

«Er lief in der Tat schief. Deshalb will ich an dem Spaßvogel ein Exempel statuieren, damit keiner mehr so einen Spaß veranstaltet.»

Montanus hob die Stimme, als Alexios ihm ins Wort fallen

wollte. «Diese Leute vergessen nur allzu schnell, wer der Herr ist. Sie brauchen von Zeit zu Zeit wieder eine Lehre.»

«Ich glaube kaum, dass du sie belehren kannst, wenn du den Bruder des Häuptlings als lebende Zielscheibe fürs Speerwerfen aufstellst.»

«Es ist doch eine übliche Hinrichtungsform und es geht schneller als früher bei der Kreuzigung – wo doch dein Herz so weich für diese Leute schlägt. Ich nehme an, deine Männer sind im Speerwerfen geübt?»

«Wenn sie sehen können», sagte Alexios verzweifelt, «aber es ist fast dunkel.»

«Lass Fackeln zu dem Platz bringen, den ihr Tanzboden nennt. Das wird ihnen ausreichend Licht geben.»

«Nicht bei dem Wind und bei dem stürmischen Regen. Warte wenigstens bis morgen.»

Montanus lehnte sich nach vorne über den Tisch. Sein Gesicht war eine schlitzäugige rötliche Maske im Lampenschein, und sein Schatten wurde groß und erfüllte das halbe Sacellum hinter ihm. «Um deinen Freunden Gelegenheit zu geben, ihn zu retten?»

Alexios schwieg. Er dachte eher, dass durch den Aufschub die Wut des Praepositus abkühlen könnte; aber das war nur eine winzige Chance, und das wusste er. Diese Wut war jetzt schon eiskalt und das machte sie tödlich. Sie war jenseits von Gnade und Vernunft.

«Nein, Praepositus, ich bitte nur um günstigeres Licht, damit die Sache sauber und rasch erledigt wird; meine Männer sind keine Metzger.»

«Ach, nicht? Ich wusste gar nicht, dass die Grenzwölfe den Ruf haben, zimperlich zu sein. Wirst du jetzt die nötigen Befehle geben, Ducenarius Aquila?» Eine Pause. «Oder ziehst du es vor, dass ich das Kommando übernehme und mich selbst um die Angelegenheit kümmere?»

Wieder schwieg Alexios, und in das Schweigen hinein ertönte

das scharfe Prasseln von Graupel gegen das Fenster, und irgendwo weit weg hörte man das Heulen eines Wolfes auf dem Jagdpfad. Das könnte sein Ausweg sein. Er könnte sich weigern. Sein Kommando abgeben. Das wäre das Ende für jedwede Laufbahn, die er noch vor sich haben mochte. Die Exekution würde stattfinden, aber seine Hände blieben sauber. Nur wurde ihm plötzlich klar, dass es nicht darum ging, dass seine Hände sauber blieben. Es ging darum, dass er das tat, was er als Einziges für Connla tun konnte.

«Nun?», sagte der Praepositus.

«Ich gebe die notwendigen Befehle», sagte Alexios steif. «Doch ich verlange, bevor ich es tue, dass im Tagesbericht festgehalten wird, dass ich offiziell gegen die Hinrichtung protestiert habe. Ich bin darauf vorbereitet, dafür vor jedem zukünftigen Untersuchungsausschuss einzustehen.»

«Dein Ersuchen ist zur Kenntnis genommen.»

Alexios sprach mit der Wache an der Tür, und kurz darauf stand Centenarius Hilarion im Eingang. Mit tiefer, monotoner Stimme erteilte Alexios die notwendigen Befehle, um die Männer zur Speerwurfübung zu versammeln, den Tanzplatz so gut wie möglich mit Fackeln zu beleuchten und den Gefangenen hinauszubringen.

«Kommandant», sagte Hilarion und seine Stimme war genauso tonlos wie die von Alexios.

«Ich ziehe mich in meine Räume zurück», sagte Montanus Glaucus, als er gegangen war. «Lass es mich wissen, wenn alles bereit ist.»

Alexios blieb allein im Sacellum zurück und starrte auf den Tisch vor sich. Ihm war schlecht. Sein Mund war trocken, seine Hände waren feucht und sein Herz hatte einen schweren, langsam pochenden Schlag angenommen, der seinen ganzen Körper zu erschüttern schien. Er versuchte, nicht zu denken. Er wusste, was er zu tun hatte, und darüber hinaus würde Nachdenken weder ihm noch Connla helfen. Er versuchte, das

Denken auszuschalten, aber von der Außenwelt drang immer wieder etwas in die Leere seines Kopfes. Das böige Prasseln von Graupel am Fenster, irgendwo in der Ferne das Heulen eines Wolfs, das von einem anderen erwidert wurde, in der Nähe barsche Befehle und das eilige Durcheinander von Füßen in Stiefeln, die von den Mannschaftsbaracken herkamen; ein aufblitzendes Fackellicht am Fenster vorbei.

Der Optio erschien im Eingang. «Alles bereit, Kommandant.»

Alexios löste sachte seine verkrampften Hände und reckte die Schultern. «Gut, ich komme, Optio, sage dem Praepositus Bescheid.» Er verließ das vom Lampenlicht erhellte Sacellum und lief durch den Säulengang in die trübe, stürmische Winterdämmerung und in die Richtung der rot flammenden Fackeln zu dem offenen Platz hinter den Getreidespeichern. Plötzlich fühlte er sich ruhiger, sein Herzschlag ging wieder normal, und die Handflächen waren nicht mehr verschwitzt. Aber nichts schien wirklich.

Entlang der vorderen Seite des Tanzplatzes waren die Männer mit ihren Speeren versammelt. Am anderen Ende stand Connla. Er war an den Pfosten gebunden, wo sonst zu Übzwecken eine mit Stroh gefüllte menschenähnliche Zielscheibe war. Er hatte wie ein wildes Tier um seine Freiheit gekämpft, als er festgenommen wurde, aber jetzt stand er vollkommen unbeweglich da, mit erhobenem Kopf, sein leuchtendes Haar glühte im Schein der Fackeln, er wirkte abwesend von allem, was um ihn war, als ginge es ihn nichts mehr an.

Alexios merkte, dass der Praepositus neben ihn trat. Centenarius Hilarion, der meldete, dass alles bereit sei, setzte leise hinzu: «Du hättest dich betrinken sollen – soll ich übernehmen, Kommandant?»

Alexios schüttelte den Kopf: «Danke, Centenarius, nein.» Er begann, über den Tanzplatz zu gehen, und sagte für alle, die es zufällig hören würden, etwas von «sicherstellen, dass die Fesseln des Gefangenen fest sind».

Die Lichter der Fackeln hüpften und schwankten im Wind, sodass die gefesselte Gestalt manchmal fast verschwand, manchmal zuckte sie wie ein Relief vor den gelb schwarzen Schattenstreifen dahinter auf. Die Weite des Tanzplatzes zog sich Meilen hin, wie eine endlose Ebene in einem Albtraum, und es schien eine Ewigkeit, ihn zu überqueren, unter so vielen Augen, die ihn beobachteten. Die Augen seiner Männer, die mit ihren Speeren bereitstanden, die Augen des Praepositus, die er hinter sich fühlte, und Connlas Augen vor sich, die ihn kommen sahen … Jetzt stand er vor Connla und hielt inne.

«Bist du gekommen, um mich vor der Speerübung zu bewahren?», fragte Connla mit einem letzten Aufflackern seines gewohnten wilden Lachens irgendwo am Grunde seines Gesichts.

«Es gibt nur eine Möglichkeit, das zu tun», sagte Alexios.

«Narr! Glaubst du, dass ich das nicht weiß? Zwei Zentimeter an der richtigen Stelle sind genug, das bringen sie euch bei, nicht wahr? Nimm drei, um sicherzugehen.»

«Bist du bereit?», fragte Alexios.

Ihre Augen hielten einander fest. Sie waren nie Freunde gewesen, wie Alexios und Cunorix es gewesen waren, aber in diesem Augenblick waren sie sich näher als je zuvor.

«Ich bin bereit», sagte Connla.

Alexios' Hand griff nach dem Militärdolch. Seine Augen fixierten Connlas, er zwang ihn, nicht hinunterzuschauen, nicht das Aufblitzen der Klinge im Fackellicht zu sehen.

Es war getan und fast vorbei, bevor es ihm bewusst war.

Connla gab ein kurzes, wässriges Husten von sich und sackte in den Fesseln zusammen. Seine Augen hafteten noch einen Moment in Alexios' Augen, aber der Blick war leer, nur kurz zeigte sich etwas wie Überraschung in ihnen, dann nichts mehr. Und sein Kopf kippte mit einem Ruck nach vorn.

Alexios zog den Dolch heraus. Das Gefühl, in einem Traum

zu sein, war von ihm abgefallen, und er fühlte sich entkleidet und nackt und ganz klar. Hier und da hörte er einen scharfen Atemzug von den zuschauenden Männern. E wandte sich um und ging zum Praepositus hinüber, der mit einer tief eingeschnittenen Falte zwischen den Brauen vorm Eingang zum ehemaligen Wagenunterstand vor sich hinstarrte. Er blieb vor ihm stehen und salutierte.

«Den Rest deiner Speerübung kannst du haben», sagte er durch die Zähne. Dann wurde er formell: «Und jetzt, Praepositus, bitte ich um Enthebung von meinem Kommando.»

«Dein Antrag wird zur rechten Zeit und auf angemessener Ebene behandelt werden», sagte Praepositus Montanus. «Bis dahin, Ducenarius Aquila, wirst du dich in deine Räume zurückziehen, wo du bis auf Weiteres in Gewahrsam bleibst.»

Die Stimme war zwar nicht sehr laut, aber so durchdringend, dass sie die näher stehenden Männer auf dem vom Fackelschein erhellten Tanzplatz erreichte. Alexios hörte die plötzliche leichte Unruhe unter ihnen und spürte, wie sich hinter ihm eine feste Mauer der Feindseligkeit um seinetwillen aufbaute. Es war seine Pflicht, rasch zu gehorchen, bevor sie stärker wurde. Aber unten am Praetorianischen Tor gab es etwas. Kam jemand? Ein Bote?

«Optio, sieh nach, was das zu bedeuten hat», sagte Montanus.

Die Männer um den Tanzplatz scharrten mit den Füßen und wandten ihre Köpfe; die kleine Gruppe am Eingang zum ehemaligen Wagenunterstand schien in wartendem Schweigen erstarrt, wie eine in Bernstein eingeschlossene Biene.

Der Optio war so schnell zurück, dass er den Grund für die Unruhe schon auf halbem Weg erkannt haben musste. Hinter ihm kamen zwei Grenzwölfe, die zwischen sich eine zerlumpte, blutbefleckte Geistergestalt stützten. Und als sie in das flackernde Fackellicht traten, erkannte Alexios die dritte Gestalt als einen Arcaner.

Der Mann löste sich stolpernd von ihnen und stand schwankend auf den Beinen. Sein Gesicht war bereits vom Tod gezeichnet, wieder quoll Blut unter seinen Rippen hervor und bildete eine glänzende Spur auf dem alten geronnenen Blut und verschmierte das, was vom groben Wams des alten Hirten noch übrig war.

«Die Kaledonier», krächzte er, «sie kommen zum Alten Wall – auf dem Weg hinter – Credigone – man sagt, die Attacotti landen – sie verbünden ihre Speere – »

«Wo? Wie viele?», verlangte der Praepositus zu wissen.

Aber der Mann taumelte gegen die Mauer der Wagenhalle und glitt, eine dicke rote Schmierspur auf den Steinen hinterlassend, daran hinunter.

«Wie viele, Mann?», brüllte der Praepositus.

Druim, der Erste Späher, hatte sich nach vorn gedrängt und kniete neben seinem Mann. Er schaute den Praepositus direkt mit dem ihm eigenen offenen, ehrlichen Blick fest an. «Nützt nichts, Praepositus, er ist tot.»

«Und es ist überflüssig zu fragen, was passiert ist», sagte auch Alexios neben ihm. «Wie er es zu uns geschafft hat, weiß nur Mithras.»

Die Augen des Praepositus drehten sich zu Alexios. «Immer noch hier, Ducenarius?»

Alexios straffte sich und salutierte, dann wandte er sich um und ging mit schnellen Schritten an der Principia vorbei und über den Hof der Offiziersräume zu dem schäbigen Zimmer, das er vor fünf Tagen bezogen hatte, um seine eigenen Räume für den neuen Praepositus frei zu machen.

Hinter sich hörte er Montanus' Stimme, dann die laute Stimme von Hilarion mit aufeinanderprasselnden Befehlen und das Getrappel der Männer, die ihre Reihen auf dem Tanzplatz auflösten und auseinanderliefen, um die Befehle auszuführen. Er schloss die Tür und lehnte sich dagegen.

Er fühlte sich eiskalt und krank, und seine Hände zitterten. Als er auf sie hinunterblickte, sah er im Schein der kleinen

Lampe in der Mauernische, die die ganze Nacht in Offiziersräumen zu brennen pflegte, dass er immer noch den Dolch
hielt, der von Connlas Blut triefte. Er löste sein Halstuch, setzte
sich auf den Rand der schmalen Schlafliege und fing an, ihn zu
säubern. Das schien das Natürlichste.

Da öffnete sich die Tür und jemand trat ein mit einem Tel-
ler mit Gerstenkuchen und Fleisch und einem Becher Wein.
«Abendessen, Kommandant», sagte er, stellte alles auf die
Kleidertruhe und ging hinaus.

Alexios rieb und rieb weiter an dem Dolch, der längst sauber
war.

Die Lampe flackerte und flammte auf, wenn die Hagelschauer
gegen das zerbrochene Fensterglas prasselten. Draußen konnte
er Schritte, Stimmen und die Geräusche in der Festung hören,
die dem Befehl «klar zum Gefecht» folgten.

Jemand lief den Säulengang entlang, er sprach mit der Wache
an der Tür. Sie wurde geöffnet und Hilarion trat ein.

Alexios legte den Dolch auf die Liege neben sich. «Darfst du
hier sein?»

«Es gibt keinen Befehl gegen die Unterhaltung mit dem Gefangenen», sagte Hilarion und setzte sich auf die Kleidertruhe
neben das unberührte Essen.

Einen Moment herrschte Schweigen zwischen ihnen, und
dann sagte Alexios in plötzlicher Verzweiflung: «Hilarion,
habe ich etwas versäumt? Hätte ich irgendetwas anderes tun
können?»

«Tun können?»

«Wegen Connla.»

«Nichts, außer zur Meuterei aufzurufen.» Hilarion sah ihn
lange durchdringend mit einer so ernsthaften Miene an, wie
sie Alexios nie zuvor an ihm gesehen hatte. «Aber selbst
wenn dir der Sinn danach stehen sollte, dich köpfen und jeden Zehnten von uns steinigen zu lassen – jetzt ist kaum der
richtige Moment dafür.»

«Wenn die Nachricht, die der arme Teufel brachte, stimmt.»

«Oh, sie stimmt wirklich. Bedauerlich, dass er starb, bevor er uns Genaueres sagen konnte, aber es besteht kein Zweifel an der Richtigkeit. Es ist alles Mögliche passiert, seit du hier eingeschlossen bist. Die Arcaner sind desertiert – sie haben sich aufgelöst wie die Schatten, die sie sind. Es muss ein schrecklicher Schock für Druim gewesen sein, als sein Mann zurückkam.»

Alexios starrte ihn an, während ihm die Bedeutung der Worte klar wurde. «Einer von ihnen war treu», sagte er nach einer Weile. Und dann: «Das übersteigt jeden Zweifel; wir sind im schlimmsten Schlamassel. Hilarion, was ist geschehen, seit Montanus übernommen hat – wie stehen die Dinge in der Festung?»

«Mach dir darüber keine Sorgen. Montanus ist Soldat, was auch immer er sonst nicht sein mag. Alles was zu tun war, wurde getan. Er hat ein paar Schnellreiter losgeschickt, die in Bremenium Bericht erstatten sollen, dann in Habitancum und weiter entlang des Walls. Er hat die Wache verdoppelt und im alten Signalturm Beobachter postiert; nicht, dass man im Dunkeln und bei diesem miesen Wetter irgendetwas sehen könnte – außer vielleicht den Crann Tara, der über dem Moor Irrlichter spielt.»

Der Crann Tara, die Haselrute, die, am einen Ende in Ziegenblut getaucht und am anderen zu einer flammenden Fackel gemacht, durch die Gebiete der einheimischen Stämme getragen wurde, um die Kämpfer zum Kriegsheer zusammenzurufen. Und jetzt ging es nicht um einen Krieg gegen die Kaledonier und die Attacotti, dachte Alexios. Es gab keine Chance, dass das alte Bündnis zwischen den Votadini – Cunorix' Stamm gehörte jedenfalls zu den Votadini – und den Grenzwölfen hielt, nicht nach Connlas Tod. Und die Arcani hatten gewiss dafür gesorgt, dass die Nachricht inzwischen im ganzen Umfang verbreitet war.

Es war überflüssig, das Hilarion zu sagen. Der wusste es

selbst gut genug. Stattdessen sagte er: «Wir haben noch eine Patrouille draußen.»

«Und wir können nichts für sie tun. Aber sie werden die Warnung von den Unruhen so schnell wie alle anderen bekommen, schließlich sind sie Grenzwölfe und nicht ein Haufen unerfahrener Lämmer, die blind in eine Falle rennen.»

Draußen blies das Horn zur Dritten Nachtwache und Hilarion erhob sich. Wegen der verdoppelten Wache war er wieder im Dienst.

Als sich die Tür hinter dem Ersten Centenarius schloss, zog Alexios seinen Wolfsmantel enger um sich. Es war sehr kalt in den alten Gebäuden wegen des Windes, der durch das zerbrochene Fensterglas pfiff. Aber er dachte nicht daran, sich unter die gestreiften einheimischen Decken auf die Liege zu legen. Ein Teil von ihm nahm die Kälte wahr und die Schritte der Wache, die im Säulengang auf und ab ging, und darüber hinaus die lautlose Anspannung der Wartenden in der Festung mit ihren Waffen. Der andere Teil von ihm befand sich wieder in Abusina vor nun beinahe eineinhalb Jahren … Ihm war kaum bewusst, was er tat, als er seinen Dolch nahm, ihn in die Hülle schob, aufstand und anfing, hin und her zu wandern. Vier Schritte vor und vier Schritte zurück. Der Gang eines Mannes im Gefängnis oder eines Wolfs im Käfig. So war er in der Schlafkammer in Regina hin und her gewandert, als er auf den Untersuchungsausschuss wartete. Das Öl in der Lampe nahm ab; die Flamme fuhr in langen Zuckungen hoch und malte Schatten wie Fledermausflügel; und schließlich erlosch sie. Rasch umfing ihn Dunkelheit und er wanderte im Dunkeln weiter, vier Schritte in die eine Richtung, vier in die andere; manchmal blieb er stehen und warf sich auf das Lager, aber immer wieder sprang er hoch und nahm seinen Kerkerspaziergang wieder auf und lauschte nach einem Geräusch von der Außenwelt. Es war nicht sehr wahrscheinlich, dass der Angriff vor dem Hellwerden kam. Die Votadini kämpften nie im

Finstern, wenn es sich vermeiden ließ, denn wenn keine Sonne sie leitet, können die Toten ihren Weg ins Westliche Land nicht finden. Aber der Angriff würde kommen; früher oder später würde er kommen. Und er selbst war hier eingesperrt, während draußen seine Männer in Bereitschaft waren und ein anderer sie befehligte.

Die Nacht kroch voran. Aus der Dritten Wache wurde die Vierte und die Vierte endete mit dem Krähen des Hahnes, der sein sorgloses Geschrei vom Wall ertönen ließ. Die Dunkelheit im Zimmer lichtete sich, als ob sich ein bisschen graues Wasser hineinmischte.

Und mit dem ersten Tageslicht kam der Angriff.

Alexios hörte die schrillen, klaren Alarmrufe des Horns, Befehle wurden erteilt, ansteigender Lärm kam vom Wall. Das war es also. Er hörte auf zu gehen und stand ziemlich ruhig vor dem hohen Fenster. Aus Gewohnheit, wie er es gelernt hatte, strich er mit den Händen über die Verschlüsse der Rüstung, prüfte, ob Schwert und Dolch locker in ihrer Hülle saßen. Er zog das Fenster auf, und das Getöse von lauten Befehlen und fernem Waffenklirren drang mit dem grauen Graupelschauer herein.

Er blieb unbeweglich stehen, seine Hände umkrampften den Fensterrahmen auf beiden Seiten. Er wusste später nicht, wie lange er da gestanden hatte. Zwischen ihm und dem brandenden Lärm des Kampfes tönten die Schritte der Wache im Säulengang. Er konnte die Tür in dem kurzen Moment, wenn der Mann gerade vorbei war, einfach öffnen und ihn von hinten packen. Er glaubte nicht, dass irgendeiner seiner Wölfe versuchen würde, ihn aufzuhalten, aber es würde besser sein für den Mann, als einfach an ihm vorbeizugehen – und dann wäre er draußen. Doch wenn er es tat, würde er sie ablenken und wegen ihrer Loyalität in Konflikt bringen, und seine kleine, hart bedrängte Festung konnte sich solch einen Luxus im Moment nicht leisten.

Das Tageslicht kam nun rasch unter einer tief dahinjagenden Wolkenwand hervor, und er hatte das Gefühl, der Lärm lasse nach, es war, als ob sich die Angreifer zurückzogen. Er hörte Schritte im Säulengang, in einem Tempo, das fast nach Rennen klang. Dieses Mal war es Lucius' Stimme, die sich an die Wache richtete. Die Tür öffnete sich, und der Zweite Centenarius stand da, er atmete schwer, ein Wangenknochen war blutverschmiert.

«Kommandant», sagte er formell, «kannst du kommen und das Kommando übernehmen?»

«Praepositus Montanus?», fragte Alexios und wandte sich vom Fenster um.

«Praepositus Montanus ist tot.»

11. «WIR ZIEHEN AB»

Einen Moment lang war Alexios wieder in dem nördlichen Geschützturm in Abusina. (‹Centurio Crito› – ‹Was ist mit Centurio Crito?› – ‹Er ist tot, Kommandant.›)

‹Oh Gott aller Legionen!›, dachte er. ‹Nicht noch einmal!›

Laut sagte er: «Ich komme.» Er nahm seine in Eisen gefasste Kappe und zog sie auf, eilig verschnürte er die Riemen und ruckte an seinem Schwertgürtel, als er an Lucius vorbei zum offenen Eingang lief. Der Wachhabende trat beiseite, zuckte die Achseln und ging, um sich seinen Kameraden anzuschließen.

«Wie ist die Lage?», fragte Alexios, während er auf den südlichen Schutzwall zu in Richtung der nachlassenden Geräusche des Angriffs lief.

«Es sieht aus, als ob es sechshundert von ihnen sind», sagte Lucius. «Wir haben ihnen schwere Verluste zugefügt und sie ziehen sich im Augenblick zurück. Aber es werden mehr kommen – viel mehr, schätze ich. Die Kaledonier müssen wohl in großer Stärke vom Wall her gekommen sein. Seit der Regen nachgelassen hat, sind piktische Pfeile über den Schutzwall geflogen.»

Die Ersatztruppen sammelten sich auf dem freien Platz unter den Schutzwällen, die Verwundeten wurden heruntergebracht.

«Die Votadini?»

«Im Augenblick sind es vor allem Votadini. Es war nichts anderes zu erwarten, Kommandant, nach dem, was vorgefallen ist.»

Sie gelangten an die Stufen zum Schutzwall, und Alexios nahm zwei auf einmal, dicht gefolgt von Lucius.

Der Erste Centenarius wandte sich von der Brustwehr und salutierte. «Sie ziehen ab, Kommandant.»

Alexios nickte, er blickte über die hölzerne Mauerkrönung

hinunter und sah eine dunkle Masse von Gestalten, die sich aus der Bogenschussweite zurückzogen. Eine Gestalt, die etwas hinter den anderen war, schlug der Länge nach hin und schrie wie ein Hase, ein Pfeil vom Schutzwall hatte den Mann getroffen und steckte zitternd in seinem Rücken. Im Graben waren Tote und Verwundete und auch auf dem ganzen freien Platz zwischen der Festung und den ersten Gebäuden der Siedlung. Tote und Verletzte lagen auch in grotesken Stellungen überall auf dem Wallgang und behinderten die noch lebenden Verteidiger. Zwei Männer stolperten vorbei und trugen einen dritten, der fest in den dunkelgrünen Mantel eines Offiziers gewickelt war, am einen Ende staken die starren Beine eines Toten in feinen, Bronze beschlagenen Stiefeln heraus, der Federbusch vom Helm des Praepositus am anderen. Alexios verschwendete kaum einen Blick darauf. Er blickte links und rechts am Schutzwall entlang und sah Männer, die sich auf ihre Waffen stützten. Hier war einer, der seinen verwundeten Arm wiegte, ein anderer saß mit dem Rücken an der Wehrmauer und blickte mit erstarrtem Staunen auf den piktischen Pfeilschaft herunter, der in seinem Bauch steckte. Die Reihen waren dünn geworden: zweihundert Männer – ein paar mehr, wenn man die Wölfe der Ersten Truppe mitzählte, die die Eskorte von Montanus gebildet hatten – zweihundert Männer, die eine Festung halten sollten, die für mehr als fünfhundert gedacht war. Und wenn man es genau nahm, waren es nicht einmal mehr alle zweihundert, und es würden nach dem nächsten Angriff noch weniger sein.

Die Kaledonier schwärmten von Norden heran, um sich mit den Attacotti, den Männern mit den Weißen Schilden, zu verbünden, die vom Westmeer her kamen. Und die Votadini, die gestern noch ihre Freunde gewesen waren? Verfluchter Connla! Verfluchter Praepositus Montanus!

Man hatte Zeit, um die Verwundeten in Deckung zu bringen und die Toten von den Wallgängen zu entfernen, um zusätzliche

Pfeile und Wurfspieße aus der Waffenkammer herbeizuschaffen und an die Truppe eine Morgenration Brot und geronnene Milch auszuteilen und vielleicht auch die Pferde zu tränken. Nicht viel mehr. Alexios hörte seine eigene Stimme die notwendigen Befehle geben. Gerade im Begriff zu gehen, um sich um die vielen anderen Dinge zu kümmern, die der Kommandant einer Festung bei einer solchen Gelegenheit tun musste, blieb er doch noch einen Moment neben seinem Ersten Centenarius stehen und schaute auf die dicht gedrängten Dächer der Siedlung. «Weißt du vielleicht, was da unten geschehen ist?»

Hilarion schüttelte den Kopf. «Dort summte es gestern am frühen Abend wie in einem Korb voll Bienen, die kurz vorm Schwärmen sind. Dann wurde es ruhig. Ich schätze, dass die Siedlung mehr oder weniger verlassen war, bevor unsere Freunde mit der Kriegsbemalung kamen.»

Während er weiterhin auf das Dächergewirr blickte, war Alexios froh, dass die Grenzwölfe im Gegensatz zu den meisten Langzeittruppen sich selten damit abgaben, eine Frau zu nehmen. Sie gingen zu den Frauenhütten in der Siedlung, wenn ihnen danach war; aber es gab da unten keine Ehefrauen und keine Familien, zumindest nicht offiziell; das hätte sonst die Lage noch schwieriger gemacht, als sie war.

Etwas wie eine Hornisse surrte auf ihn zu und mit einem bösen «Tock» bohrte sich ein piktischer Pfeil zitternd in die hölzerne Brustwehr zwischen ihm und seinem Ersten Centenarius.

«Aber jetzt ist sie nicht verlassen», fügte Hilarion hinzu und duckte sich hinter die Brustwehr, ohne den Ton seiner Stimme zu verändern.

«Offensichtlich nicht. Wahrscheinlich haben sie hinter jeder Mauer einen ihrer Meisterschützen postiert.» Alexios zog den Pfeil heraus, der nicht tief eingedrungen war. «Also dieser hier ist aus ziemlicher Entfernung abgeschossen worden und unsere Bogen haben die gleiche Reichweite wie ihre. Stelle ein paar unserer besten Bogenschützen hier bereit, sie sollen jeden, der näher zu kommen versucht, abschießen.» Er warf den Pfeil zurück über die Brustwehr; er würde ohnehin nicht auf die zusammengesetzten Bogen der Späher passen. «Lass es mich augenblicklich wissen, wenn der Haupttrupp wieder die Deckung verlässt.»

Er eilte die Stufen vom Schutzwall hinab und ging davon, um sich um seine anderen Aufgaben zu kümmern.

Gleich tönte wieder das Horn vom Wachturm, die scharfen, hellen Alarmsignale breiteten sich mit dem böigen Wind aus, und die Verschnaufpause war vorbei.

Die Stammesleute schwärmten aus einem vorüberjagenden Graupelschauer hervor. Alexios stand im Geschützturm neben dem Praetorianischen Tor und sah sie kommen. Die Kaledonier, die unter ihren Umhängen von düsterer Farbe halb nackt für den Kampf waren, sahen grotesk in ihrer Kriegsbemalung aus. Geduckt rannten sie von einer Mauer zur anderen durch die verlassene Siedlung; die Votadini strömten von den Seiten her. Nur an der Westseite würde die Schlucht am Fluss einen wirksamen Angriff erschweren. Dank sei dem Gott der Legionen; das bedeutete, dass man nur von zwei Seiten die volle Wucht des Ansturms ertragen musste. Von drei allerdings, wenn es den Angreifern gelang, die Palisaden, die das Badehaus und die Gebäude der alten Schiffswerft hinter dem Nordtor schützten, zu durchbrechen. «Zielt gleich auf äußerste Entfernung», hatte Alexios befohlen. Der Graupelschauer zog vorbei, er hatte nicht lange gedauert, sodass die Bogensehnen nicht nass wurden. Von den Geschütztürmen ließen die besten Bogenschützen der Grenzwölfe Pfeil um Pfeil durch die Schießscharten mitten in die anstürmenden Massen schnellen.

Der Hauptangriff richtete sich dieses Mal offenbar gegen das Praetorianische Tor. Einige der Speerwerfer rannten mit Reisigbündeln herbei, die sie an dem Holztor aufschichteten, andere kamen mit Fackeln, die hinter ihnen herflammten, und über ihre Köpfe hinweg flogen die Pfeile der versteckten piktischen Bogenschützen, um ihnen Deckung zu geben.

«Löschtrupp vorbereiten», schrie Alexios dem Optio hinter sich zu. «Eimerkette.» Und zu den Bogenschützen im Torturm: «Haltet sie vom Tor zurück und tötet jeden Kaledonier, der ihnen Deckung gibt.»

Die Stammesleute warfen Reisigbündel in den Graben, um hinüberzugelangen. Sie trugen lange, eingekerbte Pfähle, um den Schutzwall zu rammen. Der Angriff brandete von allen Seiten heran, aber immer noch schien sich der Hauptvorstoß gegen das Praetorianische Tor zu richten.

An vorderster Front sah Alexios eine kleine, stämmige Gestalt mit rotem Haar, das unter der Kriegskappe hervorflatterte, Bernstein blitzte zwischen den Halsfalten eines safranroten karierten Stoffes auf, in einer langen Schwertklinge fing sich das Licht der Fackeln. Es gab nicht viel, worin sich der Häuptling vom Rest seiner Krieger unterschied, abgesehen von dem nicht greifbaren Etwas, das einen Mann den anderen erkennen lässt, egal ob Freund oder Feind und aus der Entfernung so gut wie im Halbdunkel.

Als spürte er Alexios' Augen auf sich gerichtet, schaute Cunorix hoch, und einen einzigen Herzschlag lang trafen sich ihre Blicke. Dann surrte eine Bogensehne neben Alexios' Ohr, der Pfeil fuhr durch Cunorix' Haar, als er vorsprang, und erwischte den Mann hinter ihm in der Kehle. Der Bogenschütze fluchte leise. Im nächsten Moment war der junge Häuptling unter dem Torbogen, wo ihn kein Pfeil erreichen konnte.

Ein beißender Geruch nach Feuer kam auf, knisternde Flammen schossen im Torbogen hoch, und der Löschtrupp trat in Aktion. Entlang der gesamten Brustwehr wogte der Kampf hin und her. Das Kampfgeschrei der Grenzwölfe und der Votadini mischte sich mit dem abscheulichen Wildkatzengeheul der Männer aus dem Norden. Der Rauch wurde dichter und begann sich mit einem neuerlichen Graupelschauer, der über die Festung niederging, zu vermengen, sodass das andere Ende beinahe völlig in Dunkelheit versank. Und aus der Dunkelheit kam wieder der warnende Ruf des Hornes, und neue gezackte Flammen züngelten aus der Richtung des Badehauses hinter den Nordmauern.

Alexios war herunter vom Geschützturm und auf halbem Weg durch die Festung, als er auf Bericus traf. «Kommandant, Nachricht von Centenarius Lucius, die Palisade ist kurz vorm Fall.»

Er winkte die Reserveleute vom Tanzplatz heran und eilte mit ihnen zum Nordtor. Der Platz dahinter war von Feuer umzingelt; dünne, gierige Flammenzungen leckten an verschiedenen Stellen der Palisaden hoch. In dem grellen Schein zwischen den Gestalten der Stammesleute und der Grenzwölfe, die um die Verteidigung kämpften, tauchte plötzlich vor Alexios das geschwärzte und blutige Gesicht von Lucius auf, der beim Anblick der Reservesoldaten in seiner etwas unbeholfenen Art sagte: «Jetzt können wir etwas gegen das Feuer tun – ich konnte vorhin keine Männer entbehren, Kommandant.»

Sie bekämpften die Flammen mit dem Wasservorrat vom Badehaus; wenigstens gab es genug Wasser am nördlichen Hügelabhang. Sie holten es in ihren Kampfhelmen und allem, was sie auftreiben konnten, herbei und schlugen die Flammen mit ihren Wolfspelzen aus, die vom Tauchbecken triefend nass waren. Sie bekämpften die Stammesleute mit ihren Schwertern und Speeren und mit dem letzten Mittel eines Wolfes – Alexios sah einen Mann, der sich tief in die Kehle eines Stammesangehörigen verbissen hatte, und er vergaß diesen Anblick niemals. Er vergaß auch nie das Knirschen einer Klinge auf Knochen, als er sein eigenes Schwert aus dem Brustkorb eines Jungen zog, den er gekannt und mit dem er Stutenmilch getrunken hatte. Auch nicht den tätowierten Riesen, der seine mit Kranichfedern geschmückte Axt durch die Luft schleuderte, und Bericus' überraschtes Grunzen, als er mit gespaltenem Schädel neben ihm zu Boden stürzte …

Endlich ebbte der mächtige Ansturm ab wie eine Welle, die sich überschlagen hat. Geschrei und Waffengeklirr verstummten, und in den Pausen zwischen den Windböen hörte man nur das Stampfen und Wiehern von verschreckten Pferden in den Ställen und das schwere Keuchen von Männern, die sich auf ihre Waffen stützten, um wieder zu Atem zu kommen. «Das war ein heißer Kampf, und gut gekämpft habt ihr, meine Wölflinge!», rief Alexios ihnen zu.

Aber als er mit Lucius im Eingang des Badehauses stand, sagte er: «Zieh sie in den Hauptteil der Festung zurück.»

«Du meinst – diesen Teil verlassen?»

«Ja», sagte Alexios.

«Wenn wir das tun, geben wir das Wasser auf, und es gibt nur den einen Brunnen im Hauptteil.»

«Einer muss reichen. Wenn wir uns nicht zurückziehen, bedeutet es, dass wir Leute verlieren.»

Sie schauten sich an und wussten, welche eigentliche Entscheidung in diesem Moment getroffen wurde.

Dann sagte Lucius: «Kommandant», salutierte und ging den Befehl ausführen.

So wurden die Männer von der Stelle am alten Badehaus abgezogen, sie trugen die Toten und Verwundeten mit sich, und das halb zugebaute Nordtor wurde geschlossen und befestigt. Und Alexios, der befohlen hatte, ihm die Zahl der Toten und Verwundeten mitzuteilen, lief in das Sacellum und holte die Mannschaftsverzeichnisse und Dienstpläne und Soldlisten heraus; er legte auf der Feuerpfanne Holzkohle nach und schaute zu, wie die Glut unter der weißen Asche hell wurde.

Er glaubte nicht, dass diese Papiere für die Tätowierten oder auch für die Votadini von großem Nutzen sein könnten. Die wichtigen Dinge, wie Berichte über das Kommen und Gehen an der Westküste oder oben in den nördlichen Tälern, von

Unruhen bei den Stämmen oder von Männern, die von Aufstand redeten, wurden in der Festung nicht schriftlich festgehalten, sondern direkt zu den Hauptquartieren geschickt. Aber stehende Befehle waren stehende Befehle, ob hier oder in Abusina. Keine Papiere in die Hände des Feindes fallen lassen, und möglicherweise gab es später keine Zeit mehr, sich darum zu kümmern.

Wie in Abusina … Aber dieses Mal gab es keine Hoffnung auf eine Entsatztruppe. Die verstreuten Truppen der Grenzwölfe waren in Notzeiten nicht fähig, sich gegenseitig zu unterstützen, wie Julius Gavros an jenem ersten Abend gesagt hatte, und der Wall war sechs Tagesmärsche entfernt, selbst dann, wenn man sich nicht durchkämpfen musste.

Komisch, dachte er. Nachdem er beinahe eineinhalb Jahre versucht hatte, Abusina zu vergessen, war er einmal im Kreis gelaufen und genau da wieder gelandet, wo er angefangen hatte.

Nicht wirklich komisch, eigentlich ein schlechter Witz.

(‹Hör' auf, über dich selbst nachzudenken, Ducenarius Alexios Flavius Aquila; es geht nicht nur um dich und deine Entscheidung, es sind die zweihundert Männer da draußen, für die du sie treffen musst!›)

Er straffte die Schultern mit dem leichten Ruck, der ihm nicht bewusst war, der aber allen anderen, die ihn kannten, vertraut gewesen wäre, und wandte sich zur Tür und an den Offiziersburschen, der draußen wartete.

«Bitte Centenarius Hilarion und Centenarius Lucius und den Quartiermeister, zu mir zu kommen, sobald sie können. Antonius auch, wenn er seine Verwundeten für mich kurz allein lassen kann.»

«Kommandant.» Der Mann lief los.

Kurz darauf betraten die beiden Centenarii das Sacellum fast gleichzeitig und trafen den Kommandanten am Tisch sitzend an, er starrte mit aufgestützten Ellenbogen auf den Stoß Papiere vor sich.

Er blickte auf, als sie eintraten. «Alles ruhig?»

«Im Augenblick ja.» Hilarion strich sich mit dem Unterarm über sein versengtes, verdrecktes Gesicht.

«Es tut mir leid, dass ich euch hergerufen habe. Ich weiß, ihr habt genug am Hals.»

Alexios holte seufzend Atem, stand auf und stieß sich mit ausgebreiteten Händen vom Tisch ab, als hätte ihm der Beschluss, den er gefasst hatte, alle Kraft genommen. Kaum nahm er das rote, runzlige Gesicht des Quartiermeisters im Türrahmen wahr.

«Ihr werdet mir wohl zustimmen, dass es keine Hoffnung gibt, dass eine Entsatztruppe zu uns vorstößt – trotz der Schnellreiter des Praepositus», hörte er sich selbst sagen.

«Keine», sagte Hilarion heiter.

«Und gewiss gibt es keine Chance, dass wir Castellum länger als ein paar Tage halten können. Selbst wenn der Teil beim Badehaus wegfällt, haben wir zu wenig Leute, um die ganze Verteidigungslinie zu besetzen. Und mit jedem Angriff, den wir zurückschlagen, werden es weniger, während die Stammesleute auf so viele neue Männer zurückgreifen können, wie es nötig ist – und auch auf die Vorräte der ganzen Gegend, das Wasser inbegriffen.» Er sprach langsam wie einer, der über eine schwierige Sache sehr gründlich nachgedacht hat und es in der richtigen Reihenfolge darlegen möchte. «Wir sind ausreichend mit Vorräten und Waffen ausgestattet, aber nicht mit Wasser. *Ein* Brunnen würde für die Männer ausreichen, nicht aber für die Pferde.»

Er wechselte Blicke mit Lucius. «Das hatte ich nicht vergessen, als ich den Rückzug in den Hauptteil der Festung anordnete. Der Verlust der Quelle des Badehauses war gar nichts gegenüber den Opfern, die es unter den Männern gegeben hätte, die es halten sollten. Und es hätte letztendlich ohnehin keinen großen Unterschied gemacht.» Er brach ab und blickte in die drei erwartungsvollen Gesichter. «Hilarion,

Lucius, Quartiermeister, ist mir etwas entgangen? Können wir irgendeinen vernünftigen Grund nennen, warum wir hier in Castellum aushalten und sterben sollten?»

«Keinen, wenn man Heldentaten weglässt», sagte Hilarion nach einer Weile leichthin.

Der Quartiermeister schniefte, es war schwierig, sich vorzustellen, was das Schniefen bedeutete. Lucius sagte gar nichts.

«Dann wollen wir Heldentaten weglassen – oder sie für ein anderes Mal aufsparen. Die Männer haben wie Helden gekämpft; aber die Grenzwölfe sind am besten und gefährlichsten im offenen Land, nicht hinter Mauern. Unsere Beweglichkeit und Geschicklichkeit auf dem Schlachtfeld könnten dabei helfen, zum Hauptquartier durchzukommen. So ...» Alexios' Mund fühlte sich ganz trocken an. Dieses Mal war es die richtige Entscheidung, das wusste er. Aber es ging fast über seine Kräfte, die Worte über die Lippen zu bringen: «Wir ziehen heute Abend bei Anbruch der Dunkelheit ab.»

Es herrschte Schweigen, gegen das Fenster prasselte ein Graupelschauer. Es war fast so dunkel, dass man eine Lampe brauchen konnte, obwohl noch nicht einmal Mittag war.

Eine weitere Gestalt erschien auf der Schwelle, blutverschmiert, als käme sie direkt vom Metzger. «Was ist mit den Verwundeten, Kommandant?», fragte Antonius.

Alexios starrte ihn kurz an, er verstand nicht ganz.

Diesmal antwortete Lucius und berührte dabei den Dolch in seinem Gürtel.

«Bei ihrem Volk ist es Brauch, sie ... um sicherzugehen, dass sie dem Feind nicht lebend in die Hände fallen.»

«Das nicht», sagte Alexios. «Wir nehmen die Verwundeten mit – bindet sie auf den Rücken ihrer Pferde, wenn es nötig ist. Wir tun alles, was wir können.»

«Wahrscheinlich werden einige von ihnen das nicht überleben», sagte Antonius ganz deutlich. Er war offensichtlich bemüht, dass der Kommandant auch jedes Wort verstand.

«Aber wenigstens haben sie eine Chance.»

Das langnasige, müde Gesicht des Arztes verzog sich zu einem schwachen Lächeln. Er tauschte mit Lucius Blicke aus. Sie hatten die Sache in ernster Absicht vorgebracht und hätten sich darum gekümmert, dass der Befehl ausgeführt wurde; aber beide waren froh, dass er nicht erteilt wurde.

«Trefft eure Vorbereitungen für ihren Transport», sagte Alexios, «aber bleibt mit mir in Verbindung.»

Als der Medicus gegangen war, kam Hilarion auf den Punkt zurück, den sie vor seinem Auftauchen besprochen hatten. «So? Wir ziehen ab bei Einbruch der Dunkelheit? Wie denn, Kommandant? Wir sind ganz schön eingeschlossen, und sie werden, wenn es dunkel ist, ringsum ihre Wachfeuer anzünden.»

«Auf der Flussseite können sie es nicht», sagte Alexios, «die Böschung ist zu steil; auch nicht direkt unten am Ufer der Flussmündung. Diese beiden Wege wären möglich.»

Er nahm eine der Mannschaftslisten und zerknüllte sie zu einer Kugel, weil diese leichter brennen würde, und ließ sie auf die Kohlepfanne fallen. «Also, gib den Befehl weiter. Die Ersten Optios sollten besser herkommen, um den Plan im Detail auszuarbeiten, sagen wir, ab jetzt in einer Stunde, wenn wir nicht bis dahin einen neuen Angriff haben.»

Im Hinausgehen legte er noch eine weitere zerknüllte Papyrusrolle auf die Kohlepfanne. Das dauerte zu lange. Er musste es wie in Abusina machen und alles auf den Boden werfen und anzünden.

Er schob gerade den Tisch beiseite, um Platz zu schaffen, als Lucius noch einmal in der Tür stand. «Kommandant, kannst du das bitte zum Scheiterhaufen tun?»

Und Alexios sah, dass er ihm die vertraute Rolle hinhielt, die beinahe ein Teil von ihm zu sein schien: sein geliebtes *Georgicon*.

«Da ich diese Reise mit leichtem Gepäck antreten muss», sagte er schlicht, «brauche ich es eigentlich nicht; du sagst ohnehin immer, dass ich es auswendig kenne.»

Ihre Blicke trafen sich, als Alexios die Hand ausstreckte, um es von ihm entgegenzunehmen. Lucius wandte sich wortlos ab und ging davon.

Alexios betrachtete den Schatz in seinen Händen einen Moment, dann ließ er den Papyrus aufrollen, riss die hölzernen Enden der Rolle ab und legte ihn zu dem Haufen auf dem Boden. Dann nahm er einen brennenden Stecken von der Kohlepfanne.

Gerade als er fertig war und das Sacellum vom stechenden Geruch nach verbranntem Papyrus erfüllt war und ein beißender Nebel über die fauchende Maske des Truppendrachen an der Rückwand hinzog, ertönte wieder das Alarmsignal.

Es waren nur die ersten Töne des Alarms, sie brachen abrupt ab, und die letzten kamen nicht mehr ...

In der kurzen Atempause vor dem nächsten Angriff waren der Kommandant und seine Centenarii und die vier Ersten Optios im Sacellum versammelt; sieben Wolfsgestalten hockten am Boden. Sie hatten die Ascheflocken der Papyrusrollen zur Seite gefegt, und Alexios zeichnete mit einem verkohlten Stock auf die frei gemachte Stelle in ihrer Mitte.

«Wir führen die gesamte Truppe durch das Rechte Tor und hinunter zur Furt.» Sechs Augenpaare folgten gespannt der Stockspitze, die über die Karte glitt, die er gezeichnet hatte. «Da setzen wir sechs Mann als Köder ab, unter Optio Vedrix», er blickte einen kleinen listig aussehenden Mann an, der zur Antwort nickte. «Ihr geht flussabwärts und arbeitet euch am Fuß der Steilküste vorwärts. Es wird Ebbe in der Mündung sein, wann? Etwa bei Beginn der Zweiten Wache? Führt die Pferde durch das Niedrigwasser, bis du es für sicher hältst, an Land zu gehen, folgt der Küste in Richtung zum alten Flottenstützpunkt; dann weiter ins Landesinnere um den Festungsfels herum und weiter nach Süden, und hinterlasst eine sichtbare Spur, als wolltet ihr zur Straße nach Trimontium. Auf diese Weise seid ihr außerhalb der Jagdgründe des Stammes und erreicht den Herrschersitz der Votadini.»

Der Optio nickte wieder. «Es ist genau das, was Cunorix von uns erwartet – von uns allen, denke ich, denn es geht ja vor allem um den Clan.»

«Ja, lass es möglichst so aussehen, als ob ihr tatsächlich wir alle wärt. Dann verschwindet ihr, ungefähr – hier, und zieht nach Süden, um auf die Haupttruppe etwa – hier zu treffen.»

«Und der Haupttrupp unterdessen?», fragte Hilarion.

Alexios' verkohlter Stock kehrte an die Stelle zurück, wo er Castellum markiert hatte. «Die Haupttruppe überquert die Furt, zieht mitten in die Jagdgründe des Stammes und weiter nach Süden entlang der Flussschlucht.»

Hilarion pfiff leise ein paar Töne. «Was sie kaum erwarten werden!»

«Wir können nur zu allen Göttern beten, die die Truppe anbetet, dass sie es nicht tun», sagte Alexios grimmig, während sein Stock weiter glitt.

«Kommandant», warf Lucius ein, «wenn wir diesen Weg einschlagen, werden wir nach vier Meilen genau das Lange Moos in unserer Marschlinie haben.»

Alexios lehnte sich zurück und schaute in die Runde. Das war das gefährliche Stück, das wusste er, und es hing nicht so sehr von der Lage des Gebietes ab, sondern von den Herzen seiner Männer, es war etwas in ihrem Innern, das er einfach nicht kannte. «Ich hatte es nicht vergessen. Und in der Mitte des Langen Mooses befindet sich der Totenplatz der Häuptlinge der Votadini. Es führt ein Weg von hier zu der Stelle. Den größten Teil sind wir, Optio Garwin und ich, zusammen gegangen, als wir im vergangenen Sommer den alten Häuptling begleiteten und den neuen zurückbrachten. Es muss auch Wege von der anderen Seite geben. Haben wir jemanden in der Truppe, der sie kennt?»

Der dritte Mann, der vom Clan selbst stammte, blickte von

den Zeichnungen auf dem Boden auf. «Ich, Kommandant. Zwei oder drei andere auch. Ich habe ab und zu ein Pferd da durchgeführt, bevor ich gesetzestreu und Soldat von Rom wurde. Aber meine Mutter hatte Blut vom Kleinen Dunklen Volk, dem Alten Waldvolk, in sich. Sie besaß noch die alte Weisheit und versah mich mit den Schutzzeichen.»

«Und ohne diese Schutzzeichen?», fragte Alexios. «Werden die Truppen diesen Weg gehen?»

Schweigen. Und wieder klang das Graupelgeprassel am Fenster sehr laut. Dann schlug Optio Garwin vor: «Was ist, wenn wir uns an das Ostufer des Flusses halten und dann die erhöhte Straße nach Trimontium einschlagen?»

«Das ist eine mögliche Route», meinte Alexios, «und wir nehmen sie, wenn es sein muss, aber die Stammesleute werden uns da schneller auf den Fersen sein, denn diesen Weg werden sie eher erwarten.»

«Ich habe oft sagen gehört», murmelte Hilarion sanft, offenbar redete er mit sich selbst, «dass die Grenzwölfe ein gottloses Pack sind. Wenn ein Mann keine Götter hat, wovor soll er dann Furcht haben?»

Der vierte Optio, der bisher geschwiegen hatte, sagte: «Kommandant, behalten wir doch beide Möglichkeiten eine Weile im Kopf. Ich denke, dass die Männer dir folgen werden, aber es wäre übel, sie dazu zu bringen und dann herauszufinden, dass sie es nicht wollen. Überlasse es uns eine Zeit lang und greifen wir den Plan von hier auf», er beugte sich vor und berührte einen Punkt auf der rauen Karte, «wo, wie ich meine, in jedem Fall beide Straßen sich vereinen.»

«So sei es, Optio Brychanus», sagte Alexios. «Ich überlasse es euch; aber beeilt euch, es herauszufinden … Von hier also, ist es einfach, wir reiten so – und so –, um uns mit der Lockvogeltruppe irgendwo hier zu treffen, westlich von Trimontium, von da sind es nur zwei Tagesmärsche nach Bremenium – wenn sie uns nicht zu dicht auf den Fersen sind …»

Dann fiel er von der einheimischen Sprache, in der sie die meiste Zeit geredet hatten, wieder ins Lateinische: «Wir haben noch zwei Stunden Tageslicht, um fertig zu werden. Lasst sobald wie möglich die Pferde füttern und tränken, die Männer sollen bei Anbruch der Dunkelheit essen. Den Rest habe ich euch gesagt. Haltet euch nicht zu lange mit der Frage der zwei Wege auf.»

Als es dämmerte, war die Festung noch in römischer Hand. Aber die Verteidiger hatten seit dem Morgen schwere Verluste erlitten, Tote und Verwundete, und ihre Kampfstärke war auf weniger als zwei Drittel geschrumpft.

Mit der Dunkelheit waren die böigen Graupelschauer vom Tag in eine unangenehme Nacht mit winterlichem Regen übergegangen, den ein heulender Nordwestwind vor sich hertrieb, und unter seinem Schutz gingen die Vorbereitungen für den Abzug weiter. Sie hatten ihre Toten in einer der Vorratsscheunen zusammengetragen und mit allem, was sie schnell an Getreide und Vorräten holen und nicht mitnehmen würden, bedeckt und das Dach darüber niedergerissen. Alexios hätte das Gebäude gern angezündet, ja die ganze Festung hätte er gerne in Brand gesetzt, aber wenn er das tat, würde das so aussehen, als ob sie nie wiederkämen, abgesehen davon, dass es ein vorzeitiger Hinweis auf ihren Rückzug war. Und das würden die Stammesleute gleich verstehen und Mut fassen, während seine eigenen Männer, die es auch wussten, ihn verlören. Sie hatten fast alles auf die eine oder andere Weise verdorben und zerstört, fast alles in der Festung, was den Stammesleuten von Nutzen sein konnte, und das musste ausreichen.

Bei Anbruch der Dämmerung war Essen verteilt worden, und jeder bekam eine eiserne Ration für drei Tage für sich und sein Pferd. Die Pferde waren gefüttert und getränkt und die Hufe mit Streifen von Bettdecken umwickelt, damit sie auf dem Weg zur Furt hinunter kein Geräusch machten. An ihrem Zaumzeug waren Maulriemen befestigt, damit nicht ein plötzliches

Wiehern bei Witterung der Stammespferde sie verraten konnte. Die Waffen waren geprüft, die Köcher gefüllt und übrige Bogensehnen verteilt ...

Jetzt war alles bereit; und in dem dröhnenden Wind hörte es sich an, als machte die Festung einen langen, erwartungsvollen Atemzug. Und die Männer, die den letzten Augenblick auf dem Schutzwall Wache hielten, starrten auf die im Wind heftig züngelnden feindlichen Wachfeuer, die sie von drei Seiten umringten, und sahen nirgends ein Zeichen von Bewegung.

Bald würde Ebbe sein an der Flussmündung.

Im Sacellum hing immer noch der Geruch nach verbranntem Papyrus und geschmolzenem Wachs. Die Lampe brannte auf dem nun leeren Tisch, und in ihrem tropfenden Licht sah man immer noch auf dem Boden die Zeichen der grob skizzierten Karte. Alexios hielt einen Moment in seiner Tätigkeit inne und wischte sie mit seinem Fuß weg.

(«Es ist, wie der Centenarius gesagt hat», hatte Optio Brychanus berichtet, «die Grenzwölfe sind ein gottloses Pack. Sie werden den Weg nehmen, der bei den Totensteinen der Häuptlinge vorbeiführt, aber sie sagen, dass bestimmt dafür bezahlt werden muss.» «Bezahlt?», hatte Alexios gefragt. «Mit einem Leben.» Für den Optio war das einfach eine Tatsache gewesen. «Sie sagen, die Hüter des Ortes werden das Leben von einem verlangen, damit der Rest vorbei darf. Aber es wird so und so mehr als nur ein Leben kosten, um zum Hauptquartier zu gelangen; und sie sagen, der Weg vom Kommandanten gibt ihnen die beste Chance.»)

Alexios verrieb noch ein letztes Mal den schmierigen schwarzen Fleck auf dem Boden und dann machte er sich wieder ans Werk.

Er hatte den Drachen der Truppe heruntergenommen, legte ihn auf den Tisch und hämmerte den wild fauchenden Kopf mit dem schweren, eisenbewehrten Ende seines Speerschafts flach. Das hätte der Standartenträger tun sollen. Aber der

Standartenträger war tot. Und so war es an dem Kommandanten, die Standarte der Einheit zurück ins Hauptquartier zu bringen. Er versetzte dem Ding einen letzten Schlag und warf den Speerschaft beiseite. Der wilde Kopf, der sonst in voller Schönheit hochragte und den Wind in sich hineintrank, wenn die Truppen in vollem Galopp dahinjagten, war jetzt eine groteske, platte Maske aus Bronze und Silberdrähten, als er darauf schaute. Aber es war immer noch der Drache der Truppe. Er hob ihn hoch und begann den glänzenden Windsack wie einen seidenen Schal um seine Taille zu binden, er fing mit der Schwanzspitze an und stopfte den flachen Kopf zuletzt zwischen die Falten des Drachenkörpers.

Er warf einen letzten Blick auf das schmale Zimmer, das jetzt kahl und leer war, ließ die Lampe brennen und ging durch den Säulengang in die winterliche Dunkelheit.

Auf dem Tanzplatz und in dem Gang, der zum Rechten Tor führte, stand die Truppe bereit und wartete, jeder Mann neben seinem Pferd. Alexios sah die dunklen Umrisse der bepackten Lastpferde und die Tiere mit den Verwundeten, die zusammengesunken über ihren Rücken kauerten.

Centenario Hilarius tauchte aus dem Dunkeln auf. «»Kommandant, die Späher berichten, dass alles klar ist, außerdem haben sie unsere fehlende Patrouille getroffen und ein paar Meilen flussaufwärts zurückgelassen.»

«Eine Sorge weniger.» Alexios atmete vor Erleichterung kurz auf. Während der letzten paar Stunden hatte er sich um die fehlende Patrouille immer wieder Gedanken gemacht. «Ist alles bereit?»

«Alles ist bereit, Kommandant.»

«Gut. Aufsitzen. Führe an, Centenario.»

Das Rechte Tor, das vorher gut geölt worden war, öffnete sich lautlos in die windige Dunkelheit. Und Männer und Pferde glitten wie eine Geisterschar einer nach dem anderen durch das Tor und den steilen Pfad zur Furt hinunter, die Männer der Lockvogeltruppe führten den Zug an.

Alexios, der auf dieser ersten Strecke mit der Vorhut ritt, zog Phoenix am Rand der Furt zur Seite, neben die stumme Gestalt der Dunklen Frau, und murmelte ein rasches «Glück sei mit euch – um unser aller willen» zu Optio Vedrix und sah, wie die zehn Schatten sich von den übrigen lösten und mit der stürmischen Dunkelheit verschmolzen auf ihrem Weg hinunter zur Flussbiegung und an die offene Küste.

Es kam ihm sehr lange vor, wie er da saß und sein unruhiges Pferd parierte, um die Übrigen vorbeiziehen zu sehen. Zwanzig Mann bei der Vorhut, dann die Haupttruppe, etwa hundert, die zwei und zwei ritten. Der armselige Haufen der Verwundeten und die Packtiere. Die Nachhut mit fünfundzwanzig. Die Dritte Truppe, die Grenzwölfe, zog geordnet ab. Er fragte sich, wie geordnet sie wohl sein mochten, wenn sie das Hauptquartier erreichten. Wie viele von ihnen würden das Hauptquartier überhaupt erreichen? Nun, wenn es jemand schaffen konnte, dann waren es die Grenzwölfe.

Ein Schatten nach dem anderen bewegte sich vorbei, langsam und sanft leiteten sie ihre Pferde ins Wasser, kamen auf der anderen Seite heraus und verschwanden in der regnerischen Dunkelheit. Wenigstens gaben ihnen die Sturmgötter die nötige Deckung, sie schienen dunkle Flügel über sie zu breiten, und das Brausen des Windes durch die Erlenwälder verschluckte jeden Laut von der Furt.

Alexios lauschte angespannt, ob irgendein Laut Probleme für die Lockvogeltruppe verriet – aber nichts rührte sich. Einmal wieherte ein Pferd auf, als seine Beine im rasch fließenden Wasser unter ihm wegrutschten; sein Reiter sammelte es leise fluchend wieder. Aber es gab keinen Ansturm von Speerwerfern unten am Fluss.

Und dann hörte er hinter ihnen, schwankend und halb vom Wind verschluckt, die gleichmäßigen Töne des Horns, das zur

Zweiten Wache der Nacht blies. Noch ein paar Augenblicke und Conan, der Erste Trompeter, würde vom Dextra Tor herunterkommen und der letzte lebende Mann hätte die Festung verlassen. Alexios erinnerte sich plötzlich schmerzlich an den Alarm, der vor wenigen Stunden so plötzlich abgebrochen war. Der junge Rufus, mit einem piktischen Pfeil in der Kehle, lag jetzt mit den anderen Toten unter dem niedergerissenen Dach der alten Vorratsscheune; und mit ihm das schlaffe Bündel blutigen Fells, das einmal Typhon gewesen war. Alles hatten die beiden zusammen getan, vom ersten Tag an hinter der Werkstatt des Waffenschmieds, und auch in ihrem Tod waren sie nicht getrennt worden.

Eine schwache Bewegung war auf dem steilen Pfad und Conan kam an seine Seite. «Das sollte sie beruhigen, jedenfalls bis die Dritte Wache fällig ist», sagte er rasch und leise.

Sie lenkten ihre Pferde zur Furt.

Alexios, der sich in alter Gewohnheit zur Seite neigte, fühlte den regennassen, eiskalten und seltsam leeren Stein und wusste, obwohl er es gleich wieder von sich wies, dass Rom nicht zurückkehren würde.

12. Das Wehrdorf von Skolawn

Als sie aus dem Erlengestrüpp, das die Hänge der Flussenge überwucherte, ins Freie kamen, trieb Alexios sein Pferd an die Spitze der Haupttruppe, die, mit ein paar ihrer besten Wegkundigen weit voraus, nach Süden zur alten Straße nach Credigone schwenkte. Entlang dem Fluss zu ihrer Linken zogen sie mitten in das Jagdgebiet des Clans, eine düstere Gegend, die sich zwischen ihnen und dem Langen Moos erstreckte. Bremenium war vier Tagesmärsche entfernt, vielleicht mehr, und das Wichtigste im Moment war, so weit wie möglich nach Süden zu gelangen, bevor es hell wurde.

Der Wind blies jetzt von hinten an ihre linken Schultern; dem Gott der Legionen sei Dank waren die Graupelschauer, die den ganzen Tag mit den unangenehmen Regenböen vermischt gewesen waren, noch nicht in Schnee übergegangen. Aber Alexios, der sein Kinn in den dichten, haarigen Falten seines Wolfspelzes vergrub, hatte das ungute Gefühl, dass er gewiss am nächsten Tag, wenn nicht eher, kommen würde.

Streckenweise war so finstere Nacht wie in einem Wolfsbauch. Dann wieder, wenn die bewegte Himmelsdecke ein wenig aufriss, konnten sie im leichten Hellerwerden die geduckten Umrisse von Weißdornbäumen oder sogar die Silhouette eines Hügels sehen, der sich gegen die tief dahinjagende Wolkenmasse abhob. Auf halbem Weg zwischen der Festung und dem Beginn des Langen Mooses nahmen sie die ausgebliebene Patrouille auf, die an der Furt eines flachen Seitenflüsschens auf sie gewartet hatte. Mit nur wenigen gemurmelten Worten in der von Sturm erfüllten Dunkelheit wurde sie dem Haupttrupp angegliedert. Und weiter ging es. Bald kam von vorne der kalte, modrige Geruch des Sumpflandes. Und hier und da der schwache, gebrochene Glanz von Wasser.

Eine Gestalt von der Vorhut fiel an Alexios' Seite zurück. «Hier sind wir, Kommandant. Am besten lassen wir einen Moment halten.»

Alexios ließ einen langen, schwachen Pfiff ertönen. Sein nun einziger Trompeter war an seiner Seite, aber jetzt war nicht der Zeitpunkt, ihre Anwesenheit über die dunklen Hügel zu verkünden. Er hörte, wie das Signal erwidert und weitergegeben wurde, angefangen bei Hilarion und der Vorhut, und durch die ganze lange Reihe von Schattengestalten hindurch, wie bei einer Kette von Sumpfvögeln, die einander zurufen. Die Kolonne kam zum Stehen. Die ganze Linie entlang schwangen sich die Grenzwölfe aus dem Sattel.

Ein Mann, der sein Pferd am Zügel führte, glitt an Alexios vorbei an die Spitze, zwischen den Schultern seines Wolfspelzes war ein dicker weißer Kalkfleck aufgemalt.

Als Alexios ihn sah, dachte er: ‹Mithras! Man sieht es nicht so gut, wie ich es mir gedacht habe! Was ist, wenn wir ihn aus den Augen verlieren? Was, wenn der sichere Weg wegen des Wetters anders verläuft? Was, wenn der Boden im Winter weicher ist?›

«Die Wegkundigen melden, dass der Weg fest und frei ist», sagte der Mann neben ihm.

«Fest genug für hundertfünfzig Männer und Pferde?»

«Fest genug für Hannibals Elefanten, wenn wir genug Abstand halten.»

Kurz darauf waren sie wieder unterwegs, die Männer gingen neben ihren Pferden her, um die Bodenlast zu verteilen. Die lange Reihe war in kurze unregelmäßige Ketten aufgeteilt, von denen jede einem Mann mit dem Kalkfleck zwischen den Schultern folgte. Man stelle sich vor, der Leiter einer solchen Seilschaft nähme ein zu langes Seil und es gäbe keine Markierung an jeder Abzweigung, dann liegt es in der Natur der Dinge, dass jeder nachfolgende Mann immer eine Kleinigkeit früher abbiegt als der vor ihm, sodass dann die Männer am

Ende der Schlange immer etwas früher abzweigen und so in wirkliche Schwierigkeiten kommen.

Alexios, der neben Phoenix ging, erinnerte sich an die friedliche Sommernacht, als er hier entlang gekommen war, um den alten Stammeshäuptling zu seinem Totenplatz zu geleiten. Und wie die Stammesleute sich entlang dem festeren Boden zwischen den sich schlängelnden Wasserläufen und den Teichen, die den Himmel widerspiegelten, hier und dahin bewegt hatten. An die flackernden Fackeln und das klagende Pochen der Trommeln dachte er und an den lang währenden Sonnenuntergang des Nordens, der seine vergoldeten Wolkenstrahlen über den Himmel warf. Er nahm an, dass sie jetzt auf demselben Weg waren. Er musste es annehmen, musste den Männern mit den Kalkflecken zwischen den Schultern vertrauen. «Die Grenzwölfe bringen ihre Loyalität mit. Und wenn sie erst der Familie beigetreten sind, dann bleibt es dabei», hatte Gavros gesagt. Aber er versuchte, sich in sie hineinzuversetzen, und fragte sich, wie es wohl für ihn wäre, wenn er zwischen neuen und alten Loyalitäten schwankte, wenn er die geheimen und geheiligten Wege kannte und gebeten wurde, sie Männern eines anderen Stammes zu verraten, die sie nicht kannten.

Dann hörte er weit weg von links durch den brausenden Wind das starke, vertraute winterliche Rauschen des Flusses, der bei Castellum zur Mündung floss; es klang so anders als sein leises Plätschern im Sommer. Ein wenig später erreichten sie die lang gezogene Bodenerhebung mit dem Dornengestrüpp und den kahlen Erlen, die sich im Wind hin und her wanden, wo sie damals angehalten hatten und den alten Häuptling weggehen sahen und die ganze Nacht auf die Rückkehr des jungen Häuptlings gewartet hatten.

Mehlweiß aufleuchtend an den Stellen, wo der Wind es kräuselte, wenn wieder eine Bö vorüberfegte, erstreckte sich vor ihnen das seichte Wasser und verschwamm zu einem anderen Ufer hin, das nur ein formloses Dunkel war, verwischt vom Regen.

Dieses Mal gab es keinen Halt. Vor sich sah Alexios die Männer und Pferde der Vorhut, die sich stetig zum Wasser hinunter bewegten. «Ganz ruhig», sagte er zu Phoenix, «ganz ruhig, es ist nur eine Furt … bist mein guter alter Held.» Das eisige Wasser wirbelte bis an seine Knie, fast bis zum Oberschenkel. Wenn er zurückblickte, sah er die lange Reihe dunkler Gestalten, die folgten. Wenn er nach vorne blickte, sah er unmittelbar vor sich den Mann mit dem Kalkfleck, der auf dem Rücken von seinem Wolfspelz schwach leuchtete. Der Wind blies ihm Phoenix' nasse Mähne ins Gesicht. Kurz darauf änderten sie den Kurs und dann noch einmal. Das Wasser schäumte eiskalt um die Beine von Männern und Pferden. Die Kälte schien sich von den Beinen hinauf mitten in sein Herz hineinzufressen. Er fragte sich, wie es den Verwundeten ging, die weit hinten bei den Lasttieren vereinzelt nachkamen. Schaudernd wurde ihm die Bedrohung des gierigen Sumpfes auf beiden Seiten bewusst.

Die Durchquerung kam ihm endlos vor, obwohl die Erinnerung an jene sanfte Nacht ihm sagte, dass es wahrscheinlich nicht mehr als zehn Bogen Schussweite waren. Unter der Wasseroberfläche machte sich ein Sog bemerkbar; ein stetiger Sog in die Richtung, wo der Fluss sein musste. Und dann spürte er, wie der verborgene, sichere Weg unter seinen Füßen anstieg. Schilfrohr drängte sich ihnen entgegen, trockenes Winterschilfrohr, das sich teilte, um sie durchzulassen. Vor ihnen, das hörte und spürte man mehr, als dass man es sah, war die Vorhut aus dem Wasser und hatte durch das Erlengestrüpp festen Grund erreicht. Kurz darauf erklommen er und Phoenix den Abhang, zusammen mit den Ersten von der Haupttruppe dicht dahinter.

Ein kleines Stück weiter ragten die großen aufrechten Steine empor, Gebilde, die sich in tiefstem Schwarz gegen die etwas hellere Winternacht abhoben. Alexios spürte sie mehr, als dass er sie sah. Er fühlte das Etwas, das dieser Ort in sich barg, spürbar wie der Atem eines gewaltigen, brütenden Wesens; dies war der Totenplatz der Stammeshäuptlinge der Votadini, und er gehörte nicht zur Welt der Lebenden. Selbst der Wind hatte hier einen anderen Ton; er zerrte und zupfte an den großen Steinen mit einem fremdartigen, kalten Harfenton, der fast wie übermenschliche Stimmen klang. Und trotz der stürmischen Stimmen von Wind und Regen war große Stille hier.

Die Vorhut schwenkte nach links und umrundete die aufrechten Steine. Die Haupttruppe folgte. «Ich komme gleich nach», sagte Alexios zu Optio Garwin neben sich. Er führte Phoenix zur Seite und blieb, den Arm auf den Hals des Pferdes gelegt, stehen, um die Restlichen vorüberziehen zu sehen. Ihm war klar, er hatte sie an diesen Ort gebracht, und so konnte er nicht weiterziehen, bis der letzte Mann auf dem Trockenen war.

Er beobachtete, wie eine Abteilung nach der anderen aus der Dunkelheit auftauchte und wie eine Geisterlegion wieder darin verschwand. Schrecklich ähnlich einer Geisterlegion. Die Verwundeten kamen vorüber. Diejenigen, die laufen konnten, schwankten blind und taub gegen alles vorwärts, sie wollten nur weiterkommen. Einige stützten sich gegenseitig; diejenigen, die nicht gehen konnten, kauerten in ihren Sätteln oder lagen auf dem Hals ihres Pferdes, ein paar wurden von unverletzten Männern getragen. Er hörte Rutschen und Scharren, das war das Erste der Lasttiere, die aus dem Wasser kamen. Bald würde die Nachhut da sein. Hilarion und die Vorhut waren jetzt wohl wieder auf den gewundenen Wegen des Marschlandes. Die Hälfte des Langen Mooses war durchquert, und nichts war geschehen.

Doch in diesem Augenblick hörte man lauten Flügelschlag aus dem Erlengebüsch an der Nordseite des Inselchens und das harte «Krk!» eines Reihers. Ein Pferd wieherte in Panik und ein Mann schrie auf. An der Stelle, wo sie ans Ufer kamen, war plötzlich ein Tumult ausgebrochen; panisches Trampeln und Scharren von Pferden, fluchende Männerstimmen.

Alexios warf die Zügel über Phoenix' Kopf und eilte zurück.

Durch die vom Wind gepeitschten Äste der Erlen konnte er ein Durcheinander von Männern und Pferden im seichten Wasser erkennen; verschreckte Tiere und verrutschtes Gepäck wurden von Männern an das Ufer gezerrt im Bemühen, den Weg für die folgende Nachhut frei zu machen.

«Was ist passiert?», fragte er den Nächststehenden.

«Reiher – erschreckte die Lastpferde, Kommandant – zwei von ihnen versuchten durchzugehen. Der Untergrund ist ganz schön tückisch.»

Die Pferde brachen krachend durch das Erlengestrüpp, und Alexios, der vorsprang, begegnete zwei Männern, die einen dritten trugen. Als sie aus dem Erlendickicht heraus waren, legten sie ihre Last auf den Boden und Alexios hockte neben der dunklen Gestalt, die im Schein seiner forschenden Fackel kalt und durchnässt aussah. Ertrunken? Aber das konnte nicht sein, nicht in dem seichten Wasser, dachte er töricht. Die Helmriemen waren gerissen und der Helm verschwunden, und der Hals fühlte sich seltsam an – verdreht? Zu dunkel. Er konnte nichts sehen. «Wer ist es?»

«Der Quartiermeister, Kommandant. Versuchte eins der Packpferde, das ausgerutscht ist, zu halten. Bekam einen Tritt gegen den Kopf.»

«Licht! Leuchtet mir her», sagte Alexios. «Einer geht rüber und schickt den Arzt. Sag Optio Garwin, es gibt keinen Grund umzukehren. Sag ihm, er soll die Haupttruppe weitergehen lassen. Um jeden Preis weitergehen lassen; wir kommen nach ...»

Jemand hatte eine Zunderbüchse und ein Streichholz aus seiner Hülle aus geöltem Leinen geholt und schlug einen Funken, er hockte sich dicht daneben und schützte die winzige Flamme unter seinem Umhang. Und in dem schwachen Licht sah Alexios, dass der kahle Kopf des Quartiermeisters in einem unnatürlichen Winkel verdreht war.

«Sein Genick ist gebrochen, der Huf muss ihn hier unter dem Kinn getroffen haben», sagte Antonius' Stimme, und da wurde ihm bewusst, dass der Medicus neben ihm kniete und mit ruhigen, sicheren Händen die Verletzung abtastete.

In einer Bogenlänge Entfernung stampften die Hufe und Füße der Nachhut vom Wasser herauf. Aber bei der kleinen Gruppe unter den sturmgepeitschten Erlenzweigen, wo die Zunderbüchse noch immer einen schwachen Glimmer auf das Gesicht des Toten und die lebendigen Gesichter, die sich darüber beugten, warf, schien eine seltsame Ruhe zu herrschen.

«Die Burschen sagten, dass eine Bezahlung verlangt wird», ertönte Lucius' Stimme über ihnen.

«Und es ist bezahlt worden», sagte Alexios – er sagte es zu Lucius und zu sich selbst und zu allen in Hörweite. Er blickte in Kaesos wässrige, leicht erstaunte blaue Augen in dem faltigen Gesicht, das sein übliches Rot verloren hatte. Der alte Kerl war abends meist peinlich betrunken gewesen und sein ständiges Herumnörgeln an den Vorräten war allen lästig gewesen. Aber er war der Erwählte gewesen; derjenige, der für alle anderen den Zoll zahlte, damit sie diesen Weg gehen konnten.

Da war ein plötzlicher Schmerz in Alexios' Hals. Er schluckte ihn herunter und stand auf. «Legt ihn über sein Pferd.»

«Wir nehmen ihn mit?», fragte der Optio.

«Selbstverständlich lassen wir ihn nicht hier.»

Die Männer des Lastzugs prüften die Seile des Gepäcks. Ein Pferd, dem die Last fehlte, stand zitternd mit gesenktem Kopf da. Alexios legte eine beruhigende Hand auf seinen Hals. «Nicht deine Schuld, alter Krieger.» Dann zum Optio: «Ist sein Gepäck verloren?»

«Ja, Kommandant, es ist aufgeplatzt und weggeschwemmt worden.»

«Was war es?»

«Mehl.»

Alexios hielt inne, seine Hand lag immer noch auf dem hängenden Kopf des Tieres. «Nun, wir haben feste Gürtel zum Engerschnallen.» Es gab immer noch die eiserne Drei-Tage-

Ration am Sattelknauf von jedem. Und die Grenzwölfe waren, wie ihre Pferde auch, darin geübt, wenn nötig durchzuhalten, was für andere Truppen Verhungern bedeutet hätte. Darüber konnten sie sich später Sorgen machen. Das Wichtigste im Moment war weiterzuziehen.

Alles wurde gerichtet, die Tragtierkolonne war wieder unterwegs mit der zusätzlichen Bürde eines Toten. Antonius war zu seinen Verwundeten vorausgeeilt. Jemand brachte Alexios sein Pferd, und er reihte sich vorläufig neben Lucius an der Spitze der Nachhut ein.

Bald hatten sie den Totenplatz der Stammeshäuptlinge hinter sich und waren wieder im offenen Langen Moos.

Beim zweiten Teil ihrer Durchquerung gab es nicht mehr ununterbrochen Wasser, denn die Insel, die von Norden so ausgesehen hatte, als befände sie sich in der Mitte des seichten Sees, lag in Wahrheit an seinem südlichen Ende, und dahinter gab es wieder ein Labyrinth von festem Boden und sich schlängelnden Wasserwegen und Tümpeln, Schilf, das sich im Wind bog, und wehendes, langfingriges Erlengestrüpp. Die Erlen wichen Haselnuss und Weißdorn, und Alexios wurde fast übel vor Erleichterung, als er merkte, dass sie das Lange Moos verließen und wieder fester Boden vor ihnen lag.

Im Schutz eines Dornendickichts hielten sie an, um nach den Verwundeten zu sehen und die Gepäckseile noch einmal zu überprüfen und so viel Wasser wie möglich aus ihren Kleidern zu wringen. Dann saßen sie wieder auf, die Männer mit dem Kalkfleck zwischen den Schultern nahmen wieder ihren normalen Platz in der Kolonne ein, und weiter ging es. Bis jetzt gab es noch kein Anzeichen, dass ihnen Verfolger auf den Fersen waren, aber sie mussten bis zum Morgengrauen noch viele Meilen weiter südlich sein. Außerdem war es besser, sich vorwärtszubewegen, als zu lange nass und frierend hier zu bleiben, ohne ein Feuer machen zu können.

Ein paar maulten Protest, aber nicht viele. Alexios, der wieder an seinem alten Platz bei der Haupttruppe war, sagte rasch und leise zu Optio Brychanus an seiner Seite: «Fasse ich sie zu hart an?»

«Alles, was sie nicht fast bis zum Umfallen bringt, Kommandant, kann in dieser Situation nicht zu hart sein», sagte der Mann. «Später können wir das Tempo den Verwundeten zuliebe verlangsamen.»

Dann erreichten sie den alten, halb zugewachsenen Weg, der direkt nach Castra Cunetio führte. So konnten sie ein paar Meilen schneller vorankommen, und es war leichter für die Verwundeten. Aber nach einer Weile führte er sie zu weit nach Westen und sie verließen ihn und schlugen sich mehr in südöstliche Richtung. Um sie herum waren die Hügel zunehmend bewaldet.

Bei Tagesanbruch befanden sie sich in den Tiefen des großen Waldes, der sich wie ein Vlies über das ganze Stammland der alten Provinz breitete. Da machten sie endlich halt, damit die Männer Essen bekamen und man sich um die Verwundeten kümmern konnte. Gott sei Dank hatten die Regenschauer nachgelassen, und die Lichtung, auf der sie sich niedergelassen hatten, bot etwas Schutz vor dem Wind, der über ihnen in den kahlen Bäumen brauste. Überwiegend gab es hier Buchen und Eichen, die ihre dürren Arme flehend zu den dahinjagenden Schäfchenwolken am Himmel streckten. Aber zwei oder drei dunkle Tannen, Vorboten des echten Waldes weiter westlich, hatten sich an den Rand der Lichtung gedrängt und eine geschützte Stelle gebildet, wo der Boden trockener war als anderswo. Dort legten sie die Verwundeten auf das braune Bett aus Tannennadeln. Antonius hatte seine Arzneikiste vom Rücken des Pferdes geholt, das sie getragen hatte, und bemühte sich um sie. Alexios ging zu ihm hinüber, um zu sehen, wie es um sie stand. Zuvor hatte er sich vergewissert, dass die Pferde unter Bewachung grasten – es gab hier Gras und die eiserne

Getreideration konnte man noch eine Weile aufsparen – und dass die Männer mit ihrer bescheidenen Essensration und dem Säubern und Trocknen ihrer Waffen beschäftigt waren.

Sie saßen oder lagen auf dem geschützten Platz. Einer hatte seinen verbundenen Kopf in die Hände gestützt, ein anderer schaute auf die blutigen Reste seiner Schwerthand, das Knie des Nächsten war von einem Speer zertrümmert. Antonius beugte sich über einen, der ganz flach lag, und löste vorsichtig das blutdurchtränkte Gewand von einer Stichwunde im Bauch. Der Verwundete wandte den Kopf, als Alexios neben ihm stehen blieb, und blickte mit trüben Augen auf. «Wasser –»

«Bald», begann Alexios, «ein paar Burschen bringen etwas vom Bach ...» Er brach ab, als der Arzt mit leichtem Kopfschütteln aufblickte.

«Sie geben es nicht ... so durstig ... Kommandant, sag du es ihnen ... Wasser um Christi willen», sagte der Mann.

«Es geht nicht, Kommandant, nicht mit einer Bauchwunde. Man kann ihm den Mund mit einem nassen Tuch auswischen, mehr aber nicht.»

«Es tut mir leid», sagte Alexios, und als er sich umwandte und fortging, spürte er, wie ihm die Augen des Mannes folgten.

Nebendran hatten einige Männer junge, biegsame, gerade gewachsene Buchen gefällt, hackten die Zweige ab und banden übrig gebliebene Mäntel und Sackballen darüber, um Zugschlitten, von den Pferden gezogene Bahren, für die am schlimmsten Verwundeten anzufertigen. Auf der anderen Seite war eine Beerdigungsgruppe gerade dabei, das Ausheben eines flachen Grabes zu beenden.

Alexios und seine beiden Centenarii standen dabei, als sie den Körper des Quartiermeisters hineinhoben und die Erde wieder darüber taten. Und Alexios sprach die wenigen Worte für einen seines Glaubens: «Herr des Lichtes, Herr aller Zeiten, Stiertöter, hier legen wir die sterblichen Überreste von Kaeso Quintillius von der Dritten Truppe der Grenzwölfe, Deinem

Sohn, nieder. Nimm alles von ihm, was unsterblich ist, wieder in Deine starken Hände. Die Sonne geht auf, und sie geht unter. Und immer wieder geht sie auf.» Und als die Grasstücke zurück auf den schmalen, einsamen Grabhügel gelegt waren, kniete er nieder und machte das Kreuzzeichen darauf.

«Armer alter Kaeso», sagte Hilarion, «er schien nicht viel von seinem Leben gehabt zu haben außer seinen Vorratsscheunen. Und dann musste er das verlieren, was er zu retten versuchte, einen Sack Mehl. Manchmal treiben die Götter böse kleine Scherze.»

«Das Mehl ist nicht wichtig», sagte Lucius, «er hat für uns alle den Zoll bezahlt, damit wir durchkamen.»

«Das sagst du als Christ!»

Ihrer aller Nerven waren aufs Äußerste angespannt. Alexios mischte sich ein und blickte wie zufällig zu den Packpferden hinüber, die schon wieder beladen wurden. «Ein Sack Mehl, der für uns jetzt jedenfalls mehr wert war als die Soldkiste der Truppe.» Zwei Männer waren gerade dabei, die eisenbeschlagene Kiste aufzuladen. Und er fügte hinzu: «Auch wenn sie nicht fast leer wäre.»

Hilarions Stimme nahm wieder den lässigen, spöttischen Ton an: «Was sind wir für Narren, wir alle, dass wir damit zufrieden sind, uns für ein Reich töten zu lassen, das uns nicht einmal rechtzeitig bezahlt!»

Kurze Zeit später, als sie gerade weiterziehen wollten, bekamen sie die ersten Nachrichten über den Feind. Einer der beiden Späher, die sie vorausgeschickt hatten, ritt zwischen den Bäumen hervor und glitt neben Alexios mit einem müden Gruß von seinem Pferd. «Ein großes Kriegsheer von Pikten, Kommandant, zieht nach Südosten. Amlodd ist ihnen hinterher, um sie eine Weile im Auge zu behalten.»

«Sind Weiß-Schilde dabei?»

«Nein, Kommandant.»

«Votadini?»

«Nein, noch nicht.»

«Wie viele Pikten?»

«Schwer zu sagen durch die Bäume. Etwa zweihundert, nach den Spuren, die sie hinterlassen haben.»

«Hoffen wir, dass sie und ihr Stamm nicht so erfahrene Spürhunde sind wie die Grenzwölfe», sagte Alexios. «Nehmt eure Gerstenkuchen heraus, ihr müsst unterwegs essen; wir ziehen weiter.»

«Es ist ein hartes Leben», das erschöpfte Gesicht des Mannes verzog sich zu einem Grinsen.

«Ein hartes Leben», stimmte Alexios zu, «keine Gerechtigkeit.»

Während der wenigen Stunden Tageslicht eilten sie weiter, ungefähr Richtung Südosten, nachdem sie die Spur des Kriegsheers gequert hatten, die Späher voraus, und hinter ihnen ritt jeder Einzelne ständig auf der Hut vor ungewohnten Reaktionen von Vögeln oder irgendwelchen Tieren, vor jedem Geräusch, das der Wind herantrug, denn das Waldgebiet musste jetzt von kriegerischen Truppen wimmeln und durch jede Öffnung zwischen den Bäumen konnten die kalkbeschmierten Schilde der Attacotti blitzen oder die mit Troddeln behängten Katzenschädel-Standarten der Tätowierten. Jeder Windstoß von Norden konnte die Jagdschreie der Votadini auf Kriegspfad überbringen.

Aber nachdem dieses erste Kriegsheer vorüber war, ritten sie wie durch eine verlassene Welt. Die Lockvogeltruppe hatte gute Arbeit geleistet. Alexios' Gedanken wanderten immer wieder zu ihnen hin, und jedes Mal rief er sie zurück. Wie es auch um die Lockvögel stehen mochte, er konnte ihnen nicht helfen, wenn er sich Sorgen machte, und er brauchte seinen ganzen Verstand für die Haupttruppe, bei der er mitritt.

Der Wald hörte allmählich auf, was bedeutete, dass sie jetzt, im offenen Moorland, einen viel weiteren Blick hatten, aber es bedeutete auch, dass ihre Verfolger sie aus viel größerer Entfernung sehen konnten. Sie ritten weit auseinander, achteten aber sehr darauf, nie den Kontakt zwischen den einzelnen Trupps zu verlieren; sie hielten sich dicht an die Abhänge der Hügel, beobachteten immer den Horizont und passten auf, dass sie selber nicht am Horizont zu sehen waren. Von Zeit zu Zeit mussten sie kleine Bergbäche durchqueren, und jede Furt barg die Gefahr eines möglichen Hinterhalts; aber immer noch war es, als befänden sie sich in einem menschenleeren Land.

Das kurze Tageslicht verblasste zu einer eisengrauen Dämmerung, und mit der Dämmerung kam wieder die unangenehme Mischung aus Graupel und Regen zurück. Sie mussten, solange die Helligkeit anhielt, einen geeigneten Platz für ihr Lager finden. Ein Lager aufschlagen, mit völlig durchnässten, hundemüden Männern, nach einem Gewaltritt von über dreißig Meilen, und davon abgesehen einer ganzen Reihe von Verwundeten. Sie mussten ein zweckmäßiges, befestigtes Lager einrichten, bevor sie sich ausruhen und ihre reduzierte Ration verzehren konnten. Aber Alexios war sich ziemlich sicher, dass die Votadini nach Einbruch der Dunkelheit nicht angreifen würden. Bei den Tätowierten war er das weniger, sie griffen vielleicht Männer, die sie im Freien erwischten, aus dem Hinterhalt an, doch ein Lager würden sie wahrscheinlich nicht überfallen. Was die Attacotti tun mochten, konnte er nicht einschätzen. Sein altes Kindermädchen, dachte er in einem plötzlichen Anfall von müdem Humor, hatte seine Erziehung vernachlässigt.

Finn, der einheimische Optio, trat neben ihn. «Kommandant, wenn wir an der Flussschleife nach Süden schwenken und die Rotpferdschlucht umrunden, sind es nur noch ein bis zwei Meilen, bis wir, wenn es dunkel wird, in dem Wehrdorf Skolawn sein können.»

«Könnte gefährlich sein», meinte Alexios.

«Wir haben jetzt das Gebiet der Votadini hinter uns. Die Selgover würden die Jäger auf unseren Fersen nicht aufhalten, aber sie sehen es als eine Angelegenheit zwischen Cunorix und uns und haben selber kein Interesse daran, nicht einmal so viel, um Cunorix eine Nachricht zu senden, dass wir uns an einem Herdfeuer der Ihren trocknen. Abgesehen davon haben sie genug Sorgen wegen der Weiß-Schilde und der Tätowierten, von denen es in den Wäldern wimmelt.»

«Trotzdem wollen wir hinter uns kein Hornissennest aufscheuchen.»

«Können wir nicht versuchen, ganz höflich zu fragen?»

Alexios traf rasch eine Entscheidung. «Das können wir», sagte er und wandte sich an seinen Schnellreiter. «Richte dem Centenarius Hilarion aus, dass wir nach Süden schwenken, zum Wehrdorf Skolawn.» Er lachte. «Mit etwas Glück finden wir heute Nacht ein Feuer zum Trocknen unserer Wolfspelze.»

Es war noch nicht völlig dunkel, da wünschte er, das nicht gesagt zu haben, als er zitternd vor Kälte am Rand eines Haseldickichts, mit einem Arm durch Phoenix' Zügel, bei den anderen Männern hockte. Er blickte auf die rauchenden Ruinen in dem Tal unter ihnen, die hier und da noch matt rot glühten, und wartete auf die Rückkehr der Späher, die sich das näher anschauen sollten.

Irgendwo schrie eine Eule in den Bäumen, und ein Schatten, der dunkler war als die Dunkelheit, die sie umgab, schlüpfte neben ihn.

«Die Tätowierten sind vor uns da gewesen», sagte der Schatten halblaut. «Aber das Feuer lässt nach, das Stroh war zu nass, als dass es sich richtig verbreiten konnte.»

«Lebt noch jemand da unten?»

«Vielleicht haben sie Vieh weggetrieben, sonst ..., es ist nicht Brauch bei den Tätowierten, dass sie irgendetwas lebend zurücklassen, wenn sie auf dem Kriegspfad durch einen Ort mit Menschen ziehen.»

Alexios schwieg einen Moment. Dann sagte er: «Und ich

glaube auch nicht, dass sie an einen solchen Ort zurückkehren, nachdem sie ihn verlassen haben.»

So kamen sie bei Dunkelheit zu den schwelenden Ruinen, wo tote Menschen und Vieh zwischen dem verkohlten Dachstroh lagen, das einmal zum Wehrdorf Skolawn gehört hatte. Wenigstens konnten sie hier Feuer haben, im Schutz des Feuers, das die Kaledonier hinterlassen hatten; und Fleisch von dem erschlagenen Vieh und vielleicht Korn finden unter dem zusammengefallenen Dach des Getreidespeichers.

Sie fütterten die Pferde und banden sie in dem, was noch vom Pferch und dem Vorhof des Stalls übrig war, an. Sie schafften die Toten aus dem Weg und kauerten sich dicht um die kleinen Feuer, die sie unter dem verkohlten Dach von Halle und Kuhstall und Scheune angezündet hatten. Durchnässte Wolfspelze dampften in der Wärme; sie zogen ihre ungegerbten Stiefel aus und zeigten ihre Füße und Hände, als die Optios die Runde machten und sie nach Rissen oder Scheuerstellen oder geplatzten Frostbeulen untersuchten. Vielleicht würde es an einem anderen Abend, wenn es kälter wurde, auch Erfrierungen geben; aber bis jetzt noch nicht. Antonius kümmerte sich wieder um die Verwundeten. Einige nahmen die Kochtöpfe herunter und fingen an, eine Mischung aus Mehl und frisch geschlachtetem Fleisch in Wasser aus dem Bach – besser nicht vom Brunnen – zu kochen, etwas Warmes, um ihre hungrigen Mägen zu befriedigen.

Alexios, der mit einem der Optios von einer Runde um die Vorposten zurückkam, fiel beinahe über einen Toten in einer dunklen Ecke und stieß auf Grüppchen nach Nahrung stöbernder Grenzwölfe. Er selbst hatte keinen Appetit auf irgendetwas aus dem Wehrdorf Skolawn. Aber es waren noch drei Tage bis Bremenium, und man konnte es sich nicht leisten, wählerisch zu sein; und der erste Hauch der heißen Brühe ließ ihm das Wasser im Mund zusammenlaufen, wie allen anderen auch.

Aber er hatte kaum den halb zerfallenen Raum betreten,

wo Centenarius Lucius kurz vorher angekommen war, als er draußen hastige Stimmen hörte. «Ist der Kommandant hier?», fragte jemand.

Alexios wandte sich um. «Ich bin hier. Was gibt's?»

«Kommandant», einer der Späher erschien im Eingang, «wir haben jemanden gefunden ... jemanden ...»

«Lebend? Bringt ihn doch her.»

«Besser, wenn du zu ihm kommst ... sie ... es ist eine Frau. Wir fanden sie im Getreide versteckt, wo das Feuer nicht hingekommen ist.»

«Ihr könnt sie trotzdem bringen.»

«Nicht ohne grob zu werden, Kommandant. Und keiner von uns hat Lust dazu, wenn es zu vermeiden ist.» Der Späher hob seine blutende Hand. «Sie hat meinen Daumen bis auf den Knochen durchgebissen.»

Alexios gab einen Ton zwischen Fluch und kurzem Auflachen von sich und warf sich seinen nassen Mantel wieder über. «Ich hatte gedacht, die Grenzwölfe können mit einer Wölfin umgehen! Ist in Ordnung, ich komme.»

Er lief wieder in die Dunkelheit hinaus und folgte dem Mann.

Im Schein einer Fackel aus Strohgeflecht, die einer der Optios hielt, sah er die Frau, als er sich durch die niedrige Tür der Vorratskammer duckte. Sie kauerte an der hinteren Wand, ihre Zähne waren entblößt, als wäre sie tatsächlich ein Wolf, und sie presste etwas an sich, das er zunächst für irgendein Bündel hielt, bis er beim Näherkommen sah, dass es ein Kind war, grausam tot, mit dem abgebrochenen Schaft eines Speers im Bauch.

Sie drückte sich noch fester an die Wand, als er näher trat, und er sagte rasch: «Hab keine Angst.»

«Angst?» Es war nur ein Flüstern, aber es hätte ein Schrei sein können, so scharf klang es, so schrill. «Warum sollte ich Angst haben? Was könnt ihr mir tun, was ihr mir noch nicht angetan habt – ihr – oder eure Brüder vom Norden?»

«Höre.» Alexios versuchte, an sie heranzukommen, sie zu beruhigen; sie war wohl zu sehr von Sinnen, um zu erkennen, wer sie waren. «Die Tätowierten haben das getan. Wir sind römische Soldaten. Du brauchst dich nicht zu fürchten.»

Sie gab einen hohen, klagenden Schrei von sich und starrte ihn durch ihr wirres, blutiges Haar an. Er sah, dass ihr Haar goldblond war und dass sie einmal, vor wenigen Stunden noch, schön gewesen war. «Oh, ihr freundlichen und sanften Soldaten von Rom! Die Rothelme haben meinen Mann getötet! Letztes Jahr ging er nach Süden zum Wall mit Pferden, die er verkaufen wollte. Er schlug einen Offizier, weil der ihn beschimpfte – das habe ich von den anderen Pferdehändlern gehört –, sie packten ihn und peitschten ihn aus, bis er Blut spuckte und unter der Geißel starb. Und jetzt haben die Tätowierten seinen Sohn getötet. Wen von euch soll ich denn am meisten lieben?» Sie beugte sich blitzschnell wie ein Dolchstoß nach vorn und spuckte Alexios vor die Füße. «Mein Herz freut sich, dass Krieg ist zwischen euch und den Tätowierten! Ha! Und den Weiß-Schilden vom anderen Ende des Meeres, wo die Sonne untergeht. Ich hoffe, ihr reißt euch gegenseitig die Herzen aus dem Leib!»

Und sie kauerte sich über das tote Kind in ihren Armen und fing an, sich hin und her zu wiegen und ihm die Totenklage zu singen; offensichtlich nahm sie nicht wahr, dass noch andere da waren.

«Was sollen wir mit ihr machen?», fragte einer der Umstehenden und starrte sie an.

Alexios schwieg einen Augenblick. Sie konnten die Frau nicht hier lassen, um ihrer selbst willen nicht und weil es ganz klar war, dass sie, wenn sie die Gelegenheit hatte, die Verfolger auf sie hetzen würde. Sie mussten sie mitnehmen, und das bedeutete ein weiteres Problem zu den schon vorhandenen, von denen sie mehr als genug hatten. Es gab nur eine Alternative, und das war eine scheußliche.

Der Optio berührte seinen Dolch mit einer Geste, die man nicht missverstehen konnte. «Nein!», sagte Alexios, als hätte er nicht vorher den gleichen Gedanken gehabt. «Sie muss mit uns kommen, wenn wir am Morgen abziehen. Gebt ihr etwas zu essen, wenn sie es anrührt. Lasst sie hier und bewacht sie.»

«Das Kind?», fragte der Optio, der selbst einmal Kinder gehabt hatte.

«Wir müssen sie trennen, wenn wir weiterreiten», sagte Alexios, das tiefe Wehklagen lag ihm in den Ohren. «Lasst ihr das Kind heute Nacht.»

Und er ging zurück zum Feuer und zu dem zerfallenen Gehöft.

Die Nacht kroch dahin, die Wachen wechselten und wechselten wieder ohne den vertrauten Trompetenstoß. Da war nur das leise gemurmelte Wort, die kurze Berührung im Vorbeigehen von Mann zu Mann in der Dunkelheit. Absichtlich hatte man zugelassen, dass die Feuer herunterbrannten. Alexios, der fast die ganze Nacht wach gelegen hatte, war endlich eingeschlafen, als er von jemandem geweckt wurde, der einen Punkt unter seinem linken Ohr drückte, was ein alter Jägertrick ist, wenn man jemanden schnell und ohne jedes Geräusch wecken will.

«Kommandant», sagte jemand, «Kommandant …»

Alexios drehte sich um und setzte sich auf. «Ja? Was ist?»

«Die Frau. Sie ist weg. Als wir die Wache wechselten …»

Alexios taumelte auf die Beine und eilte auf das starrende Türloch zu. Ringsum in der Dunkelheit waren die Männer, so müde, wie sie waren, aufgescheucht und wachgerüttelt, denn die Grenzwölfe hatten durch jahrelanges Training gelernt, leicht, aber nicht tief zu schlafen.

Vor der Vorratsscheune lag der Wachsoldat in voller Länge ausgestreckt. Und als Alexios sich im Schein eines brennenden Zweiges, den einer aus einem heruntergebrannten Feuer in der Nähe geholt hatte, über ihn beugte, sah er, dass jemand, der sich von hinten angeschlichen haben musste, dem Mann in die rechte Halsseite gestochen hatte.

Von der Frau und dem toten Kind keine Spur.

«Sie war nicht bewaffnet», sagte der Mann mit dem Licht.

«Oh doch, sie war es sehr wohl, sie hatte die Speerspitze aus dem Körper des Kindes.»

Alexios schwieg einen Moment – alle schwiegen sie. Er blickte auf den ausgestreckten Körper, dessen Lebensblut in den nassen Boden ausgelaufen war, und er verfluchte sich selbst. Aber dazu war es jetzt zu spät.

«Sie kann noch nicht an den Vorposten vorbei sein, sie muss noch irgendwo im Dorf sein», sagte er. «Lasst antreten und nach ihr suchen.»

Aber die Frau war keinesfalls mehr innerhalb der Erdwälle.

«Sie ist von meinem Volk», sagte Optio Finn, der gekommen war, um die vergebliche Suche zu melden, als es keinen Winkel mehr gab, wo sie noch hätte sein können. «Es ist schwer, eine Frau meines Volkes gegen ihren Willen zu halten. Und dies war ihr Dorf und sie wird Schlupflöcher kennen, von denen wir keine Ahnung haben.»

Alexios schaute ihn an und ihm wurden wieder die Schwierigkeiten mit alten Verbindungen und alten Zugehörigkeitsgefühlen bewusst, die es unter seinen Männern geben musste. «*Dein* Volk? Du gehörst zu den Grenzwölfen, du gehörst zur Familie», sagte er ruhig.

«Trotzdem, in meinen Kindertagen tobte ich durch solch ein Dorf, und ich kannte die Wege in- und auswendig, die den Grenzwölfen nicht bekannt sein würden.»

Alexios nickte. «Kümmere dich um die Pferde, Optio. Sie sollten jetzt ihre Futterbeutel haben, wenn wir zwei Stunden vor Tagesanbruch weg sein wollen. Sieh zu, dass sie mit so viel Extragetreide versorgt sind, wie du es für richtig hältst. Wir können nicht viel außer den Männern und Pferden mit uns nehmen. Aber wir können diesen Ort mit einem guten, anständigen Mahl im Bauch verlassen.» Er blickte auf den Toten. «Begrabt ihn angemessen. Er war ein Dalriade, nicht wahr? Lasst ihn getrennt von den anderen ruhen.»

Innerhalb der Wolfsfamilie lebten und kämpften und tranken die Dumnoner, Selgover und Dalriaden zusammen und wenn sie tot waren, wurden sie zusammen beerdigt, es zählte nichts, außer dass sie Grenzwölfe waren. Aber außerhalb der Familie war es etwas ganz anderes. Die Dalriaden unter seinen Leuten hätten es nicht gerne gesehen, wenn einer von ihnen mit Männern und Frauen der Selgover, die ihre Gebetstänze an Götter mit anderen Namen und anderen Gesichtern richteten, zusammen in ein Grab gelegt worden wäre.

Früher hätte man ihm das erklären müssen. Jetzt wusste er es, ohne überhaupt nachzudenken.

13. Orions Schwert

Zwei Stunden blieb es noch dunkel, als sie den Ort verließen, der einmal das Wehrdorf von Skolawn gewesen war. Sie ließen geschlachtetes Vieh und die Leichen von Männern und Frauen und Kindern hinter sich, über die das verkohlte Dach heruntergerissen worden war, um ihre Ruhestätte zu schützen; und ein Grab abseits für sich allein. Bald würden die Wölfe kommen ...

Aber jetzt musste man an anderes denken, und eines war die Frau, die mit ihrem toten Kind entkommen war und deren Aufenthaltsort man herausfinden musste. Ein Weiteres war die Lockvogeltruppe, die inzwischen doch zu ihnen hätte gestoßen sein müssen.

Alexios ritt vor, um eine Weile neben Hilarion an der Spitze der Vorhut zu sein, und sprach leise von seiner Sorge: «Es sind jetzt ein Tag und zwei Nächte vergangen. Kann es sein, dass wir sie verfehlt haben, weil wir um die Rotpferdschlucht geritten sind, statt uns geradeaus zu halten?»

«Kommandant», sagte Hilarion mit leichtem Spott, «du sprichst von den Grenzwölfen, nicht von stumpfnasigen Legionären. Glaubst du wirklich, dass sie wegen zwei oder drei Meilen Marschänderung unsere Spur verlieren?»

«Nein. Das war dumm von mir. In dieser Art von Spiel fehlt es mir an Erfahrung.» Alexios brach ab, als ihm klar wurde, was er gesagt hatte.

«Kopf hoch, bis jetzt hast du es nicht so schlecht gespielt», sagte der Centenarius zu ihm, und Alexios konnte das lässige, leicht spöttische Lächeln aus seiner Stimme heraushören.

«Danke», sagte er knapp, wendete sein Pferd und fiel zurück, um wieder seinen Platz an der Spitze des Haupttrupps einzunehmen.

Und tatsächlich belastete ihn die Sorge um die Lockvogeltruppe nicht weiter, denn als das Tageslicht sich durch einen Streifen wässrigen Schlüsselblumengelbs weit hinten im Südosten zaghaft ankündigte und sie um die Biegung eines dünn bewaldeten Tales kamen, da hörten sie von fern den lang gezogenen Ruf eines Wolfes. Einen Augenblick hatte Alexios ein Gefühl, als ob sein Blut ins Herz zurückströmte. Dann wurde der Schrei wiederholt und noch einmal wiederholt. Und von irgendwo in der Vorhut antwortete eine Wölfin. Alexios spürte eine Woge der Erleichterung in sich. Und kurz darauf tauchte der Optio der Lockvogeltruppe aus dem Haselgestrüpp auf, hinter ihm konnte man schwach die Gestalten von Reitern erkennen.

«Melde mich zum Dienst zurück, Kommandant.»

«Wie war es?», fragte Alexios, als wären sie nur eine Stunde fort und er ihretwegen nicht krank vor Sorge gewesen.

«War in Ordnung.» Optio Verdrix lachte grimmig in sich hinein. Wenn es hell genug gewesen wäre, hätte man sehen können, dass er grinste.

«Wir hinterließen auf halbem Weg nach Trimontium eine Spur, die einem verwundeten Stier Ehre gemacht hätte. Und dann – dann brachten wir alles ein bisschen durcheinander an der Flussfurt unterhalb von den Kampffelsen, schlugen einen Haken und zogen in Richtung Heideland.»

Alexios nickte. «Und habt keine Spur hinterlassen.»

«Na ja, ich kann mir vorstellen, dass sie ein Stück stromabwärts suchen, in der Annahme, dass wir ins Wasser gegangen sind wie ein gejagter Hirsch. Am Ende werden sie unsere Spur wieder aufnehmen, denke ich, aber nicht gleich.»

«Das war gute Arbeit», sagte Alexios sanft. «Hast du die Männer und Pferde versorgt und ausruhen lassen?»

«In einer geschützten Senke im Sumpfland da drüben.»

«Gut, tretet ab und schließt euch der Haupttruppe an.»

Sie zogen ziemlich genau nach Westen, hielten sich an das wellige Sumpfland und die engen, bewaldeten Täler mit ihren rasch dahin fließenden Flüsschen, weit ab vom Lauf der alten, fast versunkenen Straßen. Und nach jenem ersten Eilmarsch bei Tag und Nacht schien ihr Tempo, da man auf die Verwundeten Rücksicht nehmen musste, zum Verrücktwerden langsam. Mehrere Male sahen sie den Rauch von brennenden Gehöften am Horizont. Den ganzen Tag lang hob sich Trimontium immer, wenn sich die Hügel nach Osten öffneten, gegen den Himmel ab. Seine drei Spitzen schienen von diesem Winkel fast hintereinander versteckt, und es schien kaum näher zu kommen. Immer ritten sie mit gespitzten Ohren und angestrengten Augen forschend, ob irgendwo ein Anzeichen von piktischen Kriegstruppen war oder von den Verfolgern, die ihre Fährte aufgenommen hatten.

Nie war Alexios die Kürze der Wintertage im Norden so bewusst geworden wie jetzt, wo er das verzweifelte Gefühl hatte, dass sie schnell sein mussten. Und als einer der Optios von der Vorhut zurückfiel, um von Hilarion die Nachricht zu überbringen: «Dahinten ist eine flache Stelle unter dem Hügelkamm. Das würde für die Nacht ganz gut passen», schüttelte er unwillig den Kopf.

«Es kann doch jetzt nicht mehr als zwei Stunden nach Mittag sein.»

«Aber es wird in weniger als einer Stunde dämmrig, und wir brauchen die Zeit, um das Lager aufzuschlagen – nach Einbruch der Dunkelheit werden wir kein Licht zum Arbeiten haben.»

«Gut, ich komme vor und schaue mir den Platz an.»

So richteten sie auf dem ebenen Grund des Hochmoores das Lager ein. Sie zogen schmale Schlafgräben – das war ein besserer Schutz als nichts, wenn man keine Zelte dabei hatte – und legten sie mit Farn vom Vorjahr aus. Die ausgestochenen Erdklumpen wurden zu einem niedrigen Wall aufgeschichtet und oben mit Dornzweigen besteckt. Sechzig Schritte in die eine Richtung, dreißig in die andere. Ein Viertel für die Pferde, die dicht an dicht angepflockt waren, die übrigen drei für die Schlafgräben und den allgemeinen Lagerbetrieb. Solange es hell war, riskierten sie kleine Feuer mit so wenig Rauch wie möglich, um einen warmen Getreidebrei und heißes Wasser für die Verwundeten zu bereiten. Die Verwundeten wurden versorgt und die Pferde getränkt und ihre magere Getreideration verteilt, während bei den Reitern wieder der Zustand ihrer Hände und Füße überprüft wurde. Die Vorposten hielten Wache und gaben den Männern bei ihrer Arbeit Deckung. So viel gab es zu tun und so wenig Zeit, es zu erledigen. Aber da jeder Einzelne seine Aufgabe kannte und erledigte, war irgendwie alles getan, als die Dämmerung in Dunkelheit überging und es Zeit wurde, die Feuer zu löschen und alles der Kälte und dem vom Wind durchbrausten Schweigen der Winternacht zu überlassen.

Alexios lag bei seinen Männern am Ende eines der langen mit Farn gepolsterten Schlafgräben, die ihm selbst in Friedenszeiten unbequem wie ein Grab vorgekommen waren. Er dachte: Wenn man die Grenzwölfe in ihren freien Stunden sah, betrunken und gewöhnlich, beim Hahnenkampf, Wüstlinge und Raufbolde, die sie waren, wild und widerspenstig, dann konnte man sich leicht vorstellen, dass sie gegen einen Feind von außen zu Helden wurden und in der höchsten Not zueinander hielten, aber diesen gut eintrainierten und tadellos ablaufenden Aufbau eines Lagers auf feindlichem Gebiet konnte man sich nicht vorstellen. ‹Wenn wir nicht durchkommen›, dachte er, ‹wenn ich sie nicht durchbringe – wenn ich aus dem hier nicht herauskomme –, beim Gott der Legionen, dann habe ich erlebt, was es bedeutet, Männer zu befehligen, die es wert sind, befehligt zu werden!›

Über ihm wurde der Himmel klar, bis zum Morgen würde alles hart gefroren sein. Und plötzlich glitt Orion aus einer vorbeitreibenden Wolke in einen großen, klaren See. Alexios blickte hinauf zu den drei Sternen des Jägergürtels und der geraden, funkelnden Linie seines Schwertes, das daran herunterhing.

Er hatte nie zuvor bemerkt, wie leuchtend und wunderschön Orions Schwert in einer Winternacht glänzt. Er hörte schwache Bewegung aus dem engen Pferdepferch und das dumpfe Seufzen des Windes über der welken Heide. ‹Ich habe bei wirklichen Männern gedient und ich habe Orions Schwert am Himmel gesehen›, dachte er mit einem seltsamen Gefühl der Zufriedenheit und drehte sich in dem harten Bett um, zog den Wolfspelz enger um sich und fiel in ruhigen Schlaf, so friedlich wie in seiner Kinderzeit in seiner vertrauten Schlafkammer zu Hause auf dem Hof im südlichen Hügelland.

Dreimal wachte er in der Nacht beim Wachwechsel auf und machte die Runde bei den Posten auf den Erdwällen und dem kleinen Bollwerk, das sie am anderen Ende der Pferdereihen errichtet hatten. Und jedes Mal fand er kurz in den gleichen ruhigen Schlaf zurück.

Wieder brachen sie das Lager ab, als die Nacht sich neigte und es noch zwei Stunden dunkel war, und steuerten auf das alte Marschlager in Ravens' Law zu. Der Wind hatte nachgelassen und an den Rändern der Moortümpel krachte Eis. Aber die Wolkendecke war wieder geschlossen, schwerbeladen, und Optio Vedrix, der das Wetter wittern konnte wie ein Hund das Wild, hob die Nase und knurrte: «Schnee. Wir bekommen Schnee, bevor der Tag halb um ist.»

Aber bevor der Schnee kam, waren die Verfolger da.

So lange hatten sie mit angespannten Nerven auf das erste Alarmzeichen gewartet, dass es fast eine Erleichterung war, als die tiefen Pfiffe hinter ihnen losbrachen, gefolgt von Hufschlag und durch die Haselwälder fegenden Schatten.

«Da sind sie», sagte Alexios zu dem Optio neben sich. Es war weder nötig, Befehle zu erteilen, noch blieb Zeit dazu. Die Befehle waren schon im Voraus erteilt worden. Die Abstände zwischen den drei Trupps wurden gleich geringer, der Begleittrupp rückte an beide Seiten der Verwundeten und der Lasttiere, jeder Schütze nahm seinen Bogen von der Schulter. Es war besser, wenn sie weiterzogen. Sie waren darin geübt, vom Pferderücken aus zu schießen; das waren die Stammesleute, selbst die Tätowierten, nicht. Aber jeder Reiter hatte nur zehn Pfeile in seinem Köcher, und vor dem nächsten Halt konnten keine weiteren ausgeteilt werden. Alexios sandte ein Stoßgebet zu Mithras, dass sie sich an seine Befehle erinnern möchten, keinen einzigen Pfeil zu vergeuden. Dann lachte er grimmig über sich selbst. Sie waren doch viel länger schon an der Grenze als er.

Und als die Männer der Nachhut sich im Sattel umdrehten mit den auf die Bögen gesetzten Pfeilen, blies ihnen aus dem düster werdenden Norden das erste Schneegestöber ins Gesicht.

Aber der Angriff, der jeden Moment über sie hereinbrechen konnte, kam nicht.

Eine endlose Stunde nach der anderen zogen die Grenzwölfe weiter, den Feind im Rücken und an beiden Seiten. Ab und zu schnellte ein einzelner Pfeil mitten zwischen sie, und in den Wäldern tönten drohend die tiefen Signalpfiffe hin und her, während der Schnee mit der Zeit immer dichter wirbelte, was die Aufgabe der Schützen erschwerte.

‹Wolfsrudeltaktik›, dachte Alexios bei sich, als die Zeit verstrich, ohne dass es zum offenen Angriff kam. ‹Sie wissen, dass sie mindestens heute und morgen haben, um uns fertig zu machen, aber vielleicht haben sie selbst nicht genug Leute, um sich eines Angriffs sicher zu sein; also versuchen sie, uns zu schwächen, und warten auf ihre Gelegenheit – heften sich an unsere Flanke wie ein Rudel Wölfe an eine Herde, jederzeit bereit, Nachzüglern den Weg abzuschneiden – und sie verfolgen unsere Nachhut, bis ihre Chance kommt.› Und dann dachte er: ‹Nur sind wir keine Herde, die getrieben wird, wir sind auch ein Wolfsrudel und unsere Zähne sind so scharf wie ihre – und das wissen sie auch.›

Der Schnee schwirrte über ihren linken Flügel, ein trockener Puderschnee, der ihnen die Sicht nahm, sobald die Bäume zurückwichen, aber er machte die Bogensehnen noch nicht nass. Und wie es bei Schneefall ist, war alles ganz still. Zu still. Die Pfiffe waren verstummt. Es war lange her, seit ein piktischer Pfeil in ihre Mitte geschwirrt war. Es war beinahe, als hätten sich die Verfolger zurückgezogen. Beinahe, aber nicht ganz. Nicht nur sein Verstand, sondern auch sein Gefühl, das er einmal als drohendes Gewitter empfunden hatte, das sich in seinem Nacken zusammenbraute, verriet Alexios, dass dem nicht so war.

«Denkst du, was ich denke?», fragte er den Optio vom Begleittrupp des Praepositus, der an seiner Seite ritt, seit sie von der Gegend, die sonst von ihren eigenen Patrouillen abgedeckt war, in das Gebiet der Ersten Truppe gekommen waren.

Aber bevor der Mann antworten konnte, kehrte einer von den Spähern an der Vorhut entlang zurück und zügelte sein Pferd neben Phoenix. «Kommandant, sie sind jetzt vor uns. Sie warten auf uns, wo das Tal enger wird, etwa eine Meile von hier, sie lauern im Gebüsch.»

«Wie viele?», fragte Alexios.

«Etwas mehr als fünfhundert, die Votadini und die Pikten zusammen. Immer noch keine Weiß-Schilde.»

«Es ist natürlich überflüssig zu fragen, ob sie dich gesehen haben.»

«Nein», sagte der Mann schlicht.

«Dann meinen sie, dass wir blind in eine Falle gehen. Das ist jedenfalls ein Punkt für uns in diesem Spiel. Sage Centenarius Hilarion, er soll zurückziehen, um die Marschlücke zu schließen, und die Truppe mit uns zusammenführen, und er selbst soll einen Moment zu mir kommen.» Dann über die Schulter zu seinem Schnellreiter: «Cullen, bringe Optio Garwin Nachricht, er soll sechsundzwanzig Mann zu Centenarius Lucius schicken, um die Nachhut zu verstärken. Richte dem Centenarius aus, er soll zu mir nach vorne kommen, während das gemacht wird.»

«Kommandant», der Schnellreiter trat zurück, riss sein Pferd herum und verschwand an der langen Reihe der Kolonne entlang.

«Wir können versuchen, ihnen in die Flanke zu fallen», sagte der Optio des Begleittrupps.

Alexios blickte auf den steilen, bewaldeten Hügelabhang, die Felsvorsprünge, die aus dem dichten Gestrüpp ragten. «Die Verwundeten können das niemals schaffen.»

Als Hilarion und Lucius an seine Seite kamen, unterrichtete er sie über die Sachlage und die geplante Aktion: «Hilarion, du und ich, wir ziehen mit der gesamten Vorhut und dem Haupttrupp einfach weiter, immer geradeaus, als gingen wir in ihre Falle; unterdessen führst du, Lucius, die verstärkte Nachhut über diesen Weg, um ihnen in die Flanke zu fallen.» Wieder blickte er auf den steilen, felsigen Hügelabhang. «Umrunde sie von hinten und warte, bis wir auf den Feind stoßen und es zum vollen Kampf kommt, dann greifst du von hinten an. Wenn du Gelegenheit hast, ihre Pferde in die Flucht zu schlagen, umso besser.» Die Tatsache, dass man in einem Waldgebiet zu Pferde nicht gut kämpfen konnte, galt für den Feind und auch für sie selbst. Beide Parteien mussten ihre Pferde irgendwo im Hintergrund, von wenigen Männern bewacht, zurücklassen. Das begriff jeder, ohne dass es gesagt werden musste.

Es wurden noch ein paar Einzelheiten besprochen, dann kehrten die beiden Centenarii an ihre Plätze zurück. Alexios begab sich mit Hilarion an die Spitze der Vorhut. Die Kolonne zog stetig weiter. Es war ein eigenartiges Gefühl, dachte er, absichtlich in eine Falle zu gehen.

Der Schnee wirbelte wie weißer Rauch zwischen den Haselbäumen und ließ sich als feiner weißer Puder auf den Wolfspelzen und den Mähnen der Pferde und allmählich auch auf dem Boden nieder. Immer noch war alles still, abgesehen von den gedämpften Geräuschen der sich bewegenden Kolonne hinter ihm. Und dann wurde irgendwo von vorne die Stille vom Alarmruf eines Eichelhähers durchbrochen.

Alexios warf seine Hand hoch und merkte, dass das Signal die ganze Reihe entlang hinter ihm weitergegeben wurde.

Die gesamte Kolonne kam langsam zum Stehen.

Im Schutz eines dichten Gestrüpps ließen sie die Pferde, die Verwundeten und die Lasttiere mit der Eskorte zurück. Pfeilbündel wurden aus ihrer Verpackung genommen und die Köcher wieder gefüllt, dann ging es zu Fuß weiter, der Haupttrupp direkt auf den lauernden Hinterhalt zu, während Lucius und seine fünfzig Mann durch Haselgestrüpp und wirbelnden Schnee den steilen Hügelabhang hinauf verschwanden.

An den Engstellen des Tales fielen die Bäume ein wenig zurück und zwischen den Felsvorsprüngen und dem gelichteten Gestrüpp warteten die Stammesleute auf sie. Man konnte nicht sagen, wo, auch nicht, ob es kleinere Gruppen an ihren Seiten gab. «Schickt mir einen Pfeilhagel über das Gestrüpp», befahl Alexios, «hohe Flugbahn.»

Es war eigenartig, wie selbst trainierte Truppen aufblickten, um der Flugbahn von Pfeilen über ihnen nachzuschauen, dachte er, eigenartig, wie bleich und verändert selbst die dunkelsten Gesichter in diesem Augenblick aussahen. Er hörte eine leise Bewegung, als sich die Bogenschützen an beiden Seiten der Kolonnenspitze aufstellten, und den schwirrenden Ton der losgelassenen Bogensehne; er nahm die dunklen Streifen wahr, als die Pfeile auf ihrer Bahn davonsurrten.

Ein alter Trick. Aber er wirkte. Im Gebüsch und zwischen den Felsvorsprüngen verriet ein schwaches Aufzucken die versteckten Männer. Die Bogenschützen der Grenzwölfe hatten auf große Entfernung gezielt, bevor Pfeile der Tätowierten sie erreichen konnten. Es blieb Zeit für weitere Geschosse; dieses Mal war es ein tödlicher Pfeilhagel, der losschwärmte wie eine Wolke von Hornissen. Irgendwo im Gebüsch vor ihnen schrie ein Mann auf, sein Schrei erstickte, und irgendwo von der Seite her kam das schrille Wiehern eines Pferdes.

Dann hängten die Männer ihre Bogen hinter sich. Sie wussten jetzt, wohin sie ihren Angriff richten mussten, und als die Pfeile der Pikten ihre Antwort surrten, verzogen sich die Bogenschützen nach hinten, während die Übrigen mit erhobenen Schwertern durch die entstandenen Lücken nachdrängten, tief hinter ihre Schilde geduckt. Die Stammesangehörigen hatten ihren Überraschungsvorteil verloren. Aber als die Talenge vor ihnen und die steilen Abhänge auf beiden Seiten Ströme schreiender Krieger auswarfen, machte Alexios' Herz einen unangenehmen Sprung, ihm wurde klar, dass sie zahlenmäßig hoffnungslos unterlegen waren. Der Bericht vom Späher war eine Sache, aber wirklich zu sehen, wie die Felshänge Krieger ausspuckten, war etwas anderes. Er hörte das Tock eines Pikten-Pfeils, der sein Ziel in einem Weidenschild neben ihm gefunden hatte, und irgendwo in der Nähe fiel ein Mann und dann noch einer. Ein dritter Hagel ihrer eigenen Pfeile surrte über sie hinweg, und dann wurden sie von beiden Seiten beschossen und die Stammesleute sprangen auf sie los mit blanken Schwertern und schweren Stoßspeeren, und sie waren ineinander verkeilt, Klinge gegen Klinge, Schild gegen Schild, wie wilde Tiere, die sich an der Kehle packen, während ihr vermischtes Kriegsgeschrei die Schneestille durchschnitt.

Alexios riss sein langes Kavallerieschwert aus der Scheide. «Wenn der Kommandant sein eigenes Schwert im Zorn zieht, hat er in seiner Arbeit versagt.» Er erinnerte sich, dass man das in der Ausbildung gesagt hatte. Aber vielleicht hatte man in der Trainingsschule nichts von den Grenzwölfen gewusst. Vor sich im Gedränge erkannte er Cunorix in einem hitzigen Augenblick, ohne Kriegshelm, mit fliegendem rotem Haar, mit weit auf gerissenem Mund, als gebe er gerade den Kriegsschrei von sich, und er stürzte zu ihm voll fürchterlicher Kampflust.

Aber der Druck der wirbelnden Menge trennte sie wieder. Der Moment der Abrechnung war noch nicht gekommen.

Beim ersten Angriff waren sie weit in die Masse der Feinde gedrungen, aber immer noch befanden sie sich hoffnungslos in der Minderheit. Alexios war auf seine Truppen eingespielt, wie ein guter Kommandant es sein muss, ja, wie ein Musiker auf sein Instrument eingespielt ist, und er fühlte, dass der erste starke Vorstoß an Schwung verlor angesichts der bloßen Zahlen. Wo im Namen des Lichts blieb Lucius mit seinen Leuten? Waren sie durchgekommen? Er hob seine Stimme zu dem lang gezogenen wölfischen Schrei und hörte, wie er von allen Seiten aufgenommen wurde. Er hörte auch von irgendwo oben hinter der linken Flanke der Stammesleute den gleichen Schrei und dann das Wiehern von aufgeschreckten Pferden. Eine dunkle Flut von Tieren ergoss sich über die feindliche Nachhut, pflügte durch die hintersten Reihen, und hinter ihnen gellte wieder der Wolfsschrei. Lucius und seine Truppe waren durchgekommen, und es war ihnen gelungen, die Pferde der Feinde in die Flucht zu schlagen.

Der Druck gegen die Haupttruppe geriet ins Wanken. Die Grenzwölfe sammelten sich wieder und drängten vorwärts.

Es war ein hitziges Gefecht, und dann war es plötzlich vorbei. Die Stammesleute, die von vorn und hinten eingeschlossen und bedrängt waren, hatten im Augenblick genug. Sie zogen sich zurück, rannten an die Seiten des Gefechts; sie verschwanden im weißen Schneegestöber. Wie ein Traum, der dabei ist, sich aufzulösen. Und im Zentrum des Traums grüßten Alexios und sein Zweiter Centenarius sich über die Schilde hinweg.

Hinter ihnen schöpften die Grenzwölfe Atem und sammelten ihre Toten und Verwundeten, es waren genug und mehr als genug, aber die Stammesleute hatten weitaus mehr verloren. Sie gingen zurück zu ihren Pferden und dem Transportzug, und in so kurzer Zeit wie möglich waren sie auf dem Weitermarsch.

«Das müsste ihren Mut ein Weilchen kühlen», sagte Lucius als er sich in den Sattel schwang, während sich die Nachhut wieder formierte.

«Und dir ist es zu danken, dass sie bis zur Dämmerung genug zu tun haben werden, ihre Pferde einzusammeln», sagte Alexios.

«Ich weiß nicht. Wir haben nur einen Teil der Pferde in die Flucht geschlagen. Trotzdem. Jede Kleinigkeit hilft», sagte Lucius mit seiner freundlichen Stimme, salutierte und verschwand an der Kolonne entlang.

Noch während er sprach, ertönte irgendwo aus den Wäldern links von ihnen der lange Pfiff der Tätowierten wie ein Spott.

Für den Rest des Tages sahen sie nichts mehr von den Pikten oder Votadini, aber sie hörten die langen, unheimlichen Rufe hinter sich und auf beiden Seiten, ein- oder zweimal sogar von vorne. Denn die Stammesleute, die keine Verwundeten mit sich tragen mussten, die sie aufhielten, konnten kleine Trupps vorausschicken. Hin und wieder schnellte von einem bewaldeten Steilufer oder einem Ginstergebüsch ein einzelner Pfeil in ihre Mitte. Sie hatten am Ende dieses Tagesmarschs fünf Mann durch Tod oder Verwundung verloren, aber sie konnten nichts anderes tun als weitereilen. Denn jede Sondereinheit, die man von der Haupttruppe lossendete, würde nie zu ihnen zurückkehren können.

Der Schnee fiel jetzt dichter, er wechselte von einer mehligen Wolke zu wirbelnden weißen Flocken, und der Wind erhob sich wieder, dieses Mal von Osten, schneidend scharf wie ein Messer wehte er ihnen fast direkt ins Gesicht. Männer und Pferde waren todmüde nach dem langen Marsch durch raues Land und einem zermürbenden Kampf, seit sie das Lager am Morgen abgebrochen hatten. Sie waren durch ihre Verwundeten aufgehalten und behindert; sie waren von den nahen Verfolgern von allen Seiten umgeben, bedrängt und gejagt. Die Stammesleute hingegen hatten, auch wenn sie genauso erschöpft sein mussten, die ganze Gegend ringsum zur freien Verfügung. Der Tag verblasste zu einer schwirrenden, bräunlichen Dämmerung, Erde und Himmel hatten die gleiche Farbe. Und beim Verlust des Lichtes kam es ihnen wieder sehr wahrscheinlich vor, dass die Tätowierten, auch ohne die Votadini, in der Dunkelheit eine müde Kolonne, die immer noch marschierte, angreifen würden ...

Doch in der tiefen Dämmerung hatten sie die bewaldete Gegend längst hinter sich und befanden sich im offenen Sumpfland, das sich wie eine stürmische See um sie ausbreitete. Da erreichten sie das alte Marschlager Ravens' Law.

Sie zerrten trockene Dornbüsche heran, um damit den offenen Eingang, der wie der Mund eines Toten in die Nacht starrte, zu versperren, und verstärkten die Schwachstellen in den vom Alter zerfressenen Graswällen. Sie tränkten die Pferde unter Bewachung am nahe gelegenen Bach und banden sie fest, jedes bekam seine letzte zusammengekratzte Portion Getreide. Sie scharrten die alten Schlafgräben aus: diejenigen, denen die Nord- und Südwälle etwas Schutz vor dem Wind boten, für die Lebenden, andere, die dem Wind ausgesetzt waren, als Gräber für ihre Toten. Sie riskierten es, kurze Zeit eine abgeschirmte Laterne zu benutzen, um nach den Verletzten zu sehen und die nächtliche Inspektion von Händen und Füßen vorzunehmen. Schließlich hockten sie sich dicht um die kleinen, züngelnden Feuer aus Heidekraut und trockenen Weißdornzweigen, um ihre Waffen zu säubern. Und als die Feuer erloschen, drängten sie sich aneinander, um ihre eiskalten und erschöpften Körper gegenseitig so gut es ging zu wärmen. Dabei aßen sie ihre trockene Abendmahlzeit von Gerstenkuchen und eine Handvoll bröckeligen Käse. Und mit dem Niederbrennen der Feuer krochen nicht nur die Dunkelheit und die Kälte näher, sondern sie spürten auch die Bedrohung hinter den alten Graswällen.

Alexios, der zwischen den geduckten Gestalten durchging, mit seinem Stück Gerstenkuchen in der Hand, ahnte noch eine andere dunkle Last, die seinen Männern schwer auf dem Herzen lag, und er sagte zu der nächsten Gruppe schattenhafter Gestalten: «Nur noch zwölf Meilen, nicht einmal ein voller Tagesmarsch, und morgen Nacht schlafen wir warm und mit vollen Bäuchen in Bremenium.»

«Und was macht ihn so sicher, frage ich mich?», murmelte eine Stimme hinter ihm, als er weiterging.

Alexios blieb stehen und wandte sich an den Sprecher. «Ich will es dir sagen. Ich bin sicher, weil wir gut über Dreiviertel des Weges hinter uns haben, und wir haben die Männer, die uns für leichte Beute hielten, verjagt, damit sie ihre Wunden lecken. Wir sind disziplinierte römische Truppen, und das gibt uns den Vorteil über jedes einheimische Kriegsgesindel, auch wenn es noch so kühn ist. Und weil wir als Einzige im römischen Heer die Grenzwölfe sind.»

Jemand gab ein halb ersticktes Lachen von sich. «Wir sind die Grenzwölfe, dass es ja keiner vergisst!»

Und es kam Alexios so vor, als ob die schwere Last auf seinem Herzen ein bisschen leichter wurde. Aber ob sie wirklich warm und satt morgen Nacht im Hauptquartier schlafen würden oder aber frierend irgendwo im Hochmoor, mit Schnee auf der Brust, der nicht schmolz, das war eine andere Frage.

Als er weiterging, erinnerte er sich an etwas, das er unter dem Druck all der Dinge, die er in letzter Zeit bedenken musste, vergessen hatte. Morgen Nacht würde Wintersonnenwende sein. Plötzlich und mit Schrecken erinnerte er sich an die letzte Wintersonnenwendenacht. An den Kampf auf dem Tanzplatz, in den er sich entschlossen hineingestürzt hatte, den jungen Rufus an seiner Seite mit dem bernsteinfarbigen Kätzchen, das sich an die Halsfalten seines Mantels klammerte; den großen Bericus mit seinem unschuldigen Blick und seine Übeltätergenossen im Arbeitsraum der Principia am nächsten Morgen; und an Orion, der über dem Südwall von Castellum hing …

Das alles schien länger als ein Jahr her zu sein.

Spät in dieser Nacht hockte er mit Hilarion und Lucius und den Ersten Optios in einer Ecke des alten Lagers und sie berieten über die Marschroute ihres letzten Tages.

«Du zuerst», sagte Alexios zu dem Optio des Begleittrupps, «das sind deine Jagdgründe, nicht unsere.»

Der Mann begann kurz und sachlich von dem Gebiet, das noch zwischen ihnen und Bremenium lag, zu sprechen. Von verborgenen Tälern, die der Marschkolonne Schutz bieten konnten, von bewaldeten Stellen an einer Flussbiegung, die sich für einen Hinterhalt eigneten. Er sprach von dem Tosenden Wasser, das, egal welchen Weg sie wählten, an einer von zwei möglichen Stellen überquert werden musste. Entweder über die Brücke, auf der die alte Ost-West-Straße verlief, oder durch die Furt, eine Marschstunde weiter westlich.

Alexios fragte: «Keine andere Übergangsmöglichkeit? Gibt es keine, an die die Votadini vielleicht nicht denken, weil es nicht ihr heimatliches Gebiet ist?»

«Keine, es sei denn, wir schwenken nach rechts zur Straße nach Trimontium – mehr als ein halber Tagesmarsch. Das Tosende Wasser hat seinen Namen nicht umsonst erhalten. Es ist nicht breit, sondern tief, und es ist reißend wie ein Mühlbach.»

«Also, auf welche der beiden Möglichkeiten würdest du dein Geld setzen?»

«Es hängt vom Wetter ab. Wenn es noch wie jetzt schneit und unsere Spuren verwischt werden, würde ich vielleicht die Furt nehmen. Es ist weniger auffällig, aber es ist weiter. Wenn der Schnee nachlässt, hinterlassen wir eine Spur, die selbst für einen Säugling leicht zu erkennen ist.»

«In dem Fall», murmelte Hilarion, «würde ich mein Geld auf den Weg zur Alten Straße wetten und Zuflucht bei der Brücke suchen, wie eine Fledermaus, hinter der die Scheune brennt.»

«Andererseits», sagte Lucius, «können sie eine Furt nicht so leicht zerstören.»

«Aber wenn sie vor uns sind, können sie uns den Weg abschneiden», meinte Alexios. Sein Kopf schmerzte, es war ein schwacher, krampfartiger Schmerz, der vom Nacken ausging. Er stützte den Kopf in seine Hände und drückte die Handballen gegen seine Augenhöhlen, bis die Dunkelheit in farbige Wolken zerplatzte. «Optio Vedrix, kann deine Nase uns verraten, wie das Wetter wird?»

«Tut mir leid, Kommandant. Sie kann riechen, wenn Schnee kommt, kann aber nicht sagen, wann er vorüber sein wird. Nicht in dieser Dunkelheit.»

«Gut.» Alexios ließ die Hände fallen und setzte sich auf, die Schneeflocken strichen wieder kalt über seine Lippen und Wimpern. «Wir halten auf die Brücke zu. Das sind ungefähr sechs Meilen, nicht wahr? Wenn wir das Lager etwa in der Mitte der Vierten Wache abbrechen, sollten wir es schaffen, kurz nach der Morgendämmerung dort zu sein. Centenarius Hilarion, schicke vier deiner besten Späher voraus, sie sollen ein Auge auf die Brücke haben und uns benachrichtigen, ob sie abgerissen ist oder nicht. Wenn sie nach dem Wechsel der Dritten Wache aufbrechen, haben sie immer noch ein paar Stunden Schlaf. Und was den Rest von uns betrifft, denke ich, welchem Glauben auch immer wir angehören, wir beten zu Fortuna, die schon immer die Göttin der Glücksspieler war.»

Sie brachen das Lager schon vier Stunden vor dem Morgendämmern ab. Dick lag der Schnee auf den Wolfspelzen der Männer, als sie aufstanden, und sie schüttelten ihn in ganzen Wolken ab. Es schneite immer noch, aber nicht mehr so heftig, es war jetzt heller und man konnte mehr sehen, und ein schwacher rauchähnlicher Hauch stieg von den Pferden in die bleiche wirbelnde Luft auf. Mehrere der Verletzten, unter ihnen der Mann mit der Bauchwunde, waren in der Nacht gestorben; sie ließen sie in ihren Schlafplätzen liegen und häuften die Grasballen wieder über die Gräben.

Jeder aß im Reiten einen halben trockenen Gerstenkuchen,

die letzte Nahrung die ihnen geblieben war, und so eilten sie die fast zugewachsene Straße nach Bremenium entlang. Es war ihre einzige Chance, die Brücke zu erreichen, bevor sie die Jäger einholten, vorausgesetzt, dass sie noch da war.

Die Brücke war noch da. Alexios sah sie durch das dünne Schneegestöber auftauchen, als sich im grauen Morgenlicht die Straße zu ihr absenkte, und es überraschte ihn etwas. An Cunorix' Stelle hätte er versucht, einen Trupp vorauszuschicken, der sie zerstörte. Vielleicht wusste Fortuna, was ein gutes Gebet war, wenn sie eines hörte.

Das konnte natürlich immer noch eine Falle sein, aber die vorausgeschickten Späher berichteten von keinem Lebenszeichen in Wurfweite vom anderen Ufer. Sie hatten auch keine Zeit, darüber nachzudenken. Vor einer guten Meile hatten sie am Horizont den Umriss eines Reiters auf einem nahen Bergkamm gesehen, als der Schnee seinen Vorhang kurz beiseite gezogen hatte. Und bevor der Schnee wieder herbeifegte, verriet ihnen ein weithin hallender Ruf und die Antwort darauf irgendwo hinter ihnen, dass sie auch gesehen worden waren. Die Verfolger waren ihnen wieder dicht auf den Fersen.

In der Nähe des Ufers war einmal ein kleiner Militärposten gewesen, und die zerfallenen Reste von Torf und Holzmauern, so sah Alexios, konnten dem Trupp der Nachhut Deckung geben, während die anderen weiterzogen und die Brücke hinter sich zerstörten.

Die Vorhut war schon auf dem Weg hinüber, es folgten die Verwundeten und ein paar Packtiere, die sie von ihrem eigentlichen Platz bei der Nachhut geholt hatten. Dann die Haupttruppe. Hohl klangen die Huftritte der Pferde auf dem Brückenholz. Alexios, der sein Pferd zur Seite gelenkt hatte, saß im Sattel und sah sie hinüberziehen, bis das nächste Schneegestöber sie am anderen Ende in Geister verwandelte und verschluckte. Aber alle seine Sinne gingen in die andere Richtung, er lauschte angestrengt auf das erste Zeichen der Feinde über dem Rauschen des dunklen Wassers, das in einem Schwall heranschoss, und in dem wirbelnden Weiß, das den Weg, den sie gekommen waren, verwischte. Die Überquerung schien eine Ewigkeit zu dauern, aber endlich waren die letzten Reiter des Haupttrupps auf der Brücke, sie führten die Pferde der Nachhut mit sich. Jetzt fehlten nur noch etwa ein Dutzend Männer der Nachhut, sie kauerten hinter dem Steinfundament des zerfallenen Stalls der Station. Jeder hielt seinen Bogen schützend unter seinem Wolfspelz, damit die Sehne trocken blieb. Alexios schätzte, dass die Sichtweite nur für einen Pfeilhagel reichte, bevor es «Schwerter raus» hieß.

Er blickte zu Lucius, der neben ihm stand, und legte kurz seine Hand auf die Schulter des schweigsamen Mannes. «Gut. Wir wollen keine Zeit verlieren. Wenn ihr das Horn hört, rennt ihr los wie die Hühner. Wir geben euch von drüben so viel Deckung, wie wir können. Angeseilte Männer stehen bereit, falls einer ins Wasser fällt.»

Lucius lächelte ihn an, seine Augen waren so ruhig wie immer in seinem schmutzigen und erschöpften Gesicht. Irgendwo in dem weißen Gewirbel hörten sie den tiefen, unheimlichen Pfiff der Tätowierten.

Alexios schwenkte herum und sprengte über die Brücke.

Am anderen Ufer hatten die Männer schon Äxte und Brechstangen von den Lastpferden geholt, andere befestigten Bindeseile zum Ziehen an den Brustgeschirren der Tiere, die noch am kräftigsten und zähesten waren.

«Schnell!», rief Alexios. «Wir haben nicht viel Zeit!»

Noch bevor Alexios Phoenix gewendet hatte, um den Fluss im Auge zu haben, waren sie schon fieberhaft an der Arbeit, denn auch sie hatten den unheimlichen Ruf der Tätowierten gehört. Das stille Treiben von Wind und Schnee über dem rauen Gegurgel des Flusses ging in den lauten Befehlsrufen und dem Dröhnen der Axthiebe auf schwerem Holz unter. Die ganze Brücke wimmelte von den Männern; ihre Äxte blitzten beim Auf- und Niederschlagen im Morgendämmer, während unten andere bis zum Oberschenkel, ja bis zur Hüfte im dunklen Wirbel des eiskalten Wassers stehend sich mit einer Hand an die schneebeladenen Erlenäste klammerten und darum kämpften, die Bindeseile an den Holzstützen der Brücke stromabwärts zu befestigen.

Wieder tönte der Pfiff der Tätowierten, jetzt ganz nah, und plötzlich mischte sich der Jagdruf der Votadini mit ein. Auf der anderen Flussseite war plötzlich Bewegung in dem trüben Weiß, schwache Schatten waren es, die im Herankommen deutlicher wurden. Ein Pfeilregen ergoss sich aus der Deckung der zerfallenen Mauern, und ein gellender Schrei im wirbelnden Schnee erstarb jäh. Die Axtschläge klangen plötzlich doppelt so eilig. Mit einmal war das Ufer auf der anderen Seite der Brücke lebendig von kämpfenden Gestalten, die in der mehlweißen Wolke nur undeutlich zu sehen waren. Im selben Augenblick hörte Alexios Hilarions lauten Befehl und ein splitterndes Krachen und Platschen, als einer der Brückenbalken in einer Fontäne von eisiger Gischt herunterfiel. Die Brücke erzitterte wie ein Lebewesen im Todeskampf. Sie begann einzustürzen.

Mit dem Blick auf den kleinen mutigen Trupp, der aus den Ruinen auftauchte, um sich zwischen den Brückenkopf und die wimmelnden Verfolger in Kriegsbemalung zu werfen, sagte Alexios zu dem Trompeter neben sich: «Blase zum Abbruch und Rückruf.»

Und zum ersten Mal, seit sie aus Castellum marschiert waren, gellten die hellen, harten Töne des Jagdhorns: «Abbrechen! Zurückziehen! Tar- an, ta – ta- ran –ta- ran …»

Die Männer in ihren Wolfsmänteln zogen sich an das Ende der wankenden Brücke zurück. Alexios sah zwei von ihnen unter den Wurfspeeren der Votadini zu Boden gehen, die übrigen neun erreichten die Brücke und fingen an, sie zu überqueren. Aber die Feinde waren dicht dahinter – zu dicht. Die

Pferde zerrten an den Seilen, angetrieben von den Schreien ihrer Treiber und den Zügelschlägen über Hals und Flanken. Die Brücke schwankte wie ein Betrunkener, Balken fielen, aber das Hauptgefüge blieb aufrecht und noch fest. Sechs der Nachhut hatten die andere Seite erreicht. Die übrigen drei waren noch am anderen Ende der Brücke, sie wirbelten herum und stellten sich mit erhobenem Schwert und Schild dem Heer der Stammesleute. Und Alexios sah, dass der Mann in der Mitte Lucius war.

Ihre eigenen Bogenschützen zielten über den Fluss mitten in die anstürmenden Stammesleute.

Er sah die drei Männer auf dem schwankenden Holzgerüst einen, zwei, dann drei Schritte rückwärtsgehen, das Kinn tief hinter den Schild geduckt, mit ihren Schwertern heftig zuschlagend. Einer der Votadini breitete seine Arme weit aus und stürzte hinab in das tosende Wasser, ein halbnackter Krieger von den Tätowierten folgte ihm, aber der Ansturm hinter den Grenzwölfen drängte weiter vor.

«Zieht!», schrie Alexios. «Zieht! Zum Teufel und allen Furien noch mal! Zieht!»

Die Pferde und ihre Treiber zogen wieder und wieder und dann kamen sie rutschend und mühsam vom Ufer herauf. Die ganze Brücke war aus den Fugen geraten und schwankte; das Holz ächzte und stöhnte, und mit knirschendem Krachen stürzte das ganze Ding zusammen. Die Mitte und das diesseitige Ende wurden in einem wirbelnden Durcheinander von Balken und Planken flussabwärts mitgerissen.

Alexios sah die drei Männer – nein, jetzt waren es nur zwei – zurückspringen und nach links zum Wasser oberhalb der Trümmer eilen. Er sah den fürchterlichen Kampf der Stammesleute auf dem Brückenstumpf, sie versuchten, stehen zu bleiben, wurden aber von dem Ansturm hinter ihnen weitergedrängt und stürzten hinunter zwischen die Balken. Eines der Pferde war fortgerissen worden, ehe sie das Halteseil kappen konnten, mit dem es an einem Balken festgemacht war. Die anderen stürmten, sobald sie frei geschnitten waren, durch das Erlengestrüpp hinauf. Unterdessen eilten die Männer, die, angebunden, bis zum Gürtel in der reißenden Flut bereitgestanden hatten, zu der Stelle in der Flussmitte, wo die Grenzwölfe untergegangen waren. In dem schäumenden Tumult konnte Alexios kaum sehen, was da vor sich ging. Schon war er mit einem halben Dutzend seiner Leute unten am Ufer, er stemmte sich gegen den Sog des Wassers, griff nach dem angespannten Seil des einen Schwimmers. Jetzt waren es zwei am Ende. Zug um Zug holten sie das Seil ein.

«Gut», sagte einer, «ich habe ihn.» Arme streckten sich, um das nasse Menschenbündel von dem Schwimmer entgegenzunehmen. Alexios stützte einen Fuß am Ufer ab und beugte sich vor, um den schlaffen Körper zu fassen zu bekommen und ihn an den Mann über ihm am Ufer weiterzureichen, und sah mit fassungslosem Entsetzen, dass es Lucius war.

Lucius, unter dessen Schlüsselbein eine große rote Speerwunde klaffte. Er musste den Stoß bei seiner Verteidigung abbekommen haben, in demselben Augenblick, als die Brücke einstürzte.

Ein paar Meter weiter flussabwärts zogen sie den zweiten Mann heraus. Der dritte war mit den Toten der Votadini und der Tätowierten und dem Haufen gesplitterten Brückenholzes mitgerissen worden.

Auf dem flachen Boden über dem Ufer hockte Alexios neben seinem Zweiten Centenarius und stützte ihn gegen sein Knie, um ihm das Atmen zu erleichtern. In kurzen Stößen quoll Blut aus dem Loch unter seinem Schlüsselbein; es war das helle Blut, das den Tod eines Menschen mit sich bringt. Er presste eine Handvoll Stoff seines Mantels dagegen, aber er wusste, dass es nichts nützte: nicht, wenn das Blut eine solche Farbe hatte. Lucius öffnete seine trüben Augen und schaute ihm ins Gesicht: «Ist – die Brücke weg?»

«Die Brücke ist weg», erwiderte Alexios, «gegen Mittag werden wir in Bremenium sein.»

«Ein bisschen – lass mich – zu Atem kommen – ich glaube – hab geschluckt – den halben Fluss.»

«Keine Eile», sagte Alexios, ein Kloß saß ihm in der Kehle.

Lucius schwieg einen Moment. Er sah eigentlich nur erstaunt aus. «Müde», sagte er schließlich, «dumm – fühle mich – so müde.»

Und wie ein müdes Kind lehnte er seinen Kopf an Alexios' Knie und rückte seine Wange zurecht. Dann gab er einen kurzen, trockenen Husten von sich. Und das war alles.

Das war ganz Lucius, dachte sein Kommandant, so ruhig und einfach zu sterben. Er verharrte noch eine Zeit lang und schaute auf ihn hinunter. Plötzlich fragte er sich, ob Lucius dies gewusst hatte, als er ihm seine geliebten *Georgica* zum Verbrennen brachte, zusammen mit den Papieren von Castellum.

Daneben gab der zweite Mann den halben Fluss von sich, sonst schien er aber keinen Schaden genommen zu haben.

Auf der anderen Flussseite hatten sich die Stammesleute im Schneegestöber aufgelöst.

«Legt den Centenarius auf sein Pferd», sagte er zu der nächsten Gestalt im Wolfsmantel. Dann hob er seine Stimme zu einem scharfen, allgemeinen Befehl: «Zurück an die Pferde!»

Und der Trupp, der die Brücke zerstört hatte, eilte im Laufschritt mit dem Rest, der von der Nachhut noch übrig war, zu der Stelle ein Stück vom Fluss entfernt, wo ihre Tiere warteten und die paar, die mit ihnen losgeschickt worden waren, sich schon in den Sattel schwangen. Sie waren zu erschöpft, um aufzuspringen, und hangelten sich irgendwie auf ihr Pferd. Die beiden, die Lucius trugen, banden ihn auf den Rücken seines Tieres, das entsetzt schnaubte und versuchte, den Kopf zu wenden, um an seinem Herrn zu schnuppern, der plötzlich fremd geworden war, bis ein anderer nach seinem Zügel griff.

Das Land stieg sanft vom Fluss auf, der hinter ihnen lag,

und irgendwo vor ihnen, gerade hinter der nächsten Anhöhe schleppten sich die Vorhut und der Haupttrupp und der Gepäckzug mit den erschöpften Verwundeten hintereinander auf der Straße vorwärts, die halb unter dem Schnee begraben war.

«Auf nach Bremenium! Reitet!», rief Alexios und setzte sich im Sattel zurecht.

14. Die Nacht der Wintersonnenwende

Sie erreichten Bremenium vor den Verfolgern und es blieben ihnen noch ein paar Stunden bleiernes Tageslicht. Der Schnee war jetzt nicht mehr ein wirbelnder weißer Nebel wie vorher, und die Welt lag wieder offen da, sodass sie die große Festung sehen konnten, obwohl sie noch ein ganzes Stück entfernt waren.

So konnten sie erkennen, was davon noch übrig war. Die Mauern standen leer und verlassen da. Keine Köpfe von Wachhabenden wanderten den Wallgang entlang, nur die Spitzen der riesigen Katapulte ragten aus ihrem Geschützstand wie Riesenheuschrecken in die Höhe. Aus der Mitte stieg Rauch auf, der nicht von Herd- und nicht von Lagerfeuern stammte. Schon waren die Raben versammelt und schwebten auf schwarzen Flügeln über dem, was da drinnen war, hin und her.

Das war das Einzige, woran Alexios nicht gedacht hatte: dass sie nach Bremenium durchkamen und dass Bremenium nicht mehr als belebte Festung existierte. Es schien undenkbar, dass diese mächtige Festung gefallen war. Bremenium doch nicht, mit den starken Mauern und schlagkräftigen Katapulten, mit einer ganzen Garnison von Reitertruppen und Geschützsoldaten und Grenzwölfen.

Sie lagerten im Schutz eines schütteren Wäldchens und warteten auf die Rückkehr der Späher, die Alexios losgeschickt hatte, damit sie es sich genauer ansahen. Alexios konnte es immer noch nicht ganz glauben, trotz des kalten Klumpens, der sich in seinem Magen zusammengeballt zu haben schien.

War das vielleicht der Grund, weshalb die Votadini gar nicht versucht hatten, die Brücke vor ihnen zu zerstören? Aber weshalb dann der Kampf an der Brücke? Vielleicht machte Cunorix, der sich mit den Kaledoniern verbündet hatte, die geteilte Befehlsgewalt zu schaffen? Das würde er nie erfahren und es spielte jetzt auch keine große Rolle mehr. Aber es war doch unmöglich, dass Bremenium gefallen war. Irgendetwas stimmte ganz und gar nicht.

Die Späher kehrten zurück und ihr Bericht stellte klar, dass es keinen Zweifel gab. Aber irgendetwas war völlig verrückt. Beide Tore, sowohl das Rechte als auch das Linke, standen weit offen, berichteten die Späher. Und als sie die Ostseite durchsuchten, entdeckten sie Spuren vieler Pferde. Die meisten der Tiere waren weggetrieben und nicht geritten worden. Ein paar tote Tätowierte lagen außerhalb der Mauern, aber keinesfalls so viele, wie man erwartet hätte. Aber innerhalb der Eingänge sah es ganz anders aus. Hinter den Toren hatte es erbitterte Kämpfe gegeben, viele Leichen der Pikten und von Männern der Weiß-Schilde lagen da, aber die meisten waren Römer.

«Die Tore», sagte Alexios finster, «sind sie niedergebrannt worden? Eingeschlagen?»

«Nein, Kommandant», sagte der Anführer der Späher, «sie waren einfach offen.»

«Eine Falle, und wir die Beute?»

Der Mann schüttelte den Kopf. «Nur ein Massaker.».

Und der zweite Späher sagte erschüttert: «Der ganze Ort stinkt nach Tod und Leere.»

«Es scheint unser Schicksal, dass wir auf den Spuren der Tätowierten kampieren müssen», sagte Alexios.

Neben ihm sagte Brynchanus eindringlich: «Kommandant, nicht in der Festung!»

Alexios wandte sich um und begegnete seinem verstörten Blick, und dahinter tauchte das kühle, halb spöttische Gesicht von Hilarion auf, dem man wie immer nicht entnehmen konnte, was er dachte. «Nein, nicht in der Festung. Zu viele Geister und ein Wall, der zu lang ist, um von knapp hundert Leuten gehalten zu werden. Aber wie man sieht und spürt, wird es noch mehr schneien, und wir brauchen eine Unterkunft für die

Verwundeten – für uns alle. Vielleicht irgendwo draußen in den Ruinen der Siedlung.»

Hilarions Mundwinkel zuckten in dem grauen, verschmierten Gesicht. «Wie wäre es mit dem Badehaus, vielleicht sind noch genug von uns kampffähig, um das zu verteidigen.»

Aber zuletzt machten sie unter allen Ruinen nicht das Badehaus, sondern den Wagenplatz neben dem Rechten Tor zu ihrem Stützpunkt. Es war der Platz, wo einst die Lieferkarren standen und wo die Getreideabgaben und die ausgewählten einheimischen Pferde vom Quartiermeister oder dem Pferdemeister kontrolliert wurden und ein großer Teil des lokalen Handels zwischen der Festung und dem Land ringsum stattfand. Die brusthohen Mauern aus Quadersteinen standen noch, und an einer Seite gaben die Reste von den Ställen und Warenlagern den verwundeten und erschöpften Männern ein wenig Schutz vor der bitterkalten Winternacht. Wahrscheinlich würden sie es nicht bis in alle Ewigkeit halten können, dachte Alexios mit dem dumpfen Gefühl, dass sie das Ende der Straße erreicht hatten. Aber zumindest gab es eine Zeit lang Sicherheit und ein paar Stunden Ruhe, wenn die Stammesleute sie nicht vor der Dämmerung einholten – und irgendwo dann das letzte Gefecht.

Er überließ seinem Ersten Centenarius, seinem einzigen Centenarius jetzt, das Einrichten des Lagers und befahl zwölf Männern, darunter denen, die von der Eskorte des Praepositus noch übrig waren – sollte es ein Spähkommando oder ein Suchtrupp sein, schwer zu sagen –, die Festung zu betreten, und ging selber mit.

Da, wo der Schnee in Ecken und an Mauern verweht worden war, lag er dick auf den Toten, sodass sie alle gleich aussahen, aber an offenen Stellen ließen sie sich voneinander unterscheiden. Römische Reiter, tätowierte piktische Krieger, einer von der anderen Seite des Westmeeres, mit seinem weiß gekalkten Schild, das jetzt von getrocknetem Blut gesprenkelt war; ein

Grenzwolf in geschecktem Mantel. Keine Spur von Arcanern. Also musste der Angriff schon gestern stattgefunden haben; obwohl hier und da noch schwacher Rauch von verkohltem und durchnässtem Holz in den Himmel stieg, der jetzt die Färbung eines abklingenden blauen Flecks hatte und weiteren Schnee verhieß. Die Toten lagen dicht aufeinander um die Principia herum, wo die Garnison ihren letzten Widerstand geleistet haben musste. Die Pferde waren alle fortgetrieben worden, und die Pferche waren leer, abgesehen von ein paar gekrümmten Kadavern, die beim Kampf erstochen worden waren; und ein elendes, verstümmeltes Kavalleriepferd, dem man die Sehnen durchgeschnitten hatte, kämpfte sich hoch und fiel wieder, immer wieder, was es schon seit vielen Stunden getan haben musste.

Die Grenzwölfe sprangen suchend hier- und dorthin. In einer ausgebrannten Getreidescheuer fanden sie ein bisschen versengtes Getreide, das aus den Säcken quoll, und schöpften es so gut es ging in die hohle Seite ihrer Schilde. Das verstümmelte Pferd wurde mit einem Dolchstoß aus seinem Elend erlöst. Alexios sprach leise zu seinem Optio: «Lass das arme Tier schlachten. Wir werden bei unserer Mittwinternachtsfeier Fleisch essen.»

«Pferdefleisch?», fragte der Optio zweifelnd.

«Pferdefleisch, Optio. Wir werden der Göttin der Fohlen ein angemessenes Opfer bringen und sie wird uns in unserer Not vergeben.»

Sie waren zurück am Rechten Tor und der Schlachthausgestank von Bremenium schnürte ihnen trotz der Kälte die Kehle zu. Da hörten sie ein schwaches Stöhnen. Als sie stehen blieben, kam es noch einmal, offensichtlich von unterhalb der Treppe, die zur nächsten Geschützplattform führte.

«Jemand lebt – kommt!», rief Alexios, und sie rannten los.

Am Fuß der Treppe lagen ausgestreckte Tote aufeinander, und zwischen ihnen rührte sich etwas schwach. Sie zogen die

Toten zur Seite, und aus dem Gesicht eines Mannes starrten Augen sie an, und wieder kam das Stöhnen.

«Cognos!», sagte einer von der Eskorte, der ihn erkannte. Alexios kniete sich neben den Mann, der die nassen Fetzen einer Geschützuniform trug. «Ganz ruhig, wir sind Freunde», sagte er, und zu den Grenzwölfen, die sich um ihn drängten: «Mäntel und Speere – macht eine Bahre.»

Der Verwundete schüttelte schwach den Kopf: «Ich bin fast … in zwei Teile zerbrochen. Wenn ihr mich bewegt, gehe ich dahin. Aber durstig …»

«Bringt Wasser», befahl Alexios. Und als einer seiner Leute ging, um es zu holen, fragte er: «Was ist hier passiert?»

«Die Tätowierten, bemalte Teufel – und die Attacotti – haben sich verbündet. Haben uns ausgelöscht – Grenzwölfe und alle.»

«Was ist mit den Arcani?», fragte Alexios.

Der Mund des Mannes zuckte. «Glaubst du, wir wären überrannt worden wenn – wenn nicht jemand – die Tore geöffnet hätte?»

Sein Kopf rollte zur Seite.

Alexios stand auf. «Nicht mehr nötig», sagte er zu dem Wolf, der mit seinem Helm halb voll Wasser kam.

Als sie wieder im Lager waren, wurden die Pferde fest angebunden und die Verwundeten geschützt untergebracht. Sie zündeten kleine Feuer unter den zerfallenen Dächern der Lagerhäuser an. Alexios duckte sich unter das schief hängende Dach in die schwache Wärme und den Feuerschein, der Rauch stieg ihm in Augen und Kehle. Es fing wieder an zu schneien.

Sie hatten ein bisschen Mehl gefunden, um für die Verletzten einen warmen Bei zu kochen; das versengte Getreide bekamen die Pferde.

«Bald gibt es frisches Fleisch für uns alle», sagte Alexios und sah, wie sich erschöpfte und verhungerte Gesichter aufhellten, die Ohren seiner Wölfe richteten sich fast sichtbar auf.

«Haben die Tätowierten denn die Kuh des Kommandanten verschont?», fragte einer.

Er schüttelte den Kopf. «Sie haben eins der Kavalleriepferde verstümmelt zurückgelassen.»

Er sah ringsum im flackernden Flammenlicht, wie sich die Gesichter veränderten; jetzt sahen sie aus wie Männer, denen der Hunger das Wasser im Mund zusammenzieht, ihr Blick aber war feindselig und leer. Es wurde von ihnen verlangt, ihre Stammestabus zu verletzen, und sie glaubten, das verstehe er nicht. In diesem Moment stand er aus ihrer Sicht wieder auf der anderen Seite, so wie damals, als er das Kommando übernommen hatte.

«Wir werden der Göttin ein Opfer bringen», sagte er. «Die Mutter aller Fohlen wird es uns nicht nachtragen, denn auch wir sind ihre Söhne und sie kennt unsere Not.»

Und der Moment ging vorüber.

Die Männer lächelten ihn aus mageren und schmutzigen und vom Wind gegerbten Gesichtern an; sie waren so grau und zu Tode erschöpft, dass die Feuer, an denen sie kauerten, sie kaum wärmten. Der Rauch schwelte zu ihnen zurück, und die ersten Flocken des neuen Schneefalls mischten sich mit dem Rauch und blieben als nasse Flecken auf ihren gebeugten Schultern und fielen zischend in die Flammen.

Einige Männer kamen durch das Rechte Tor heraus und kletterten mit großen, blutigen Klumpen von rohem Pferdefleisch über die niedrige Mauer. Frisches Fleisch, schrecklich frisches Fleisch; es war noch warm und dampfte leicht in der bitter kalten Luft. Alexios machte sich los von dem Gedanken an das elende Tier, das wahnsinnig vor Schmerz und Angst gewesen war. «Schneidet alles klein und tut es ins Feuer», sagte er, «hebt die linke Schulter auf für das Sühneopfer.»

Und er ging, um das Nächstnotwendige in Angriff zu nehmen.

Die Männer von Lucius' Einheit hatten in der Senke, die das Lager von der Festungsmauer trennte, ein flaches Grab für ihn geschaufelt. Sie hatten es nicht parallel zum Graben, sondern schräg dazu verlaufend angelegt, und Alexios, der zu der kleinen Begräbnisgruppe hinunterkletterte, fragte sich weshalb. Dann fiel ihm ein, dass der Graben zu sehr nach Norden und Süden verlief, und für einen Christen war es wichtig, in der Ost-West-Richtung begraben zu werden. Vielleicht mussten ihre Seelen, wie die der Votadini, wissen, wo die Sonne unterging. Das war wohl Antonius' Vorschlag gewesen. Die ersten Schneeflocken wirbelten um sie herum; große Flocken wie die weichen Brustfedern von weißen Vögeln; einige lagen schon auf dem Grund des ausgehöhlten Grabes, als sie Lucius' Körper hineinhoben, und noch ein paar ließen sich auf den starren Haaren seines Wolfspelzes und seinen Lippen nieder, bevor sie die halb gefrorenen Erdklumpen darüberhäuften und noch mehr von der steilen Seite des Grabens herunterzogen, um ihm einen schönen Grabhügel zu bereiten.

Antonius, dem ein Tropfen am Ende seiner langen, krummen Nase hing, blickte fragend über das einfache Grab hinweg zu Alexios. Und Alexios gab ihm das Zeichen zum Weitermachen.

Der Arzt begann die Abschiedsworte für einen Mann seines eigenen Glaubens zu sprechen: «Oh, Gottvater, empfange ihn mit deinen liebenden Händen ...»

Aber das Ende des kurzen Gebets sollte Alexios nie zu hören bekommen, denn in diesem Augenblick erreichte ihn zwischen einzelnen Windstößen ein dumpfer Pfiff. Er war noch weit entfernt und kaum vernehmbar, er drang von der Außenwelt zu ihrem provisorischen Stützpunkt. Einer der Wachposten rief etwas und ein Pferd im Gatter warf den Kopf hoch und wieherte. Als er aus dem Graben kletterte, drehten sich Köpfe, um zu lauschen, Männer langten nach ihren Waffen, während sie sich hastig hochrappelten. Überall an den Rändern der zerfallenen Siedlung schrillten nun die Pfiffe, und jetzt kam auch noch der tiefere und volltönende Schrei der Votadini auf ihrem tödlichen Feldzug dazu.

«Männer an die Mauern», befahl Alexios. Und zu den Verwundeten am Feuer sagte er lächelnd: «Jeder, der noch einen brauchbaren Arm hat, macht sich ans Kochen. Vielleicht greifen sie heute nicht mehr an – sicher sind sie genauso müde wie wir. Aber wenn sie es tun, werden wir mit Essensduft in der Nase bestimmt besser kämpfen!»

Als er ein paar Augenblicke später hinter der Barrikade aus halb verkohltem Holz, mit der sie die Toröffnung zum Wagenlager verschlossen hatten, hockte, sah er zwischen den Mauerresten und eingestürzten Dachbalken der dahintergelegenen Gebäude sich etwas bewegen: Gestalten, die geduckt von einer Deckung zur nächsten im schwindenden Tageslicht heranschlichen. Plötzlich wimmelte die ganze Siedlung von bewegten Schatten, die näher kamen. Unzählige Schatten waren es. Die Grenzwölfe waren nach wie vor zahlenmäßig hoffnungslos unterlegen. Falls ihnen vorher keine Zeit zum Essen und Ausruhen blieb, würde der nächste Angriff für sie, erschöpft und ausgehungert, wie sie waren, das Ende bedeuten. Das wusste der Kommandant mit absoluter Sicherheit. Das halb zerfallene Transportlager würde dann tatsächlich der Schauplatz ihres letzten Kampfes sein.

Das Pferd wieherte erneut, und es kam von irgendwo Antwort am Rand der Siedlung, wo die Stammesleute wohl ihre Tiere zurückgelassen hatten, um sich anzuschleichen. Alexios hatte inbrünstig gehofft, dass sie nur die Lage erkunden wollten, aber dafür waren es zu viele. Zu viele Schatten rückten heran und nahmen im Näherkommen Gestalt an. Es sah aus, als wollten sie unmittelbar angreifen, in der Hoffnung, die Sache zu erledigen, bevor es dunkel wurde, damit die Seelen derjenigen, die getötet wurden, noch rechtzeitig ihren Weg nach Westen zum verborgenen Sonnenuntergang finden konnten.

Aber erst einmal trat eine gewisse Pause ein. Die Grenzwölfe duckten sich hinter ihre provisorische Brustwehr, das Schwert in der Hand. Mit angestrengten Augen versuchten sie den wirbelnden Schnee zu durchdringen. Das Licht war selbst für Meisterschützen schon zu unsicher und sie hatten viel zu wenige Pfeile in ihren Köchern, um ihre Verschwendung zu riskieren. Zwischen den zerfallenen Gebäuden waren sie von allen Seiten eingekreist, und die Schatten duckten sich wie an der Leine zurückgehaltene Hunde. Bald, vielleicht schon einen Herzschlag später würden die Hunde los sein und der Angriff in einer heulenden Woge über sie hereinbrechen. Aber im Moment gab es eine Pause, Warten und Schweigen im stürmischen Wind.

Und während sie warteten und schwiegen, überkam Alexios, wie von außen, die Gewissheit, was er zu tun hatte. Es war eine verrückte Idee, das war ihm vom ersten Augenblick an klar. Aber er wusste auch, dass es eine kleine Chance für ihr Gelingen gab. Vielleicht konnte er so Zeit für seine Leute gewinnen, damit sie essen und von der Nahrung zu Kräften kommen konnten, vielleicht auch ein paar Stunden Ruhe finden konnten, sodass sie am nächsten Morgen, wenn der Kampf begann, eine größere Chance hatten.

Er sagte zu dem Optio an seiner Seite: «Bitte den Centenarius, zu mir zu kommen.»

Und als der Mann davonging, begann er die befleckten und zerrissenen Fetzen des Truppendrachens von seiner Taille zu lösen.

Er war kaum fertig, als die hohe Gestalt von Hilarion geduckt neben ihn an die Brustwehr glitt. «Kommandant?»

«Nimm dies in deine Obhut», sagte Alexios und reichte es ihm.

Hilarion blickte auf die flach geklopfte Maske und die bunten Fetzen und dann wieder zu Alexios. Und dieses eine Mal war keine Spur von Spott in seinem Gesicht. «Was gedenkst du zu tun, Kommandant?»

«Ich weiß es nicht so recht. Vielleicht um Zeit spielen – Einzelheiten würden jetzt zu sehr aufhalten. Aber wenn etwas schief läuft, musst du das Kommando übernehmen, nimm dies also in Mithras' Namen und rede nicht lang herum.»

Aber Hilarion redete trotzdem herum, kurz und eindringlich: «Überlass es besser mir, Kommandant, egal was es ist. Es ist nicht die Aufgabe des Kommandanten, seine Kehle bei einem einsamen Heldenwolfsspiel aufgeschlitzt zu bekommen.»

«Unglücklicherweise», sagte Alexios, «bin ich der Einzige, der dieses spezielle Spiel spielen kann.»

Ihre Augen begegneten sich, und Alexios beantwortete die unausgesprochene Frage im Blick des anderen: «Weil ich es war, der Connla getötet hat.»

Plötzlich entstand Bewegung zwischen den Ruinen der Siedlung und an allen Mauern des Transportlagers wurde sie wie ein Echo erwidert. Es war ein kaum hörbares, unruhiges Geräusch, das kaum Geräusch genannt werden konnte, als die Männer ihre Stellung veränderten und ihre Waffen fester packten. Hilarion nahm den zerfetzten Truppendrachen und band ihn rasch um seinen Leib.

Ein langer Kriegsspeer, an dessen Hals Troddeln aus Marderfell flatterten, kam in hohem Bogen über die Mauer und blieb zitternd mit der Spitze im Boden dicht neben ihnen stecken.

«Halt!», schrie Alexios, als an der ganzen Brustwehr entlang die Arme der Speerwerfer hochgingen, um sich gleich darauf gehorsam wieder zu senken. Er lief geduckt zu der Stelle, wo ein kleiner, an die Mauer neben der Toröffnung gebauter Schuppen ihm etwas Schutz bot.

Er stand im Schatten des Schuppens und rief: «Cunorix, Herr über Sechshundert Speere!»

Es herrschte einen Moment Schweigen, und dann rief die vertraute Stimme zurück: «Ich bin hier, Alexios von den Grenzwölfen!»

«Und von deinen Speeren? Wie viele gibt es noch, die auf deinen Befehl auf das Schlachtfeld stürmen können?»

«Es sind nie alle da gewesen, das weißt du, aber bei uns sind
Krieger der Kaledonier, die ihre Speere mit uns vereint haben –
genug, um die Sache zu Ende zu bringen.» Seine Stimme klang
spöttisch. «Wie viele noch von den Wölfen?»
«Genug, um die Sache zu Ende zu bringen», warf Alexios
zurück. «Aber vorher gibt es Dinge, die zwischen dir und mir
besprochen werden müssen.»
«Nein! Zwischen dir und mir gibt es keine Dinge mehr, die
besprochen werden müssen.»
«Nur ein paar. Tritt auf den freien Platz vor der Toröffnung
hier und sage deinen Leuten, sie sollen ihre Speere zurückhalten, was ich meinen auch sagen werde, damit wir miteinander
reden können.»
«Und warum sollte ich das tun?»
«Weil, wenn du es nicht tust, die Kindeskinder deines Stammes an solchen Winterabenden wie heute an den Feuern erzählen werden, wie Cunorix der Häuptling es nicht wagte, aus dem
Kreis seiner Krieger hervorzutreten und seinen Hals in einer
bestimmten Sache zu riskieren – was ein einfacher Kommandant von ein paar Grenzwölfen sich traute!»
Und noch während er sprach, trat Alexios deutlich sichtbar
aus seiner armseligen Deckung vor und schwang sich auf die
Mauerbrüstung. Da stand er, und sein Magen krampfte sich
zusammen, als er sich fragte, ob er als Nächstes einen Speer-
hagel oder einen piktischen Pfeil abbekäme.

Alles, was er fühlte, war der frostige, federleichte Schnee auf
seiner Nase. Und dann trat Cunorix auf den offenen Platz unter
ihm, ohne Speer in der Hand, und sein Schwert steckte in der
Scheide aus Wolfsleder.

Alexios grüßte ihn und hielt dabei seine Hände weit von
seinen Waffen. «Du züchtest prächtige Jagdhunde und du bist
uns in diesen Tagen dicht auf der Spur gewesen. Warum hast
du sie nicht am Anfang aufgenommen?» Er redete ziellos, nur
um die Unterhaltung in die Länge zu ziehen, und bei jedem

Wort merkte er, dass das Licht des schneereichen Tages sich zur Dämmerung neigte ...

«Wir hätten sie eher aufgenommen – sobald wir merkten, dass die Spur, der wir am Anfang folgten, falsch war – und einer führte uns in die Irre.»

«So – und wer war der, damit ich ihn vor dem Gott des Lichtes dankbar erwähne?»

«Dann erwähne eine Frau, die wir an der Furt bei den Ebereschen entdeckten. Sie hatte ein totes Kind neben sich und wusch ihre blutigen Kleider.»

Alexios fühlte, wie sich ihm die Haare im Nacken sträubten, er musste an die alten Geschichten von der Wäscherin an der Furt denken; und er erinnerte sich auch an die Frau im Wehrdorf von Skolawn. «Ich hoffe, ihr reißt euch gegenseitig die Herzen aus», hatte sie ihnen entgegengespuckt.

«Du hast einen Traum geträumt», sagte er. «Diese Frau hätte euch nie aus Liebe zu uns auf eine falsche Spur gesetzt.»

«Nein, kein Traum.» Cunorix kam einen Schritt näher, er wippte ein wenig auf seinen Fersen und blickte hoch. «Aber eine seltsame Geschichte, und ich will sie dir erzählen, bevor wir dich töten. Sie schrie auf wie ein Habicht, riss das Kind an sich, deutete nach Osten und sagte: ‹Dahin sind sie gegangen, zum Sonnenaufgang. Folgt ihnen schnell, oh ihr Jäger von Annwfn, und wenn ihr sie eingeholt habt, reißt euch gegenseitig die Herzen heraus!› Und dann erblickte sie unter uns unsere Brüder, die Tätowierten, und sie fing an zu schreien und schrie und schrie und drehte sich um und rannte fort und blieb mit dem Fuß in einem Grasbüschel hängen und fiel und schrie weiter. Da wussten wir, dass sie nicht das war, was wir zuerst gedacht hatten. Also töteten wir sie, damit ihr Schreien aufhörte, denn sie machte die Pferde scheu. Und dann zogen wir eine Weile nach Osten, bis wir auf eine Spur stießen. Aber sie war zwei Tage alt und außerdem die Spur der Tätowierten. Ich glaube, sie war von Sinnen.»

«Das glaube ich auch», sagte Alexios. «So sehr von Sinnen, dass sie sogar den Hass in ihrem Herzen durcheinanderbrachte und die Tätowierten, die ihr Kind getötet hatten und nach Osten weiterzogen, mit den Grenzwölfen vermischte, die später kamen und eine andere Richtung einschlugen.»

«Nun gut. Egal, welche Richtung. Sieh, die Jagd ist jetzt vorbei und die Beute ist gestellt», sagte Cunorix. Und als Alexios zu ihm hinunterblickte, sah er in diesem einen Augenblick eine Ähnlichkeit mit Connla, die ihm vorher nie aufgefallen war: Der gleiche Anflug von Lachen war es, wie ein Sommerblitz. Aber Connla war tot, und in diesem Moment schien es ihm, als sehe er einen toten Mann vor sich.

Der Moment ging vorüber, und aus dem Augenwinkel nahm er die plötzliche Vorwärtsbewegung einer anderen Gestalt wahr, hoch gewachsen und wie eine Rabenkrähe in ihrem schwarzen Umhang mit schwarzer Kapuze, und eine schrille Stimme schrie: «Es ist jetzt genug damit! Tötet! Tötet!», und dumpfes Murren erhob sich unter den wartenden Kriegern.

Cunorix blickte in seine Richtung und machte eine heftige Geste. «Zurück, alter Vater! Ich bin es, der sagt, wenn es genug ist!» Aber zu Alexios sagte er zornig: «Waren das die Worte, die wir miteinander reden müssen?»

«Nein», erwiderte Alexios, der immer noch sein verzweifeltes Spiel um die Zeit trieb. «Wir wollen nicht einfach Geschichten erzählen, sondern du sollst eine Frage, die ich stellen muss, beantworten.»

«Was für eine Frage?»

«Diese: Seit wann sind die Votadini, die Stammesleute von Cunorix, mit den Tätowierten, die sie ihre Brüder nennen, eine Meute?»

Wieder erhob sich Gemurmel unter den Kriegern und von irgendwo kam der zischende Wildkatzen-Zornesruf der Kaledonier.

«Seitdem das Adlervolk, das sich einmal ihre Freunde nannte,

Cunorix' jüngeren Bruder tötete, bloß wegen eines Pferdedieb-
stahls, der obendrein halb im Scherz geschah.»

«Nein», sagte Alexios, «weil zwei Grenzwölfe erschlagen
und der Grenzfrieden gebrochen wurde, das war gewiss kein
Scherz.»

«Nichts von Bedeutung! Die Sache ist erledigt. Zwischen uns
ist Blutschuld.»

«Tötet! Tötet!», schrie der Priester mit hochgeworfenen Armen, seine Kapuze war nach hinten gerutscht, sodass Alexios
das skelettartige Gesicht und die riesigen Augen des Drui-
den Morvidd sah, die wie von der Weißglut seiner eigenen
Bosheit zu leuchten schienen. Bei den Schattenkriegern gab
es ein Geschiebe und Vorwärtsdrängen. Aber das Tageslicht
würde jeden Augenblick vergehen und der Schnee fiel immer
dichter ...

Alexios sagte: «Ich habe Connla getötet. Ich habe ihn getötet, um ihn vor einem hässlicheren Tod zu bewahren, und das
weißt du. Trotzdem, ich habe ihn getötet und die Blutschuld
ist zwischen dir und mir.» Er wusste, dass der Zeitpunkt gekommen war, und er nahm sich zusammen, um sich ihm zu
stellen. Jetzt redete er nicht mehr ziellos. «Deine Kämpfer sind
so erschöpft wie wir. Wenn ihr uns jetzt angreift, kann es sein,
dass ihr uns besiegt. Aber gleich, ob ihr uns besiegt oder nicht,
viele deiner Leute werden sterben.»

«Diejenigen, die sterben, ziehen nach Westen zum Sonnenuntergang auf der Straße der Krieger! Beachte ihn nicht!»,
kreischte der Priester.

«Versuche den Frauen am Feuer zu erzählen, dass sie nicht
dahin zurückkehren!», rief Alexios ihm zu. Dann wandte er
sich wieder an Cunorix. «Blutrache ist zwischen dir und mir.
So soll es sein. Lass uns wie zwei, die eine Blutschuld tilgen
müssen, darum kämpfen, hier und jetzt, dein Schwert gegen
meines. Und wenn du mich tötest, werden meine Männer mich
rächen, wenn sie können. Wenn aber ich dich töte, soll die

233

Schuld abgetan sein und ich und meine Leute können frei unseres Weges gehen.»

«Frei eures Weges gehen? Weißt du nicht, dass die Tätowierten und inzwischen auch die Weiß-Schilde zwischen dir und Habitancum sind?»

«Ich verlange nicht von dir, bei den Tätowierten für mich ein Wort einzulegen, und auch nicht bei den Weiß-Schilden. Wir werden uns ihnen später stellen. Ich bitte dich, dass du mir für deine Votadini dein Wort gibst.» Plötzlich wurde seine Stimme warm und er sprach von Freund zu Freund: «Cunorix, wir haben zusammen gejagt und das Brot zwischen uns geteilt und Arm in Arm über närrische Späße miteinander gelacht. Sollten wir diese letzte Angelegenheit nicht zusammen tun, du für deine Krieger und ich für meine?»

Und wieder herrschte Schweigen im brausenden Wind. Die Schattenkrieger machten keine Bewegung mehr, noch murmelten sie. Und die Grenzwölfe hockten hinter der Brustwehr des Lagers, gespannt und still. Es war, als wüssten beide, dass diese Angelegenheit nichts mehr mit ihnen zu tun hatte. Sogar Morvidd, der Eichenpriester, hatte sein wildes Geschrei aufgegeben, und die Tätowierten standen schweigend da; das war nicht ihre Angelegenheit, sie würden ihren eigenen blutigen Aufruhr später in die Hand nehmen.

Der eine stand auf der niedrigen Mauer, seine Wolfspelzkappe hing lose hinter seinem Kriegshelm, und der andere stand genau darunter, sein rotes Haupt war weit in den kräftigen Nacken zurückgebogen, die Daumen steckten im Gürtel. Alexios und Cunorix blickten sich an, als wären sie allein im Hochmoor an einem guten Jagdtag.

Dann sagte Cunorix fast sanft: «Nun, das ist wirklich eine Sache, von der die Kindeskinder des Stammes am Feuer an Winterabenden erzählen werden. So sei es also, Alexios von den Grenzwölfen. Diese letzte Sache tun wir miteinander, du und ich.»

Es dauerte nicht lange, alles vorzubereiten. Die Barrikaden im Eingang wurden gerade so viel zur Seite gehoben, dass ein Mann durch die Öffnung treten konnte. Fackeln aus grob geflochtenem Stroh oder brennendes Holz von den Kochfeuern gingen von Hand zu Hand. Das seltsame Gefühl einer rituellen Handlung ergriff die Stammesleute und auch die Grenzwölfe, als sie sich an der provisorischen Brustwehr entlang aufstellten und aus den Ruinen der Siedlung herandrängten, um den offenen Platz vor dem Tor mit Fackelschein zu umgeben. Alexios legte rasch seinen Mantel ab und warf ihn dem nächsten Mann zu. Er hatte ein unwirkliches Gefühl, als er sein Schwert zog und einen geliehenen Rundschild an seinem linken Arm befestigte und durch die schmale Öffnung schritt.

In der Mitte des offenen Platzes erwartete ihn Cunorix. Sein rotes Haar war zu einem Kriegerknoten zusammengebunden, Spuren von Kriegsbemalung glänzten auf beiden Wangen und der Stirn, und das vom Wind zerzauste Fackellicht spielte wild und wütend auf der blanken Klinge in seiner Hand.

Der zertrampelte Schnee sah gelb aus, wo das Licht hinfiel, und blau, wo es nicht hinkam, und verschwamm in der Dämmerung, die sich mit den fallenden Flocken drehte und wirbelte, und die Flocken zischten, wenn sie in die Flammen taumelten. Sonst hörte man keinen Ton in der langen Schweigepause zwischen Windstoß und Windstoß. Der Kampfplatz war von starren Gesichtern umringt, die sich wie weiße Masken gegen die Dunkelheit hinter ihnen abhoben. Ein Durcheinander von Wolfspelzmänteln, Ochsenleder-Schilden, mit Pelz- oder Federbüscheln verzierten Speeren, in deren Spitzen das Licht der Fackeln blinkte, und der wütende Wildkatzenkopf auf einem Speer, das Wahrzeichen der Tätowierten. Und das Gesicht von Morvidd, dem Eichenpriester, schwebte wie ein Habicht über allem. Alexios nahm das alles mit einem kurzen, eiligen Blick ringsum wahr. Dann wandte er ruhig seine ganze Konzentration dem Mann zu, der ihn mit dem Schwert in der Hand erwartete, und verdrängte alles andere, er verdrängte auch die Erinnerung an das Hochmoor hinter Credigone und die gemeinsamen Jagdfeuer am Ende des Tages.

Er schob einen Fuß vor den anderen und duckte sich ein wenig, seine Augen auf die Augen des Gegners gerichtet.

«Beobachte immer die Augen», hörte er die Stimme seines Waffenmeisters, «vergiss die Schwerthand nicht, aber achte immer auf die Augen.» Die bleierne Müdigkeit war von ihm abgefallen und er fühlte sich leicht auf den Beinen und sehr kalt; es war eine helle, innere Kälte, die nichts mit dem Ostwind und dem wirbelnden Schnee zu tun hatte.

Cunorix duckte sich auch, seine Augen über dem Bronzerand seines Schildes waren weit geöffnet, er wiegte sich leicht auf den Fußballen. Langsam begannen sie, sich zu umkreisen, jeder wartete, dass der andere als Erster angriff. Alexios merkte plötzlich, dass er gar nicht wusste, wie gut Cunorix als Schwertkämpfer war, denn sie hatten vorher nie die Klingen gekreuzt, und für Cunorix war es genauso. Deshalb kämpften sie zu Beginn zurückhaltend und vorsichtig, testeten die Fertigkeit des anderen, suchten den Schwachpunkt des anderen. Sie bewegten sich umeinander mit tappenden Schritten, die so präzise waren wie Tanzschritte. Ab und zu gab es ein plötzliches Aufblitzen und Klirren der Schwerter bei Hieb und Parade und dazwischen wieder die langen, wachsamen Pausen.

Jetzt war es hinter dem zuckenden Fackellicht fast dunkel. Aber Alexios hatte vergessen, dass er um Zeit spielte. Er war auch nahe daran zu vergessen, dass er als Fürsprecher für die Grenzwölfe kämpfte und dass vielleicht Leben und Tod seiner Männer an seiner Schwertspitze hingen. Denn dies hier war etwas anderes: eine Angelegenheit zwischen ihm und seinem Freund, mit Connlas Blut zwischen ihnen.

Cunorix machte den ersten ernsthaften Ausfall und sprang zurück, als Alexios parierte, und das lauernde Umkreisen begann von Neuem, bis Alexios vorsprang. Seine Klinge zog einen Lichtbogen von den flackernden Fackeln mit sich, und Cunorix sprang zur Seite, ein Blutfaden quoll aus seinem Unterarm.

Ein Aufschrei kam von den Zuschauern: «Erstes Blut!» Wieder und wieder schlugen ihre Klingen aneinander, und wieder und wieder wichen sie zurück, jeder kannte jetzt den Rhythmus des anderen und das Spiel wurde immer schneller und tödlicher.

Die beobachtende Menge war totenstill. Die einzigen Geräusche in Alexios' Welt waren das Klirren und Wetzen von Klinge gegen Klinge, das den Schwertarm bis oben hin erschütterte, das Stampfen ihrer Füße auf dem Schnee, der durch das Treten immer glatter wurde, und der pfeifende Atem, der durch den halb geöffneten Mund und die geweiteten Nasenlöcher entwich. Seine Erschöpfung machte sich wieder bemerkbar. Seine Aufmerksamkeit ließ kurz nach. Und in diesem Augenblick schoss Cunorix' Schwert mit einem tückischen Schlag wie aus dem Nichts herab, und bevor er ausweichen konnte, hieb es den äußeren Rand seines Schilds ab und fuhr knirschend an seinem Schildarm entlang, und ein greller Blitz durchzuckte ihn von der Schulter bis zum Ellenbogen.

Eine Bewegung lief durch die Reihen der Männer hinter ihm und von den Stammesleuten kam ein Aufschrei: «Zweites Blut!»

Der leichte, mit Fell bezogene Weidenschild wurde plötzlich so schwer wie Schmiedeeisen, und etwas Warmes, Klebriges lief an der Innenseite herunter und verrutschte den Haltegriff an seinem Unterarm, als er ihn hob und mit seinem eigenen Schwert vordrang.

Jetzt war der Schnee wirklich rot und er war noch rutschiger unter den Füßen. Und Alexios wusste, wenn er den Kampf gewinnen sollte, musste er schnell handeln, bevor ihn die Kräfte verließen. Er schien ringsum von blitzendem kaltem Eisen umgeben, als sein Schwert und das seines Gegners ein flackerndes, tödliches Geflecht in die Luft zeichneten. Der Schnee hatte begonnen, einen schwindelerregenden Tanz zu veranstalten, der sich vor seinen Augenwinkeln drehte. Er nahm sich zusammen und holte zu einem ungeheuren Seitenhieb aus und spürte, wie seine Klinge in Cunorix' Oberschenkel unterhalb von seinem Schutzschild drang. Als Cunorix wütend zum Gegenangriff vorstürzte, sprang er zur Seite, um dem Hieb auszuweichen. Da versagten seine Füße unter ihm auf dem heimtückischen Gemisch aus Blut und festgetretenem Schnee und er stürzte zu Boden.

Er drehte sich um und schützte sich so gut es ging mit dem, was von seinem Schild noch übrig war, und als Cunorix' Schwert niedersauste, warf er sich herum und stieß nach oben unter den Schild des anderen und fühlte, wie die Spitze tief unter seinem Brustbein eindrang.

Mitten im Ausholen flog das Schwert des Häuptlings durch die Luft, und mit einem höhnischen Schrei, der in einem schrecklichen erstickten Laut abrupt endete, fiel er auf den Mann, der sein Freund und Blutsbruder gewesen war.

Alexios fühlte, wie er noch zweimal zuckte und dann still lag. Er zog sich unter der toten Last heraus und stand mühsam auf und vernahm ein Brüllen wie das Tosen des Meeres. Er steckte sein rot verschmiertes Schwert in die Scheide, bückte sich und drehte den anderen auf den Rücken. Da lag er, zerschlagen und gekrümmt, eine rote Wunde bis zum Knochen. Aus dem gezackten Loch unter seinem Brustbein quoll es schwarz und klebrig. Immerhin, dachte Alexios, war er noch am Leben, aber ein Schwall von Blut und Erbrochenem kam aus seinem Mund. Und es war nur das flackernde Fackellicht der näher kommenden Männer, das in seinen Augen flimmerte, weshalb sie sich zu bewegen schienen.

In dem Meeresgebrüll tauchten Worte auf, jemand schrie: «Tötet! Tötet!», aber er hatte seinen Freund bereits getötet.

«Tötet! Tötet! Auch wenn die Sonne untergegangen ist, kann ich euch hinter den Sonnenuntergang führen Tötet! Tötet! Tötet!»

Alexios versuchte, seinen Schild zu heben, aber sein Arm war taub und triefte von Blut. Überall war der Schnee rot, es war sein eigenes Blut, vermischt mit dem von Cunorix. Dann sah er, dass sein Lederärmel zerfetzt war und dass eine lange Wunde, die sich an seinem Oberarm hinunterschlängelte, den Knochen freilegte.

Benommen nahm er einen Ansturm von Schatten wahr und Kämpfe rings um ihn. Hände ergriffen ihn, es waren die Hände seiner eigenen Leute, die ihn zurück durch die schmale Öffnung der Barrikade zogen. Und dann war er drinnen, und sie schoben die Balken wieder an ihren Platz. Er saß auf dem Boden, und jemand drückte ihm den Hals einer Lederflasche gegen die Zähne, während ein anderer einen schmutzigen Lappen um seinen Arm wickelte. Es gelang ihm, sein Zähneklappern zu unterdrücken, und er schluckte. Ein Teil vom Gerstenschnaps lief an seinem Kinn herunter, ein anderer in seine Kehle. Er brannte wie Feuer, aber sein Kopf wurde klar, sodass ihm alles, was um ihn geschah, wieder bewusst wurde.

An der Brustwehr und entlang der Barrikade wogte wilder Kampf. Und immer noch konnte er über dem Tumult und dem Geheule und Kriegsgeschrei und dem Waffengeklirr und dem Scheuen und Wiehern der aufgeschreckten Pferde diesen fürchterlichen, lang gezogenen Blutracheschrei des Eichenpriesters hören: «Tötet! Tötet! Tötet!»

Eine lähmende Verzweiflung befiel ihn. Er hatte also versagt. Er hatte sein verzweifeltes Spiel um Zeitgewinn gespielt, er hatte ihn aufgehalten, bis das letzte Licht verschwunden war, hatte auf die Gewissheit gebaut, dass die Votadini im Dunkeln nicht angriffen. Und jetzt taten sie es doch, nachdem es dunkel war, angestachelt von dem verfluchten Priester und vielleicht auch von den Tätowierten, die mit ihnen waren. Sie brachen das Versprechen ihres Stammesführers und damit auch seine Ehre.

«Es war den Versuch wert», rief ihm jemand ins Ohr. Er fand sich wieder auf den Füßen, schleppte sich mitten ins Gefecht. Aus voller Kehle stimmte er den Wolfsschrei an und hörte ihn von allen Seiten erwidert. Er sah Morvidd, den Priester, auf dem Trümmerhaufen eines zerfallenen Gebäudes stehen. Mit ausgestreckten Armen über den flackernden Fackeln hetzte er schreiend seine Stammesleute auf. Und im selben Augenblick nahm der Mann neben ihm im Fackellicht die Gelegenheit wahr und setzte den Pfeil auf seinen Bogen, den er unter seinem Umhang hervorgeholt hatte. Dicht neben seinem Ohr hörte Alexios einen schwirrenden Ton und der Bogen gab seine gespannte Sehne frei. Und die wahnsinnige Gestalt auf dem Trümmerhaufen stand einen Moment starr und umklammerte den Pfeil in ihrer Kehle, dann kippte sie mit einem gurgelnden Schrei nach hinten.

Erneutes Geheul kam von den Stammesleuten, als sie ihren Priester fallen sahen. Und wie zur Antwort erhoben sich deutlich über dem Tumult irgendwo in der wilden Nacht die klaren, hallenden Töne eines Jagdhorns, das zum Angriff rief, und lebhaftes Geschrei wie von allen schwarzen Geistern Ahrimans, und Dröhnen von Huftieren, die über die verschneite Erde heranpreschten.

15. Die Rückkehr zum Wall

Der Druck der Stammesleute schien ins Schwanken zu geraten und an Schwung zu verlieren, als die Neuankömmlinge mit Geschrei von hinten über sie herfielen und die Verteidiger des Wagenplatzes den Schrei erwiderten und sich über die Brustwehr ergossen. Von vorne und von hinten angegriffen, hatten sie in diesem Sturm und in der Dunkelheit keine Ahnung, wie viele oder wie wenige wilde Reiter da über sie hereinbrachen. Ihr Häuptling und ihr Priester waren tot. Und da jetzt diese schrille Stimme nicht mehr: «Tötet! Tötet!» kreischte, wurde den Votadini irgendwie tief in ihrem Inneren ihr Wortbruch bewusst, und das schwächte ihre Kampfkraft.

Sie verstreuten sich, drehten um und flohen gemeinsam mit den Tätowierten in Richtung der Stelle, wo sie ihre Pferde zurückgelassen hatten. Von den heulenden Grenzwölfen gejagt, kamen viele nie dort an. Diejenigen, denen es gelang, schwangen sich fast in Panik auf die wartenden Tiere und verschwanden wie ein aufgelöstes Traumbild in der Nacht.

«Offensichtlich hat es sich doch gelohnt, um Zeit zu spielen», rief Hilarion.

Später stand der Optio der Entsatztruppe vor Alexios und erstattete Bericht. Sie waren eine doppelte Patrouille von Grenzwölfen, zwanzig an der Zahl. Alexios saß an einem der Kochfeuer und umfasste schützend seinen fest bandagierten Arm, der über seinen Knien lag. Der Optio sprach mechanisch und richtete seine Augen in die Luft über dem Kopf des anderen. Er war daran gewöhnt, jedes Mal wenn er zurückkehrte, zu berichten, und in Zeiten wie diesen war es gut, sich an Eingeübtes halten zu können. Also erstattete er Alexios den Bericht, da keiner seiner eigenen Offiziere mehr lebte, der ihn entgegennehmen konnte.

«Die Attacotti landen entlang der ganzen Westküste und einige der Damnonier und die anderen westlichen Stämme haben sich ihnen angeschlossen. Man sagt, einige Arcani sind auch dabei, aber dafür haben wir keinen Beweis; die Attacotti haben wir gesehen. Segontium ist gefallen, doch alle übrigen Festungen am Wall sind noch in unserer Hand. Die Unruhen breiten sich aber immer noch aus. Wir waren auf dem Rückweg, im Eilmarsch, als wir von Bremenium hörten ...». Sein Gesicht zuckte und verzog sich, doch dann bekam es wieder diesen hölzernen Ausdruck.

«Setz dich, Optio», sagte Alexios.

Der Mann schüttelte den Kopf. «Stehe lieber, Kommandant.»

«Setz dich hin!»

Der Optio ließ sich neben dem Feuer nieder. «Tut mir leid, Kommandant. Wir haben bei Sonnenuntergang ein paar Späher losgeschickt, während wir warteten, und sie berichteten, was hier draußen in der Siedlung los war. Wir sind so schnell wir konnten gekommen. Wussten nicht, wer sich hier im Transportlager verkrochen hatte. Die Späher redeten von Grenzwölfen, wussten aber nicht mehr. Wir dachten, vielleicht ein paar von unseren eigenen Leuten.»

«Etwa ein Dutzend hier sind der Rest von der Begleittruppe des Praepositus. Alle anderen sind von uns – nein, wir sind nicht eure Leute, wir sind die Dritte Truppe von Castellum», sagte Alexios freundlich. «Tut mir leid.»

Dem Optio gelang ein Anflug von einem Lächeln. «Nicht nötig, sich zu entschuldigen, Kommandant.» Und dann erschöpft und verdrossen: «Wie konnte das geschehen? Die stärkste Festung nördlich des Walls?»

«Die Arcani haben die Tore geöffnet.»

«Das – weißt du, Kommandant?»

Alexios nickte. «Wir haben einen Mann lebend angetroffen. Er lebte gerade noch so lange, dass er es uns sagen konnte.»

«Also stimmte das mit den Arcani.»

«Scheint so.»

«Oh Gott, oh Gott, was für ein Drama!», sagte der Optio.

«Habt ihr Leute von der Patrouille verloren?»

«Zwei tot, fünf verwundet.» Er deutete mit dem Kopf zu den Ruinen der Warenschuppen, wo all die Verletzten im Schutz eines halb eingestürzten Daches lagen. «Es war ein hitziges Geschäft, gerade am Anfang.»

Hilarion tauchte im Feuerschein auf und band sich die bunten Fetzen vom Leib. «Kommandant, darf ich dir den Drachen der Dritten Truppe der Grenzwölfe zurückgeben?»

Inzwischen war das Fleisch mehr angebrannt als gebraten, und nachdem Stücke davon zu den Wachen an ihren Posten gebracht und an die Verwundeten, die es essen oder die Brühe trinken konnten, verteilt waren, sammelten sich die Übrigen um die Feuer und nagten daran wie ausgehungerte Hunde.

Der Optio der zurückgekehrten Patrouille blickte auf das Fleisch und dann zu Alexios.

«Die Tätowierten haben die meisten Pferde weggetrieben, doch ein armes Tier ließen sie verstümmelt, aber noch lebend zurück. Es ist schon in Ordnung, Optio, wir haben der Mutter der Fohlen ein Opfer gebracht. Bitte deine Leute zum Fest der Wintersonnenwende.»

In dieser Nacht hielten sie verstärkt Wache, es wurde alle zwei Stunden gewechselt statt der üblichen vier, um die frierenden und erschöpften Männer zu schonen. Aber eigentlich, dachte Alexios, war es nicht wirklich zu erwarten, dass es vor dem Morgen wieder einen Angriff geben würde, jedenfalls nicht von den Votadini. Mit den Pikten war es natürlich etwas anderes, da lauerte eine andere Gefahr. Aber dieser Trupp von ihnen war nicht groß genug, um allein anzugreifen.

Die Nacht verlief ruhig, abgesehen von dem Geheul vierbeiniger Wölfe, die von Weitem den Schlachtfeldgeruch in der Festung witterten, es aber wegen der Wachfeuer nicht wagten, näher zu kommen. Alexios hockte an einem dieser

Feuer zwischen den Gängen zu den Wachposten und hörte sie und dachte: ‹Habt Geduld, meine vierbeinigen Brüder, morgen sind die Feuer erloschen.› Er wünschte, man könnte die Toten begraben – alle Toten, nicht nur die eigenen, nicht nur Lucius. Aber seine Aufgabe war es, die Lebenden zum Wall zu bringen.

Zwei Stunden vor Morgengrauen, wie üblich, brachen sie auf nach Habitancum.

In der Nacht war noch viel mehr Schnee gefallen, er bedeckte den blutgetränkten Schnee von gestern und würde die Toten unter seinem sanften, weißen Tuch geborgen halten, bis es taute – oder die Wölfe kamen. Alexios fragte sich, ob die Stammesleute den Leichnam ihres Häuptlings auf ihrer Flucht mitgenommen hatten oder ob er immer noch auf dem freien Platz vor der Toröffnung lag, wo er letzte Nacht gefallen war. Und er achtete beim Vorbeireiten darauf, nicht zu genau zu den einzelnen Erhebungen zu blicken, die sich schwach in der vom Schnee erhellten Dunkelheit abzeichneten. Besser war es, an das Hochmoor hinter Credigone zu denken; besser, sich an das Jagdfeuer und das gemeinsame Lachen zu erinnern – und das andere den Wölfen zu überlassen.

Einige der Pferde waren beim Angriff der letzten Nacht getötet worden; aber auch Männer waren umgekommen, und man brauchte auch keine Pferde als Lasttiere, denn außer den Verwundeten war kaum noch etwas zu transportieren. Es gab also genug Pferde für die restliche Truppe, und es waren sogar einige übrig.

Die Überlebenden der Eskorte des Praepositus und die Patrouille von Bremenium bildeten jetzt die Vorhut und übernahmen die Aufgabe als vorausreitende Späher und Wegkundschafter in diesem Gebiet, das sie so gut kannten wie ein Mann seinen Gemüsegarten. Immer noch fielen einzelne Flocken im Wind, als sie losritten, aber der Himmel war nicht mehr so voll von Schnee wie am Tag davor. Und während sie vorankamen, ließ die erste Dämmerung im Südosten einen Streifen von kühlem Narzissengelb in der aufreißenden Wolkendecke erscheinen.

Alexios ritt an der Spitze der Haupttruppe und fand, dass es großer Konzentration bedurfte, um gerade im Sattel zu sitzen und nicht nach vorne über den schmerzenden Arm geduckt. Antonius hatte ihn wieder verbunden und eine Schlinge aus einem Streifen gemacht, den er vom Mantel eines toten Soldaten des Hilfstrupps gerissen hatte. Aber jedes Mal, wenn die mit Schnee verstopften Hufe von Phoenix auftraten, durchfuhr ihn eine schmerzhafte Erschütterung, und von der Schulter bis in die Fingerspitzen fühlte sich sein Arm wie heißes Blei an, nur dass Blei ja nicht klopft. Schwer, so schwer war er trotz der Schlinge. Wieder und wieder richtete er sich auf, wenn das bloße Gewicht ihn herunterzuziehen schien. Die Männer hinter ihm sollten ihn nicht so zusammengesunken sehen, als müsste er bei der Nachhut und den Verwundeten sein. Als er dann prüfend unter seinem Mantel tastete, fühlte er etwas Warmes, Klebriges durch die Schlinge sickern. Verflucht! Er blutete wieder. Einmal rückte Hilarion neben ihn und fragte leise: «Ist alles in Ordnung, Kommandant?»

«Es ist mir nie besser gegangen», stieß Alexios zur Antwort durch die Zähne. Hilarion salutierte und reihte sich wieder an seinen Platz ein.

Auf der geraden Militärstraße war Habitancum nicht viel mehr als einen halben Tag Fußmarsch entfernt. Aber sie folgten Wegen, die den Männern von Bremenium bekannt waren und die nichts mit Straßen zu tun hatten. Es waren geheime Wege über die Hügel, was die Entfernung fast verdoppelte. So ging die Sonne gerade unter, als die Festung in Sicht kam. Zweimal hatten sie die Spuren von beträchtlich großen Trupps gekreuzt. Einmal machten sie Pause im Birkengehölz unterhalb eines Hügelkamms, jeder hatte den Maulriemen seines Pferdes fest zugebunden, um es am Wiehern zu hindern, als eine große gemischte Kriegertruppe von Pikten und Stammesleuten der Westküste durch das Tal unter ihnen zog. Trotz alledem waren sie von feindlichen Zusammenstößen verschont geblieben.

Die Tätowierten, die ihnen von Castellum her zusammen mit Cunorix' Kriegern auf den Fersen gewesen waren, dachte Alexios, hatten wahrscheinlich genug von einer Jagd, die sie eigentlich nichts anging, und waren auf der Suche nach einer leichteren Beute wohl ihrer Wege gegangen.

Aus der Ferne sah die Festung dunkel und standhaft aus. Aber erst als sie nahe genug waren, um die römischen Standarten über dem Torhaus wehen zu sehen und die Köpfe der Wachen, die sich an der Mauer entlang bewegten, wusste er wirklich, dass der Albtraum von gestern sich nicht wiederholen würde. Sie hatten eine lebendige Festung erreicht.

Kurze Zeit darauf stand Alexios in dem von Lampenlicht erhellten Arbeitsraum in der Principia vor dem Tisch voller Papierkram, an dem der Kommandant der Festung saß.

«Die Dritte Truppe der Grenzspäher meldet sich zum Rapport, Kommandant – ebenso eine Doppelpatrouille der Ersten Truppe – alles was von ihr noch übrig ist.»

Er wünschte, der Boden unter ihm würde stille halten, statt sachte zu schwanken wie das Deck einer Galeere bei ruhiger See. Auf einer Galeere machte das nichts aus, aber an Land war es beunruhigend.

Der Kommandant legte das Papier, das er gerade gelesen hatte, zu einem der Stöße und blickte auf. Er hatte ein schmales, markantes Gesicht mit einem humorvollen Mund, der aber in diesem Augenblick keine Muße für Humor hatte.

«Ach ja, Ducenarius ...»

«Aquila, Kommandant, Alexios Flavius Aquila», sagte eine vertraute Stimme aus dem Dunkel, «mein Nachfolger in Castellum.» Und eine Gestalt, die er vorher nicht bemerkt hatte, trat in den Lampenschein. Beinahe hatte er vergessen, dass Julius Gavros ja hier war.

«So, du hast uns also rechtzeitig erreicht, Ducenarius Aquila. Wir ziehen in der Dämmerung ab – hier, das alles ins Feuer, denke ich ...»

«Abziehen?», fragte Alexios verständnislos.

«Ja. Während der Befehl zum Abzug zu dir kam, lautete unserer, hier zu bleiben, da wir ja nahe der Grenzverteidigungsanlagen sind. Aber jetzt, angesichts der verschlimmerten Situation, werden wir zurückbeordert.» Der Kommandant ließ endlich die Papiere liegen und beugte sich auf die Ellbogen gestützt vor und schenkte ihm seine volle Aufmerksamkeit. «Ich muss schon sagen, es ist eine freudige Überraschung, dich hier zu sehen. Ich habe sehr bezweifelt, dass der Befehl Castellum jemals erreicht.»

«Hat er auch nicht», sagte Alexios. «In Anbetracht der Umstände zog ich auf eigenen Entschluss ab.»

Er bemerkte eine kurze, rasch wieder unterdrückte Bewegung von Ducenarius Gavros und drehte seinen Kopf ein wenig, um dem anderen in die Augen zu sehen. Plötzlich fühlte er sich viel älter als damals, als sie sich gegenüberstanden.

«Umstände?», fragte der Kommandant.

Alexios hörte sich selbst eine Art Bericht erstatten vom Bruch des Grenzfriedens und von den Ereignissen der darauffolgenden Tage. Seltsam war es, wenn man bedachte, dass noch vor etwa zehn Tagen das Leben normal gewesen war. Und abgesehen von dem Gefühl im Nacken, dass sich ein Gewitter zusammenbraute, hatte es keine Sorgen gegeben, außer der, wie man Praepositus Montanus bei seinem Inspektionsbesuch zufriedenstellen konnte.

In der Stille, die nach seinem Reden eintrat, hörte er die Schritte der Wache draußen, wie sie im Säulengang näher kamen, vorbeigingen und wieder verhallten. Wirklich, ein geordneter Klang aus einer geordneten Welt.

In die Stille drang jetzt plötzlich die scharfe Stimme des Kommandanten: «Du bist verwundet.»

«Ein Schwerthieb in den Arm, gestern Abend.»

Der Kommandant wandte sich an Julius Gavros. «Er ist einer von dir. Nimm ihn mit auf die Krankenstation zum Verbinden. Er blutet meinen ganzen Boden voll.»

Später, viel später an diesem Abend, nachdem sein Arm vom Arzt frisch versorgt worden war und er sich überzeugt hatte, dass seine Männer sicher untergebracht waren, zwang Alexios sich zum Abendessen. Er saß auf der schmalen Liege in Gavros' Schlafräumen und versuchte, mit der einen und halb mit der zweiten Hand den flach geklopften Kopf des Ordo-Drachen zu richten, den er eben von seiner Taille losgebunden hatte.

Gavros kehrte gerade von seinem Rundgang zurück und stand im Türrahmen zu dem äußeren Raum, warf seinen Wolfspelz ab und streifte sich den Schwertgürtel über den Kopf.

«Wie geht's dem Arm?»

Alexios blickte finster auf seine Arbeit. «Er schmerzt, wenn der Wind von Osten bläst», zitierte er einen Veteranen des Dritten Truppe, dessen vom Wetter abhängige Speerwunde ihnen beiden wohlbekannt war.

Gavros ging ans andere Ende des Zimmers und legte sein Schwert auf die Truhe. «Eine dumme Frage: Deine Burschen prahlen in der ganzen Festung damit, wie du zu deiner Wunde gekommen bist. Eigenartig, damals in der Halle des alten Häuptlings hätte ich schwören können, dass Cunorix und du Freundschaft schließt.»

«Das war auch so.»

Gavros verharrte einen Moment, als fasste er einen bestimmten Entschluss; dann kam er herüber und stand, die Arme auf die hohe Fensterbank gelegt, und blickte in die Nacht hinaus. «Glaubst du, du könntest mir das erzählen, was du bei deinem Bericht für den Kommandanten ausgelassen hast?»

Alexios blickte auf. «Welchen Sinn soll das haben?» «An höherer Stelle wird man nach mehr Einzelheiten fragen als der Kommandant, der heute Abend andere Dinge im Kopf hatte.»

Alexios spürte, wie alles Blut in seinem erschöpften Körper aufwallte. «Doch nicht wieder eine Untersuchung?» «Ach nein, aber sie werden nach mehr Einzelheiten fragen. Und ich glaube, es ist leichter für dich, darüber zu sprechen, wenn du sie vorher mit mir durchgegangen bist.» «Du meinst, damit ich sie richtig in Erinnerung habe?» «Zum Teil, aber darüber hinaus. Ich glaube in den wenigen vergangenen Tagen sind Dinge geschehen, die es dir schwer machen, darüber zu reden, je länger sie unausgesprochen bleiben, bis du vielleicht überhaupt nicht mehr davon erzählen kannst.»

Und irgendwie hörte Alexios sich selbst mit tonloser Stimme über das reden, wonach Gavros fragte. Er war so müde und sein Arm schmerzte so sehr, dass er sich nicht erinnern konnte, was er dem Kommandanten erzählt hatte, und so wiederholte er alles noch einmal. Von dem Pferdediebstahl halb zum Spaß und wie er Connla getötet hatte. «Das Licht ließ nach – er wäre zerfetzt worden. Es schien die einzige Möglichkeit.»

«Wahrscheinlich war es die einzige Möglichkeit», sagte Gavros. «Rede weiter.»

Und Alexios fuhr fort: «Also enthob mich der Praepositus von meinem Kommando und setzte mich unter Arrest, und dann kam der erste Angriff und er wurde getötet. Also übernahm ich das Kommando wieder. Hilarion kann das alles bestätigen. Und dann, nun, ich habe dem Kommandanten von den weiteren Angriffen berichtet und von meiner Entscheidung abzuziehen.» Wie langweilig und sinnlos das alles klang.

«Das war sicher nicht leicht.»

«Das war es gewiss nicht. Der Gott der Legionen weiß es», sagte Alexios.

Sie schauten sich an im Schein der Lampe in der Wandnische. Und alles, was Alexios bisher noch nicht erzählt hatte, schien unausgesprochen zwischen ihnen hin und her zu wandern. Auch der noch offene Teil über Cunorix. Als er damals den Entschluss gefasst hatte, war er sich sicher gewesen, dass er richtig war; aber erst jetzt wusste er, dass er richtig gehandelt hatte. Selbst wenn der Befehl zum Abzug, der ihn nie erreicht hatte, nicht gegeben worden war, wäre sein Entschluss richtig gewesen.

Er seufzte leise, wie jemand, der eine körperliche Last ablegt, und drehte den Drachenkopf auf seinem Knie, um mit der Messerspitze an eine andere Stelle zu kommen.

Gavros blickte auf die bunten, blutgefleckten Seidenfetzen, die auf Alexios' Knien lagen, und die groteske, flach gehämmerte Bronzemaske und die Silberdrähte, die er mit der Hand, die halb aus der Schlinge ragte, festhielt. «Was willst du denn mit diesem Trümmerstück?»

«Ich möchte es wieder in Paradeform bringen.» Alexios versuchte mit nicht sehr großem Erfolg, die Spitze seines Dolches zwischen die zusammengepressten Kinnbacken des Drachen zu bohren, um sie aufzubekommen. «Die Dritte Truppe der Grenzwölfe reitet morgen unter ihrer eigenen Standarte in Omnum ein oder gar nicht.» In seiner Stimme schwang rechter Stolz mit.

Aus der Dunkelheit draußen kamen die klaren, akzentuierten Töne der Trompete, die zur Zweiten Nachtwache rief. Marschschritte hallten, irgendwo rief eine Stimme Befehle. Die Festung war immer noch mit den Vorbereitungen für den Abmarsch am nächsten Morgen beschäftigt.

«Wir werden zurückkehren», sagte Alexios ohne Überzeugung.

Gavros antwortete nicht.

Eine Stunde vor Tagesanbruch marschierte die Garnison von Habitancum durch das Praetorianische Tor ab, was offiziell als «vorläufiger Rückzug» bezeichnet wurde. Das war ein ganz anderer Abzug als der, den Alexios vor fünf Tagen angeführt hatte. Es war eine gut halbe Kohorte von Hilfstruppen – rätische Speerwerfer – und vier flankierende Reiterschwadronen bildeten den Haupttrupp, die Zweite Truppe Grenzspäher waren die Vorhut, und hinter dem Tross kamen als Nachhut die Männer von Castellum und die paar Überlebenden der Ersten Truppe. Gestern waren sie wie eine grimmige Geisterschar geritten. Aber heute, nach einer anständigen Mahlzeit und einer warmen Nacht und in dem Bewusstsein, dass es der letzte Tag unterwegs war und dass jede Meile sie den vor ihnen liegenden Verteidigungsanlagen des Walls näher brachte, ritten sie wieder wie lebendige Männer, die Grenzwölfe, der stolze Abfall des Römischen Reiches. Und sie hätten die Praetorianische Garde nicht als ihnen ebenbürtig bezeichnet.

Alexios spürte ihre frische Energie, als er an ihrer Spitze ritt. Er hatte sich Phoenix' Zügel um seine hilflose Hand gewickelt. Glücklicherweise kannten er und sein Pferd sich so gut, dass er nur seine Knie benötigte. In seiner rechten Hand hielt er einen Speer, von dessen Spitze die bunten, blutgefleckten Fetzen des Ordo-Drachen wehten. Seine Maske war jetzt etwas geöffnet und schielte fast wie ein Betrunkener.

Es war eiskalt in der Morgendämmerung und der Atem der Männer und Pferde dampfte, aber offensichtlich hatte sich der Himmel endlich ausgeschneit. Die Sonne ging silbrig vergoldet hinter den zerfledderten, dahintreibenden Wolkenbänken auf, und die Schatten von Pferden und Reitern und den aufgerichteten Standarten und den Birken an den Berghängen lagen lang und scharf umrissen, blau wie Hyazinthen auf dem gefallenen Schnee.

Rom zog sich also wieder von den Grenzhügeln zurück; aber seine Vertreter taten es mit Würde, mit erhobenen Häuptern und in ihrem Marschtempo, als ein Versprechen an alle, die sie sahen, dass sie bald wiederkämen, wie so oft zuvor. ‹Aber werden wir es?›, dachte Alexios, ‹werden wir es dieses Mal?› Er gab seinen Schultern den vertrauten, alten Ruck und setzte sich trotz des ziehenden Schmerzes in seinem Arm aufrecht, entschlossen, zumindest den Männern hinter sich Ehre zu machen, wie sie ihm.

Irgendwo im kahlen Dickicht von Eberesche und Haselnuss sang ein Rotkehlchen, als gäbe es keine Sorgen auf der Welt, und aus der Schar hinter ihm pfiff jemand zurück.

Den ganzen Tag folgten sie direkt der großen Militärstraße, das wässrige Sonnenlicht glitzerte auf der Kohortenstandarte und den roten Helmbüschen der Offiziere der Hilfstruppen. Einmal gab es ein kurzes, scharfes Scharmützel zwischen dem rechten Reiterflügel und einem kleinen Kriegstrupp, den sie aufstöberten wie ein Hund das Wild. Die Kolonne eilte stetig voran. Ab und zu surrten aus großer Entfernung und dürftiger Deckung abgeschossen ein paar piktische Pfeile zwischen sie, und einige Männer wurden verwundet. Und in den letzten Reihen der Nachhut setzten Männer einen Pfeil auf ihren kurzen syrischen Bogen und drehten sich im Sattel, um den Angriff zu erwidern, obwohl kaum zu sehen war, worauf man zielen konnte. Aber es war klar, dass bis jetzt kein großes Heer so weit im Südosten sein konnte und so nah am Wall. Morgen war das womöglich etwas anderes.

Und als sie dann eine Weile nach Mittag im Süden Reiter auftauchen sahen, war der Ruf der Vorhut, der sich bis ans Ende der Kolonne ausbreitete, ein freudiger Begrüßungsschrei. Optio Garwin neben Alexios scherte mit seinem Pferd aus der Kolonne und kniff die Augen gegen den blendenden Schnee zusammen, um besser sehen zu können. Er kehrte lächelnd zurück. «Ein ganzer Flügel der Asturier aus Cilurnum! Sie machen uns zur Zierde!»

«Das haben wir aber auch verdient», sagte Alexios. Er hatte

Mühe, einigermaßen klar zu sprechen. Ihm war sehr kalt, es war eine üble Kälte, die sich in seinem Herz und Magen zusammenkrampfte. Nur sein linker Arm war nicht kalt, er pulsierte wie ein Schmiedefeuer. Auch war alles wieder klebrig, sodass die Zügel seiner Hand fast entglitten.

Eine Zeit lang blendete der Schnee, und dann wieder erhob sich ein feiner Dunst, der sich aus Frost und Abendnebel und Holzfeuern in der Ferne gebildet haben mochte, oder er war in seinem eigenen Kopf. Und ein ganzes Stück vor ihnen waren die dunklen Umrisse der Mauer, die sich auf der Anhöhe entlangschlängelte. Rechts dahinter sah man den rauchigen Sonnenuntergang. Und die Türme von Onnum, die von einem dunklen Flaum überzogen waren, wie der Flaum auf blauen Trauben, rückten immer näher.

Und dann waren da noch mehr Reiter und Fackeln, und die Tore von Onnum standen weit offen. Und schon zog die Spitze der Kolonne hindurch. Die neu hinzugekommenen Reiter aber wichen zur Seite, um sie vorbeiziehen zu sehen. Und jedes Mal, wenn eine Hundertschaft und eine Truppe vorbeikam, wurden die Standarten zum Gruß in die Höhe gehoben und Köpfe drehten sich zur Seite und hochgestreckte Waffen blitzten in dem von Sonnenuntergang und Fackeln gemischten Licht auf.

Näher und endlich näher kam man. Alexios sah, dass die neue Reitertruppe eine Art Eskorte bildete. Als das Sonnenlicht schwand und die Fackeln stärker leuchteten, konnte er Schilde erkennen – unglaubliche Schilde im Kaiserlichen Purpurrot, mit Gold verziert – und mittendrin auf einem hohen schwarzen Pferd einen Mann, der einen Helm mit Adlerfedern trug und einen Mantel im gleichen Kaiserlichen Purpur. Er war sich sicher, dass er sein Gesicht schon einmal irgendwo auf einer Münze gesehen hatte.

Er hob den zerrissenen Drachen zum Gruß und hörte seine Männer rufen, hörte das Zischen, als sie hinter ihm die Schwerter zogen und sie in die Luft stießen. Und das Gesicht von der

Münze schwebte mit einem Ausdruck besonderen Interesses nach vorn. Und dann empfing sie der von Fackeln erhellte Torbogen.

Auf dem weiten und überfüllten Paradeplatz, wo sich die Männer aus Habitancum schon versammelt hatten, zog er, seine Männer hinter sich, die Zügel und fiel aus dem Sattel. Der Boden kam ihm entgegen, und jemand sagte: «Aufrichten, Kommandant.» Und er fühlte einen Arm um sich, bevor Fackelschein und Dunkelheit durcheinanderwirbelten und er stumm im Nichts wie in einem Abgrund versank.

16. Die ersten Grenzspäher
der Attacotti

Als Alexios das nächste Mal überhaupt wieder etwas klar erkennen konnte, war es ein anderer Abend. Abend – oder früher Morgen? Nur im ersten Moment war er sich nicht sicher, was von beiden es war, denn der quadratische Sonnenfleck, der an der gekalkten Wand am Fuß der Liege tanzte und zitterte wie goldenes Wasser, konnte zu beiden gehören. Aber dann hörte er die Trompete zum Stalldienst blasen und wusste, dass Abend war, denn der Morgenstalldienst begann um diese Jahreszeit vor Sonnenaufgang.

Er hatte das Gefühl, gerade aus einer Art Wolke hergeschwebt zu sein, und alles auf der anderen Seite der Wolke schien lange her zu sein. Vielleicht war es ja lange her. Er hatte keine Ahnung. Er fühlte sich kühl und leicht feucht, was angenehm war, denn die Wolke war heiß und trocken wie Stroh gewesen. Es hatte Tageslicht und Lampenlicht gegeben. Gesichter und Hände, die kamen und gingen, aber alles verschwommen und verschleiert. Er erinnerte sich ganz besonders an einen kleinen Mann mit gelbem Gesicht, der einen edlen Stab hatte und das verschlungene Schlangensymbol des Arztes auf seiner Tunika. Alexios erinnerte sich, dass er etwas über Blutegel gegen das Wundfieber äußerte, und an eine Stimme, die erstaunlich nach der von Onkel Marius klang und sagte: «Mein Gott! Er ist schon ganz weiß und fast verblutet!» Wenn er es recht bedachte, erinnerte er sich, das Gesicht des Onkels auch irgendwo in der Wolke gesehen zu haben. Aber das war vielleicht nur ein Traum. Vielleicht war alles ein Traum …

Er lag unter einer einheimischen, gestreiften Decke in so einer kleinen, weiß gekalkten Schlafkammer, wie er sie hier und da gekannt hatte, seit er den Adlern beigetreten war;

oder zumindest seit für ihn die Zeit in den Barackenreihen unter dem Weinstab zu Ende gegangen war. In der jetzigen Zelle befand sich das schmale, hohe Fenster am Kopfende der Liege. Er wollte sich umdrehen und hinausschauen, als ihn ein schrecklicher Schmerz durchfuhr. Da war ihm klar, dass der Schmerz, den er irgendwo unbewusst in der Nähe wahrgenommen hatte, genau in seinem linken Arm war, der fest verbunden neben ihm auf der Liege lag wie etwas, das überhaupt nicht zu ihm gehörte.

Nun erinnerte er sich an Dinge, die vor der Wolke waren, in der Hauptsache an den frei gemachten Platz vor den Ruinen des Lagerhauses in Bremenium und an den tanzenden, wirbelnden Schnee im Fackelschein und an Cunorix' Gesicht über dem Schildrand.

Er hob rasch seine gesunde Hand, als wollte er diese eine Erinnerung von sich stoßen, und sah mit unbeteiltem Interesse, wie dünn sie war. Die Knochen vom Handgelenk stachen hervor wie bei einem mageren alten Mann, und die Sehnen der Finger standen wie Schnüre heraus. Er öffnete und schloss sie versuchsweise, um zufrieden festzustellen, dass ihm wenigstens noch eine Hand gehörte, und an der Wand öffnete und schloss sich in dem goldenen Viereck eine Schattenhand. Der alte, abgetragene Ring mit dem geflammten Smaragd hing lose an seinem Finger. ‹Muss aufpassen, sonst fällt er ab.› Er war ohnehin an der falschen Hand. Jemand musste ihn von der richtigen auf diese gesteckt haben.

Während er ihn betrachtete, fing sich das Sonnenlicht im Stein und ganz tief innen drin blitzte ein winziger grüner Funke auf. Er spielte ein wenig gedankenverloren mit dem Ring, um zu sehen, wie der grüne Funke aufsprühte, erlosch und wieder aufsprühte. Plötzlich dachte er wie damals, vor fast eineinhalb Jahren, als er auf der Straße nach Castellum ritt, an die Männer, von denen der Ring auf ihn gekommen war. Aber jetzt dachte er anders. ‹Ihr könnt nicht sagen, dass ich euch enttäuscht habe›, sagte er zu ihnen, ‹dieses Mal nicht. Was auch immer mir jetzt geschieht, wie gründlich meine großartige Militärkarriere auch ruiniert sein mag, ich habe die Truppe zurückgebracht. Vielmehr, wir haben uns gemeinsam zurückgebracht.› Doch fast im selben Augenblick wurde ihm bewusst, dass es zwar gut, aber nicht das Wichtigste war, seine Vorfahren nicht zu enttäuschen. Auch in einer anderen Sache hatte er nicht versagt, aber das ließ sich nicht so recht fassen. Er war sich selbst treu geblieben, und das war es, was wirklich galt. Er merkte zu seinem Entsetzen, dass er vor Schwäche fast weinte, und rieb sich wütend mit dem Handrücken die Augen.

Der Vorhang vor dem Eingang wurde beiseitegeschoben und ein Soldat trat ein. Aber es musste schon später sein, eine ganze Weile später, denn der Sonnenfleck war verschwunden und eine Lampe brannte in der Wandnische. Der Mann trug eine Scheibe Brot und eine Schale mit etwas, das nach Brühe roch, und bei dem Geruch merkte Alexios plötzlich, dass er hungrig war. Er schien es eilig zu haben. «Bist du wach, Kommandant? Das ist gut. Schaffst du es allein, wenn ich dir die Schale gebe – frisch Verwundete sind gerade eingetroffen und wir sind heute Abend ein bisschen unter Druck.»

«Ich komme zurecht», sagte Alexios. Aber er war ungeschickt, weil er so schwach war und zu flach lag, und etwas Brühe schwappte auf die Decke. Er fluchte leise, aber heftig, und im selben Augenblick schwang der Türvorhang, der sich kaum hinter dem wegeilenden Soldaten geschlossen hatte, wieder zurück und die hohe, hagere Gestalt von Hilarion trat ein.

«Du wirst leben», sagte Hilarion. «Wer so fluchen kann, ist auf dem Weg der Besserung.» Dabei langte er nach der Schale mit der restlichen Brühe. «Hier, gib her.»

Er nahm die Schale, setzte sich an den Rand der Liege, schob einen Arm unter Alexios' Kopf, um ihn anzuheben, und hielt sie ihm an den Mund, und das alles mit völlig unerwarteter Zartheit.

Alexios nahm etwas von der warmen Brühe und schluckte, bevor er es eigentlich merkte. «Wie lange bin ich schon hier?»

«Über eine Woche.»

Das überraschte Alexios nicht. Alles war möglich, von einer Stunde bis zu hundert Jahren. Aber eine Menge Wasser konnte unter einer Menge Brücken in einer Woche durchfließen. «Was – ist geschehen?»

«Trink noch etwas Brühe», sagte Hilarion, «dann erzähle ich es dir.»

Alexios lachte kurz auf. «Du hörst dich an wie mein altes Kindermädchen.»

«Eine ehrenwerte Frau, daran zweifle ich nicht – willst du etwas Brot? Ich würde es an deiner Stelle nicht nehmen, es ist zäh wie altes Sattelleder.»

«Dann halte ich mich an die Brühe, nur, sag mir im Namen des Lichts, was geschehen ist.»

Also berichtete Hilarion ihm in den Pausen zwischen dem Einflößen der warmen Brühe. «Offensichtlich ist hinter uns das ganze Grenzland in Flammen aufgegangen. Habitancum niedergebrannt, die Damnoni schwärmen von der Westküste zusammen mit den Attacotti her, um ihre Speere mit den Pikten zu vereinen – aber ich glaube nicht, dass sie eine klare Vorstellung davon haben, wofür sie kämpfen.»

«Mindestens Cunorix' Stamm wusste das», sagte Alexios, und es folgte eine kurze Pause.

Dann fuhr Hilarion fort: «Jedenfalls hat der Kaiser jetzt seine Legionen geschickt. Die gute alte plattfüßige Sechste von Eburacum und die Zwölfte von Deva. Gavros und die Zweite Truppe sind zusammen mit ihnen als Spähtrupp nach Westen beordert worden. Also sollte sich die Lage bald beruhigen.»

«Der Kaiser?» Alexios versuchte, seine verworrenen Erinnerungen aus dem Fiebertraum zu ordnen: aufblitzendes Gold und Purpur – ein Gesicht, das er wohl einmal auf einer Münze gesehen hatte – Truppen, die das altmodische Salut riefen, an dem die Armee immer noch hing: «Sei gegrüßt Caesar!» Er sah Hilarion stirnrunzelnd an und brachte mühsam die Erinnerung auf den Punkt: «Das war der Kaiser? Constans? Was wollte er hier?»

«Kam her, um sich den Spaß anzuschauen, nehme ich an.»

«Nein, ich meine, was macht er in Britannien? Wir wussten nicht, dass er in Britannien war, oder?»

«Nein, das wussten wir nicht. Die Verständigung war in jüngster Zeit nicht allzu gut, wie du dich erinnern wirst. Er war gerade aus Gallien gekommen, um persönlich den Gerüchten über Unzulänglichkeiten und Treuebruch bei den Beamten nachzugehen, die noch aus der Regierungszeit seines Bruders übrig waren – davon könnten wir ihm einiges erzählen –, und er kam gerade rechtzeitig, um den Norden in Flammen aufgehen zu sehen.»

Alexios wandte sich dem zu, was ihm viel mehr bedeutete als der Kaiser. «Was ist mit unserer eigenen Mannschaft?»

«Die Dritte Ordo nimmt das Leben im Moment ziemlich leicht. Wir sind vorübergehend der Garnison von Onnum zugeteilt worden.»

«Warum wir? Für diese Art von Aufgabe sind wir wenig geeignet.»

«Die Garnison von Onnum ist unterbesetzt und – nun, ich glaube, der Befehlshaber, dein geschätzter Onkel, dachte, wir könnten eine kurze Pause in den Baracken gut zum Verschnaufen brauchen und um unsere Wunden zu lecken.»

Wieder trat kurzes Schweigen ein. Dann fragte Alexios: «Wie viele haben wir verloren?»

«Siebenundzwanzig wurden seit unserem Abzug aus Castellum getötet», sagte Hilarion immer noch überraschend sanft, «etwas über dreißig so schwer verwundet, dass sie einsatzunfähig sind.»

«Also haben wir immer noch etwas mehr als die halbe Kampfstärke», sagte Alexios. Und dann: «Arme alte Dritte.»

«Eine gute Anzahl der Verwundeten wird bald wieder kampfbereit sein.»

«Aber nicht die Getöteten.»

«Nein», erwiderte Hilarion, «die Getöteten nicht.» Er stellte die Schale ab und stand auf. «Die Überlebenden sind ganz aus dem Häuschen und erzählen überall herum, dass sie, falls du dich selbst zum Kaiser ernennst, geschlossen hinter dir stehen. Ich glaube, es wäre gut, wenn du jetzt schlafen und dich schnell erholen würdest, damit du ihr Kommando wieder übernehmen kannst, bevor der Boden in Onnum für sie zu heiß wird.»

«Die Teufel!», sagte Alexios liebevoll.

«Ja, die Teufel!», stimmte Hilarion zu. «Gute Nacht.»

Die Zeit verging, und Alexios' Kräfte nahmen zu, und das tägliche Verbinden seines Armes wurde eine weniger schmutzige und schmerzhafte Angelegenheit. Und allmählich sickerten vom Krankenblock und dann von außerhalb der Festung Nachrichten zu ihm durch.

Alles beruhigte sich jetzt, da die alte Sechste und die Zwanzigste mit den Reitertrupps der Festungen am Wall sich die Pikten und die Attacotti vornahmen und die großen kriegerischen Banden der Stammesleute auflösten, ohne überflüssigen Schaden auf beiden Seiten.

«Weißt du», sagte Hilarion eines Abends, als er wie meistens nach dem Abendessen hereinschlenderte und sich auf die Kante von Alexios' Liege setzte, «wir sind heute daran gewöhnt, die alten Frontlegionen als zweitrangig anzusehen. Oh, sie sind nicht solche Haudegen wie wir, eben nur veraltet. Aber ich bezweifle, dass eine Einzige von unseren modernen verkleinerten, schnellen, leichten Feldarmeen bessere Arbeit geleistet hätte.»

Es drangen auch Gerüchte über den Zustand der Grenzhügel nach den Kämpfen zu ihnen. Wie es schien, waren die Tage der

Außenpostenstationen vorbei. Von jetzt an würde die Grenze auf andere Weise besetzt sein, sogar die Grenzwölfe sollten auf den Festungen des Walls stationiert werden.

«Wieder eine strategische Neuordnung», hatte Cunorix an jenem Tag gesagt, an dem Alexios seinen Wolf getötet hatte. Es war das allererste Mal gewesen, dass sie zusammen gejagt hatten.

Einen ganzen Monat, nachdem Alexios seine kleine, heruntergekommene Armee zum Wall zurückgeführt hatte, kam der Kaiser auf dem Weg nach Eburacum wieder nach Onnum, und der Befehlshaber von Britannien begleitete ihn. Die alte, ausgedehnte Festung, durch die die Straße nach Norden führte, und die Festungen und Meilenburgen auf beiden Seiten hallten von Trompetenstößen. Sie waren zum Bersten voll von zu vielen Truppen und Pferden und Beamten, wie eine Ringelnatter, die eine für sie viel zu große Kröte geschluckt hat und auf einem sonnigen Ufer liegt.

Am Tag, nachdem der Kaiser eingeritten war, flatterte der purpurgoldene kaiserliche Drache im leichten Ostwind über den Dächern der Unterkunft des Kommandanten. Da erhielt Alexios, der gerade von den Pferden kam, die Aufforderung, vor den Kaiser zu treten.

«Habe ich Zeit, mich zu waschen?», fragte er den jungen Burschen, der den Helm mit dem purpurnen Kamm der Kaiserlichen Leibwache trug.

«Ich fürchte, nein. Der Kaiser legt keinen Wert darauf, warten zu müssen.»

Er strich eilig seine abgetragene und vom Wetter gefleckte Ledertunika glatt, prüfte, ob seine Gürtelschnalle in der Mitte und die Brosche, die seinen Wolfspelz an der Schulter hielt, richtig saßen. Denn er hatte den Arm noch immer in der Schlinge, und dann passierte es ständig, dass der Pelz verrutschte. Er folgte dem kaiserlichen Boten zu den Offiziersräumen, vorbei an jungen Männern, die ihre purpurfarbenen Schilde neben sich abgestellt hatten und im Säulengang Würfeln spielten, und weiter die Treppe hinauf in den großen Raum, der von der tief stehenden Wintersonne lichtüberflutet war.

In dem Zimmer waren einige hochrangige Offiziere versammelt; einer saß lässig an einem Tisch, auf dem ein großer Haufen Papiere lag, daneben war eine Schale mit getrockneten Feigen, und etliche Weinbecher standen herum. Bei den Übrigen stand der Befehlshaber von Britannien. Gleich beim Eintreten nahm Alexios eine Gestalt am hintersten Fenster wahr; sie war dunkel im Vergleich mit den anderen, sie trug auch einen Wolfspelz und eine vom Wetter abgenutzte Tunika, wie er selbst. Ducenarius Julius Gavros. Nur, dass er jetzt Praepositus Julius Gavros war. Alexios freute es, dass er an Montanus' Stelle die Truppe bekommen hatte. Es freute ihn für Gavros, aber auch für die Truppe. Es war gut für die Grenzwölfe, wieder einen der ihren als Kommandanten zu haben.

Der Wachposten, der mit ihm gekommen war, salutierte: «Ducenarius Aquila, großer Caesar», und verschwand.

Alexios blieb stehen, wo er war, und wartete. Der Mann am Tisch, dessen Gesicht er auf Münzen gesehen hatte, las weiter in dem Dokument, das er in der Hand hielt, und aß die Feige, die er in der anderen Hand hatte. Er war gleichzeitig mit dem Lesen und einer weiteren Feige fertig, blickte auf und leckte sich die Finger. Alexios war überrascht, zu sehen, wie jung er war. Er wusste natürlich, dass Constans, als ihn sein Vater Constantin zum Kaiser ernannte, erst siebzehn gewesen war, und er war der mit Abstand jüngere Sohn. Aber wenn man seinem Kaiser gegenüberstand, erwartete man, dass er mehr als sechs oder sieben Jahre älter war als man selbst. Constans hatte ein schmales Gesicht mit einer langen Nase, ein Bart wäre besser für ihn gewesen, denn sein Kinn war sein schwächster Punkt. Aber sein Mund war breit und schien sich zynisch über das Leben zu amüsieren. Seine Augen waren wachsam und glänzend.

Jagen, Trinken und Huren waren die drei Dinge, die jeder mit dem Namen Constans verband. Aber sein junger Kommandant der Grenzspäher, der in der Mitte des Raumes stand und seinem Blick ruhig begegnete, schätzte, dass sein Kaiser etwas mehr zu bieten hatte als das. Und was er sah, gefiel ihm nicht schlecht.

«Ah», sagte der Kaiser des Westreiches, nachdem er ihn lange angestarrt hatte, «Ducenarius Aquila. Du siehst irgendwie anders aus als beim letzten Mal, als ich dich zu Gesicht bekam.»

«Ich habe mich rasiert, mein Kaiser», sagte Alexios ernst, aber mit einem Glitzern in den Augen.

«Das wird es natürlich sein.» Der Blick des Kaisers fiel auf die Schlinge, die man an der Öffnung seines Wolfspelzes sehen konnte. «Ich höre, dass ich dir zu deiner Kampfkunst gratulieren muss. Wie geht es dem Arm?»

«Er wird bald so gut wie immer sein, mein Kaiser.»

«So, nach einem kurzen Krankenurlaub solltest du wieder so weit hergestellt sein, dass du deinen Dienst antreten kannst. Das bringt uns zur Frage nach deiner Zukunft. Mir ist zu Ohren gekommen …», er nahm seinen Weinbecher und trank, dann saß er da, blickte in den Becher und ließ gelangweilt den Wein darin kreisen, «dass deine Leute in allen Weinläden in Onnum herumposaunen, dass sie bereit sind, dich zu unterstützen, falls du dich selbst zum Kaiser befördern willst.»

Alexios hielt kurz den Atem an, dann atmete er langsam wieder aus. Er sagte nichts. Er würde seine kleine, verrufene Truppe weder herab- noch ins Unrecht setzen, indem er erklärte, dass sie in betrunkenem Zustand oft wilde Scherze machten, oder sich beeilte zu beteuern, dass er von solch dummem Gerede nichts wisse.

Dann sah er, wie es im Gesicht des Kaisers belustigt zuckte, als er von seinem Weinbecher aufblickte, und sein Herz machte einen kurzen Satz und schlug wieder normal.

«Was? Keine Beteuerung von Unschuld und ewiger Treue?», fragte Constans. «Wildes Gerede im Spaß kann als Verrat gelten, auf der anderen Seite kann es einem guten Kommandanten gelten, der es verdient, dass man ihm folgt … Der Zustand, in dem deine Männer nach Onnum zurückkamen, deutet auf das Zweite. Sie kamen vielleicht nicht gerade im Paradezustand, aber ihre gute Disziplin und ihre aufrichtigen Herzen – offensichtlich äußerst aufrichtigen Herzen – konnte man klar sehen. Ich weiß, dass Praepositus Gavros hier mir verzeihen wird, wenn ich sage, dass die Dritte Truppe der Grenzwölfe, die hinter den Truppen von Habitancum ritt, so aussah, als hätte sie die Kontrolle über alles. Dafür entbiete ich dir meine Glückwünsche.»

«Danke, mein Kaiser», sagte Alexios.

«Und ich meine auch, dafür – diese Feigen haben aber viele Kerne! – hast du mehr als einen Glückwunsch verdient. Eine Ehrenkrone oder ein Militärarmband ist letztendlich nur ein Ding mehr, das man sauber halten muss. Da bleibt uns nur Beförderung, was, Marius?»

«Wenn du meinst, mein Kaiser», sagte der Befehlshaber von Britannien abweisend.

Alexios warf einen raschen Blick in seine Richtung. Onkel Marius hatte genug davon, seinen Neffen die Leiter hinaufzuschieben. Aber als sich ihre Augen begegneten, war Alexios überrascht und ein bisschen gerührt, in ihnen trotzdem etwas wie Stolz zu entdecken.

«Oh, das meine ich, und nicht nur ihm zuliebe. Die Armee braucht die richtigen Männer am richtigen Ort. Also …», der Kaiser streckte drei Finger aus und bog einen herunter. «Hast du gehört, dass ich auf dem Weg hierher einen Zusammenstoß mit den Seewölfen hatte? Die gegenwärtigen Verteidigungslinien an der Küste sind so, wie mein lieber älterer Bruder sie hinterlassen hat, das heißt, sie sind eine Schande. Und ich habe beschlossen, General Gratian hier in Britannien zu lassen. Er soll es übernehmen, an der Ostküste die Lage der Festungen und der Flotte in Ordnung zu bringen. In seiner Mannschaft gibt es einen Platz für dich im Rang eines Tribuns.» Der Kaiser bog den zweiten Finger nach unten: «Oder aber, ich würde mich freuen, dich in meine ‹Familie›, meine persönliche Leibgarde, aufzunehmen – du hast gewiss einige davon beim Herkommen gesehen. Ich schätze, du wirst das nicht als echte Beförderung ansehen, aber sie sind Offizierskadetten und ein Platz bei ihnen bietet die fast sichere Aussicht darauf, eines Tages eine Elitefeldtruppe zu befehligen. Andererseits», er senkte den dritten Finger, «geh und schau aus dem Fenster.»

Alexios hatte das Gefühl, dass der Kaiser Vergnügen an dem Spiel hatte, das er trieb; mit Menschen spielen, als seien sie Figuren auf einem Spielbrett, und das Ergebnis beobachten. Aber er glaubte nicht, dass es nur das war. Er ging zum Fenster am anderen Ende des Raumes, Gavros wich ein wenig zurück, um ihm Platz zu machen, und er schaute hinaus.

Auf dieser Seite lag das Praetorium den Getreidekammern gegenüber, mit einer Art Hof dazwischen. Unten in dem Hof waren etwa hundert Einheimische versammelt, wie sie ihm bis jetzt noch nie begegnet waren. Einige hockten auf den Fersen, andere lungerten herum oder lehnten einfach an der Mauer und starrten vor sich hin. Ein paar spielten das Knöchelspiel, einer zupfte gedankenverloren an einer fast geheilten Narbe, und wieder ein anderer flocht sich sein blondes Haar so liebevoll wie ein Mädchen, und wieder einer war tief in ein Gespräch mit einem streunenden Hund vertieft.

«Siehst du die Männer da unten?», tönte die erstaunlich hohe Stimme des Kaisers.

«Ja, mein Kaiser.»

«Das sind gefangene Attacotti. Das heißt, sie *waren* gefangene Attacotti. Die Zwanzigste hat ganz schön viele von ihnen festgesetzt, und sie schienen zu gut fürs Kämpfen geeignet, um auf dem Sklavenmarkt verschwendet zu werden. Also habe ich ihnen die Wahl zwischen dem Sklavendasein und dem Dienst unter dem Adler angeboten. Über fünfhundert von ihnen haben den Adler gewählt. Der Rest von ihnen befindet sich in Cilurnum. Morgen gehen sie nach Corstopitum, um ihr sechswöchiges Bodentraining zu beginnen. Wenn das erledigt ist, kannst du sie mit nach Belgien nehmen und Grenzwölfe aus ihnen machen.»

Einen Moment stand Alexios ganz still. Zwei Chancen einer glänzenden Karriere oder dies. Er schaute weiter auf die Männer unten im Hof – Fremde und Feinde und so vertraut.

«Möchtest du Bedenkzeit für deine Wahl haben?», ertönte die Stimme des Kaisers hinter ihm.

Er wandte sich vom Fenster und sah kurz den Blick des alten Kommandanten auf sich gerichtet. «Einmal Grenzwolf, immer Grenzwolf», hatte Gavros einmal gesagt.

Er trat wieder an seinen Platz vor dem Kaiser. «Nein, Caesar, ich nehme die Attacotti.»

«So-o «, sagte Constans, «in Belgien lässt es sich hervorragend jagen.»

Alexios schaute seinen Onkel an. «Tut mir leid.»

«Entschuldige dich nicht», sagte Onkel Marius, «als Befehlshaber von Britannien kann schließlich jeder enden.» Und dann tat er etwas Unerwartetes. Er kam um den Tisch herum und nahm Alexios' freie Hand zwischen seine beiden Hände. «Deine Mutter wird wieder heulen, aber weißt du, dein Vater wäre ziemlich stolz auf dich gewesen.»

Als sich der kurze Wintertag zu neigen begann, stand Alexios auf dem nördlichen Wallgang von Onnum, mit der gesunden Schulter an die Brustwehr gelehnt, und schaute die Straße nach Norden entlang. Er brauchte ein bisschen Zeit für sich. In den Senken lag noch Schneematsch, und in der Ferne hatten die höheren Hügel noch weiße Mähnen und Hauben. Doch im näher gelegenen Sumpfland lag das nasse, dunkle Heidekraut vom vergangenen Jahr bloß. Und der Wind, der den Wall immer umspielte, hatte nach Westen gedreht, und der Ruf des grünen Regenpfeifers ertönte.

Alexios' Blick folgte der Straße, die weiter und weiter führte, außer Sicht kam und weiter führte durch Festungen, die jetzt ausgestorben waren, dem Wolf und den Raben überlassen. Habitancum und Bremenium, Trimontium, das vor langer Zeit untergegangen war. Castellum. Die Straße und die Hügel ...

Als er sie zum ersten Mal sah, waren sie ihm so anders erschienen, und bestimmt nicht wegen des lodernden Herbstlichts, das in den gelben Birkenblättern leuchtete, und dem rostbraunen Farn, der ihnen Wärme verliehen hatte. Damals hatten ihn Wildnis und Trostlosigkeit erwartet. Jetzt gehörten die Hügel zu der Wildnis, die er verloren hatte und in die er nicht mehr zurückkehren würde.

Er erinnerte sich an die Dunkle Frau an der Wegbiegung bei der Furt und daran, wie kalt und leer sich der Stein angefühlt hatte, als er sich zum letzten Mal hinüberlehnte, um sie im Vorbeireiten zu berühren. Die Frau hatte es gewusst. Er erinnerte sich an das Geschnatter der Wildenten an den Stränden der Flussmündung und wie der Fluss in ruhigen Nächten vor sich hin sang. Er dachte an Gesichter, die sich am Weg entlang reihten; Männer, die zurückgeblieben waren: Lucius an der Brücke über dem Tosenden Wasser, der Quartiermeister bei den dunklen Steintänzern am Totenplatz der Stammesführer, Rufus und der kaiserliche Haudegen in Castellum. Seine Gedanken lösten sich von Cunorix, wie er ihn zuletzt gesehen hatte. Und als er versuchte, sich das Gesicht des jungen Häuptlings im Schein des gemeinsamen Jagdfeuers vorzustellen, sah er ihn stattdessen in dem Augenblick, als er seinen neugeborenen Sohn dem Stamm vorstellte. Würde das schreiende rote Bündel eines Tages der neue Häuptling sein, obwohl sein Vater nie alt und müde und schläfrig sein würde? Oder lagen er und seine Mutter, der man vielleicht die Goldtropfen von den Ohren gerissen hatte, jetzt unter dem niedergebrannten Dach ihrer Halle?

Er dachte auch wieder an die Nacht, als die Grenzwölfe den Stierkälbertanz getanzt und einen Privatkrieg gegeneinander geführt hatten. Und noch weiter zurück dachte er, an jenen grauen Herbstmorgen, als er mit Julius Gavros die Reihen der ausdruckslosen, zurückhaltenden Gesichter abschritt und jedem Einzelnen in die Augen blickte, als ob es ihm nicht das Geringste ausmachte.

Damals war er so jung gewesen. *Er* hatte sich schließlich verändert und nicht die Berge. Er war jetzt älter und hatte den Schandfleck seiner falschen Entscheidung an der Donau ausgelöscht. Plötzlich fühlte er sich sehr müde, so als sei er auf einer langen Reise gewesen. Er war irgendwo hingelangt, aber er war sich nicht ganz sicher wohin; abgesehen davon, dass er ein paar gute Lektionen gelernt und dabei seinen engsten Freund getötet hatte.

Und jetzt stand er vor dem Beginn einer neuen Reise.

Schritte kamen den Wallgang entlang. Er blickte sich um und sah Hilarion auf sich zukommen.

«Es ist genauso, wie ich es schon immer sagte.» Hilarion stellte sich neben ihn an die Brustwehr. «Kaum haben wir einen Kommandanten erzogen, wie wir ihn haben wollen, schickt ihn ein höheres Kommando woandershin und wir müssen mit einem neuen Kerlchen wieder von vorne anfangen.»

«Ich habe gerade gemerkt, dass es dem Kommandanten auch ganz schön schwerfällt», sagte Alexios, und das hatte er nicht gewusst, bis er es ausgesprochen hatte.

«Nun, du lässt sie in guten Händen, da Gavros jetzt die Kompanie hat.»

Alexios blickte wieder auf die Straße. «Ich denke, du bekommst die Dritte Ordo an meiner Stelle.»

Das Schweigen an seiner Seite veranlasste ihn, sich umzudrehen, und er sah zu seiner Überraschung, dass Hilarion zum ersten Mal, seit sie sich kannten, nicht ganz von sich überzeugt war. «Tatsache ist», sagte Hilarion nach einer Weile, «ich habe daran gedacht, mich für eine Abteilung in einer anderen Truppe zu bewerben – die alte Dritte wird ohnehin aufgeteilt und erneuert.»

«Du meinst …?», fragte Alexios langsam.

«Du wirst ein paar erfahrene Abteilungsoffiziere brauchen», sagte sein Centenarius, «und Gott weiß, was du kriegst, wenn du es den Behörden überlässt. Hier oben bilden wir unsere eigenen Offiziere im Lauf der Zeit aus. Aber jetzt wird das nicht so einfach sein, und deine neue Truppe – diese Burschen kommen nicht mal aus dem Imperium, sie sind Barbaren fern aller Zivilisation. Wir werden die ganze Ausbildung leisten müssen.»

«Wir?», sagte Alexios.

«Wir», sagte Hilarion.

Plötzlich wurde es Alexios warm ums Herz. Der hoch gewachsene, spöttische Mann neben ihm würde nie den Platz, den Cunorix leer und schmerzlich hinterlassen hatte, einnehmen können, aber die unerwartete Wärme fühlte sich trotzdem gut an.

«Hilarion, willst du mit mir kommen?»

«Also, wenn ich es nicht will, kann ich mir nicht denken, was diese ganze Unterhaltung soll», sagte der Centenarius.

«Dann geh und reiche deine Bewerbung ein, ich werde sie unterstützen.»

Das vertraute langsame, müde Lächeln breitete sich auf Hilarions sommersprossigem Gesicht aus. «Das habe ich schon.»

Sie schauten sich einen Augenblick an und brachen beide in Gelächter aus.

Von unten hörte man unregelmäßiges Stampfen und vereinzelte Fetzen eines wilden, traurigen Liedes. Noch immer lachend drehten die beiden Männer auf dem Wall sich um, und die Hände gegenseitig auf die Schultern gelegt, blickten sie nach unten. Das letzte Schiefergrau des Tageslichtes verblasste und vermischte sich mit dem von roten Funken durchsetzten Rauch unsichtbarer Feuer, auf denen irgendwo hinter den Pferdegattern Abfall verbrannt wurde. Den freien Platz unter dem Wall entlang marschierten die Männer der Ersten Attacotti-Grenzspäher zurück zu den Baracken für die Nacht.

Alexios fragte sich, wie oft und an wie vielen Lagerfeuern in Belgien er das wilde Klagelied von Hibernia hören würde, wenn das einheimische Bier die Runde machte. Und wann es längst kein Klagelied mehr sein würde, sondern eines, das man zur Erinnerung an vergangenen Kummer und alte Sehnsüchte sang und um sein Innerstes in Schwingung zu bringen.

«Da geht dein neues Kommando», sagte Hilarion. «Und wenn man daran denkt, dass noch vierhundert mehr von ihnen in Cilurnum sind. Mutter der Fohlen, was für ein Rudel! Was für ein Haufen! Ich wünsche uns viel Vergnügen mit ihnen!»

«Ich wünsche uns Vergnügen mit ihnen!», sagte Alexios Flavius Aquila, ihr neuer Kommandant.

GLOSSAR

Römische Armee

Centenarius	Führer einer Hundertschaft
Ducenarius	Führer zweier Hundertschaften
	(beides sind Dienstgrade innerhalb der Kavallerie)
Centurio	Führer einer Centurie, d.h. einer hundert Mann starken Infanterieeinheit
Optio	Stellvertreter des Centurio
Praepositus	*Praepositus numeri* – Kommandant einer etwa 150 Mann starken Einheit in der Provinz mit nichtrömischen Bürgern

Römische Festung (Castell)

Praetorianisches Tor	das dem Feind zugewandte Tor *(porta praetoria)*
Praetorium	das Wohnhaus des Kommandanten
Principia (Pluralwort)	Stabsgebäude, das verwaltungsmäßige und religiöse Zentrum, meist mit zentralem Innenhof und Säulengang (Portikus)
Sacellum (auch *Aedes*)	das Fahnenheiligtum, ein Raum innerhalb der Principia, zumeist in deren rückwärtigem Teil

Hibernia	lateinischer Name für Irland, das bei dessen keltischen Bewohnern *Erin* hieß
Typhon	unbeschreiblich grässliches Ungeheuer aus der griechischen Mythologie

Über die Autorin

Rosemary Sutcliff wurde am 14. Dezember 1920 als Tochter eines Marineoffiziers in Surrey geboren. Im Alter von zwei Jahren erkrankte sie an der fortschreitenden Stillschen Krankheit, einer Gelenkentzündung, und verbrachte die meiste Zeit ihres Lebens im Rollstuhl. Während ihrer frühen Kindheit musste sie ständig auf dem Rücken liegen und bekam von ihrer Mutter vorgelesen: Autoren wie Dickens, Thackeray und Trollope und auch griechische und römische Sagen. Mit vierzehn Jahren ging sie von der Schule ab und wechselte auf eine Kunstschule, wo sie sich auf Miniaturmalerei spezialisierte.

1950 wurde ihr erstes Kinderbuch *The Queen's Story* veröffentlicht und von da an verbrachte sie ihre Zeit mit dem Schreiben historischer Jugendromane. Damit wurde ihr Name in der Kinderliteratur berühmt und höchst anerkannt. Ihre Bücher sind in viele Sprachen übersetzt und mehrfach ausgezeichnet worden.

1975 bekam sie «als geniale und kompromisslose Chronistin» den OBE *(Officer of the Order of the British Empire)* verliehen. Am 23. Juli 1992 starb sie im Alter von 72 Jahren.

Die Bücher von Rosemary Sutcliff im Verlag Freies Geistesleben: *König Artus und die Abenteuer der Ritter von der Tafelrunde, Tristan und Iseult, Beowulf der Drachentöter, Robin Hood, Randal der Ritter, Das Hexenkind, Der Ausgestoßene, Bruder Staubfuß, Scharlachrot, Morgenwind, Der Schildwall, Simon der Kornett, Lied für eine dunkle Königin, Die Häuptlingstochter* (Erzählungen), *Der Adler der Neunten Legion, Der silberne Zweig, Die Fackelträger, Blutfehde, Das Stirnmal des Königs, Die glorreichen Dreihundert, Troja und die Rückkehr des Odysseus,* auch in den illustrierten Einzelausgaben *Schwarze Schiffe vor Troja* und *Die Rückkehr des Odysseus,* sowie ihre Erinnerungen *Licht über fernen Hügeln.*